高等教育秘书学专业本科系列教材
中国高等教育学会秘书学专业委员会组编

SECRETARY SCIENCE

秘书礼仪

MISHU LIYI

主　编　倪祥妍

副主编　（排名不分先后）
　　　　刘春玲　余厚洪

参　编　（按姓氏笔画为序，排名不分先后）
　　　　李兰英　徐　文
　　　　海晓虹　熊　娟

北京师范大学出版集团
BEIJING NORMAL UNIVERSITY PUBLISHING GROUP
北京师范大学出版社

图书在版编目(CIP)数据

秘书礼仪/倪祥妍主编．—北京：北京师范大学
出版社，2020.8(2025.7 重印)

高等教育秘书学专业系列教材

ISBN 978-7-303-25985-4

Ⅰ.①秘… Ⅱ.①倪… Ⅲ.①秘书－礼仪－高等学校
－教材 Ⅳ.①C931.46

中国版本图书馆 CIP 数据核字(2020)第 124704 号

MISHU LIYI

出版发行：北京师范大学出版社 https://www.bnupg.com
　　　　　北京市西城区新街口外大街 12-3 号
　　　　　邮政编码：100088
印　　刷：北京溢漾印刷有限公司
经　　销：全国新华书店
开　　本：787 mm×1092 mm　1/16
印　　张：16.75
字　　数：293 千字
版　　次：2020 年 8 月第 1 版
印　　次：2025 年 7 月第 4 次印刷
定　　价：48.80 元

策划编辑：易　新　　　责任编辑：杨磊磊　冯　倩
美术编辑：焦　丽　　　装帧设计：焦　丽
责任校对：康　悦　　　责任印制：赵　龙

致读者

亲爱的读者朋友：

当下，社会竞争日益激烈，秘书不仅需要拥有丰富的专业知识和出色的专业能力，还需要掌握较为全面的秘书礼仪，才可能成长为一名优秀的秘书。"工欲善其事，必先利其器。"您一定也希望自己能尽快地掌握秘书工作中实用的礼仪知识吧？

您打开的这本教材是在中国高等教育学会秘书专业委员会的指导下，由国内本科院校的多位教学经验丰富且具有秘书工作实践经验的一线教师合力完成的。学界同类教材有很多，定位有所不同，我们这本教材的使用对象如下：本科院校秘书学专业的学生，大学所学非秘书学专业但毕业后也准备从事办公室管理工作的本科生，对秘书礼仪知识感兴趣的在职人士。

秘书工作由来已久，人们在秘书礼仪方面已经形成了一些普遍的认识，但社会在不断发展，新事物又会层出不穷，相应地也会形成一些新的礼仪规范。《秘书礼仪》这本教材既吸纳了秘书工作中被大家普遍认可的礼仪知识，又将一些与时俱进的国内外礼仪知识适时地补充进来，供读者朋友们学习、借鉴。

本教材分别由苏州大学的倪祥妍老师、大庆师范学院的刘春玲老师、丽水学院的余厚洪老师、上海外国语大学贤达经济人文学院的李兰英老师、云南师范大学的熊娟老师、苏州科技大学的徐文老师、宁夏师范学院的海晓虹老师合作完成。具体分工如下：倪祥妍负责撰写第一章秘书礼仪概述、第四章言语交际礼仪、第五章通信工作礼仪，并负责全书的统稿工作(6.4万字)；刘春玲负责撰写第三章秘书常规社交礼仪、第十一章求职礼仪(4.6万字)；余厚洪负责撰写第七章接待、馈赠、拜访、送花礼仪、第九章会务工作礼仪(5.9万字)；李兰英负责撰写第二章秘书形象礼仪(2.6万字)；海晓虹负责撰写第六章宴请工作礼仪(3.1万字)；徐文负责撰写第八章以茶待客礼仪(4.1万字)；熊娟负责撰写第十章出差工作礼仪(2.6万字)。

撰写过程中，我们查阅了大量相关资料，借鉴了学界多位研究者的一些观点，可以说是站在前辈的肩膀上完成了这本教材的编写工作的。在此对诸位方家表示衷心感谢！

礼仪的知识并不高深，只要想学就一定能够掌握。希望这本兼具专业性和实用性的教材对愿意学礼、知礼、懂礼、行礼的您，有所帮助，助您成为受欢迎的人，助您所在的组织成为受欢迎的组织。

礼仪知识杂而多，又具有动态性，受教材容量的影响，难以做到面面俱到，或许也会存在不能让您满意的方面，欢迎您多给我们提供宝贵意见，您的反馈将是我们今后修订教材的重要依据！

编　者

2020 年 1 月

简要目录

详细目录

第一章

秘书礼仪概述

结构图

```
                    ┌─────────────────┐
                    │ 礼、礼仪和秘书礼仪 │
                    └─────────────────┘
                             │
                          ◇ 秘书礼仪概述 ◇
  ┌──────────────┐      ╱          ╲      ┌──────────────┐
  │ 秘书礼仪的培养途径 │────           ────│ 秘书礼仪的作用 │
  └──────────────┘                        └──────────────┘
                             │
                    ┌──────────────┐
                    │ 秘书礼仪的原则 │
                    └──────────────┘
```

不学礼，无以立。[①] ——孔子

礼义廉耻，国之四维。[②] ——管子

人无礼则不生，事无礼则不成，国家无礼则不宁。[③] ——荀子

【本章学习目标】

学习目标

1. 了解礼、礼仪、秘书礼仪的含义。

2. 理解秘书礼仪的作用。

3. 掌握秘书礼仪的原则。

4. 了解秘书礼仪的学习方式。

【案例导入】

导入

　　小张从某大学外语系毕业，到一家合资公司做秘书，已经三个多月了。因为工作中失礼的问题，被孙主管批评了两次。一次是上个月的一天，她上身穿着紧身 T 恤，下身穿着牛仔短裙，陪同孙主管去机场接待公司的一位重要客户，主管直接说她服装搭配得不好看，脸上的妆容也跟自己的年龄不符，显得老气且失礼。跟她说搭配服装、修饰妆容是一门学问，做得好不仅能提升自己的形象，而且对别人也是一种尊重，让她今后务必注意。

---

① 《十三经注疏》委员会整理：《论语注疏》，230 页，北京，北京大学出版社，1999。本章中涉及古籍的几处注释都是在苏州大学文学院古代文学专业博士生导师周生杰教授的帮助下完成校对的，在此一并鸣谢！

② 原文："国有四维。一维绝则倾，二维绝则危，三维绝则覆，四维绝则灭……何谓四维？一曰礼，二曰义，三曰廉，四曰耻。"参见黎翔凤：《管子校注》，11 页，北京，中华书局，2004。

③ （清）王先谦：《荀子集解》，23 页，北京，中华书局，1988。

第二次被批评就是今天的事：中午，在公司附近的一家中餐馆，她和孙主管一起陪一位阿拉伯国家来的客人吃工作餐。习惯用左手的她当时不假思索地用左手端着茶杯，正想递给客人，恰好被孙主管注意到了，孙主管及时纠正了她。席间，她担心客人用筷子不熟练，就用自己的筷子给客人夹了菜。客人并没有露出不悦，很客气地对她说"谢谢！"但孙主管还是提醒她，最好让客人自由取用，并用眼色示意她下不为例。送走了客人，孙主管非常严肃地就此事责备了她，讲了礼仪知识对于秘书工作的重要性……小张大学时只是通过语言类的课程零零星星地知道一些礼仪，并没有专门修过这方面的课程。现在，小张越来越意识到自己欠缺礼仪方面的知识。她打算今天下班后买几本秘书礼仪方面的书籍，再上网搜索一下孙主管推荐的几位国内知名礼仪专家讲课的视频，好好补课。同时也提醒自己工作中一定要多向经验丰富的孙主管请教，努力成为遵守礼仪规范的人。

　　讨论：

　　1. 你觉得孙主管批评张秘书有道理吗？谈谈自己的看法。

　　2. 你有失礼的经历吗？有的话，请跟大家分享一下你的体会。

　　遵守礼仪是每一位现代人不可缺少的素养，秘书也不例外。在秘书工作中，"一礼不当，全盘皆输"的说法，一点儿都不夸张。秘书在学习常规的礼仪知识之前，有必要先厘清礼、礼仪、秘书礼仪等基本概念。

第一节
礼、礼仪和秘书礼仪

一、礼

　　《说文解字·示部》云："礼（禮），履也，所以事神致福也，从示从豊。""豊，乃行礼之器也，从豆，象形。"[①]"示"就是今天的"礻"——示字旁，古代指神祇。豊是一种祭祀鬼神的器皿。许慎强调了两点：第一，礼是行动的准则；第二，礼与祭祀鬼神有关。

---

① （汉）许慎：《说文解字》，2、154 页，北京，中华书局，1985。

在商务印书馆出版的《古代汉语词典》(第2版)中,礼有五种含义,一是祭神致福。二是表示恭敬,以礼相待。三是礼节、仪式等道德规范。如《礼记·曲礼上》:"夫礼者,所以定亲疏、决嫌疑、别同异、明是非也……行修言道,礼之质也。"四是指礼物。五是指书名,如《周礼》《仪礼》等。[1]

商务印书馆出版的《现代汉语词典》(第7版)中对"礼"有四种解释:一是指社会生活中由于风俗习惯而形成的为大家共同遵守的仪式;二是表示尊敬的言语或动作;三是指礼物;四是指以礼相待。[2]

由此可见,从古到今,礼的含义变化不大。

二、礼仪

礼仪指礼节和仪式。礼节指表示尊敬、祝颂、哀悼之类的各种惯用形式,如鞠躬、握手、鸣礼炮等。仪式指举行婚丧喜庆等活动的形式、程序。

礼貌是与礼节、礼仪词义相近的一个词语,它侧重表现主体的内在素质和修养,指在人际交往中,通过语言、动作及表情等向交往对象表示谦虚和敬意。礼节是礼貌的外在表现形式。礼貌是礼仪的基础,是礼仪的基本组成部分。礼仪是人内在修养和素质的外在表现。

对一个人来说,能否遵守礼仪是一个人的文化水平、交际能力、道德修养的外在表现;对一个国家而言,也是一个国家国民整体素质和社会文明程度的反映。

三、秘书礼仪

秘书礼仪指秘书为了塑造个人和组织的良好形象,在各项工作和社会活动中,对交往对象表示尊敬与友好而必须遵守的各项规范或程序。这是一般礼仪的职业化的体现,也是秘书人员自身的文化素养、精神风貌与工作态度的体现。[3]

礼仪贯穿秘书工作的全过程,从秘书工作产生那天起,礼仪便在其中发挥着重要的作用。秘书礼仪包含很多方面,如仪表礼仪、仪态礼仪、社交礼仪、通信工作礼仪、宴请工作礼仪、祝贺礼仪、言语沟通礼仪等。礼仪既具有相对稳定性,同时又呈现出

---

[1] 商务印书馆辞书研究中心:《古代汉语词典》(第2版),891页,北京,商务印书馆,2014。
[2] 中国社会科学院语言研究所词典编辑室:《现代汉语词典》(第7版),797页,北京,商务印书馆,2016。
[3] 参见王晶、李婉俊、阳慧:《秘书礼仪规范与实践》,5页,北京,清华大学出版社,2015;王岩:《秘书礼仪》,6页,北京,中国人民大学出版社,2016。

动态的特点。古人提出的就餐"十四毋"①中的绝大多数礼仪，即使到了 21 世纪，仍然是宴请工作中需要遵守的。当然，随着时代的变迁及新生事物的出现，礼仪也表现出与时俱进的特点：如随着私家车的普及，有人开始关注私家车座位的尊卑问题；随着手机的出现及普及，QQ、微信等即时聊天软件的出现，有人就开始关注手机的使用礼仪等。秘书应具有敏锐的意识、开放的心态，总结、学习并运用礼仪规范。

第二节
秘书礼仪的作用

"人不识礼，寸步难移。"古今中外的仁人志士都曾言及"礼"的重要性。法国启蒙思想家孟德斯鸠曾说："礼貌和必要的礼节是人际关系的润滑剂和人际矛盾的缓冲器。"②拿破仑·希尔说："世界上最廉价，而且能得到最大收益的东西，就是礼仪。"③清初思想家颜元有语曰："国尚礼则国昌，家尚礼则家大，身有礼则身修，心有礼则心泰。"④礼仪在秘书工作中发挥着非常重要的作用，具体说来，表现为以下几方面。

一、有利于完善个人形象，展示职业素养

礼仪是一封通向四海的推荐书。人际交往中，礼仪是一个人修养及素质的体现。我们通过一个人的言谈举止，可知此人的教养、文明程度、情趣修养和道德水平。形象是一种综合反映，礼仪的差异最终带来的是秘书职业化形象的差异。秘书在工作中恰当地遵守各项礼仪，能更好地展现个人良好的教养与优雅的风度，更好地树立个人形象。良好的个人形象不仅有利于每一项具体工作的开展，也有助于秘书取得事业上的成功。

---

① "十四毋"：毋抟饭、毋放饭、毋流歠、毋咤食、毋啮骨、毋反鱼肉、毋投与狗骨、毋固获、毋扬饭、毋嚏羹、毋絮羹、毋刺齿、毋歠醢、毋曒炙。参见《十三经注疏》整理委员会：《礼记正义》，61～62 页，北京，北京大学出版社，1999。
② 转引自杨瑞杰、邱雨生：《现代公共礼仪教程》，9 页，徐州，中国矿业大学出版社，2005。
③ 转引自郑健儿、赛来西·阿布都拉：《公关礼仪》，3 页，杭州，浙江大学出版社，2008。
④ （清）颜元：《习斋记余·代族人贺心洙叔仲子吉人泮序》，参见《丛书集成初编》第 2476 册，15 页，北京，商务印务馆，1936。

二、有利于营造工作氛围，提高工作绩效

礼仪可以规范人们的交际活动。职场上，如果每个人都能遵守礼仪，都向他人有效地传达自己真诚、尊重与友善的态度，必然能够促进彼此之间的了解与信任。这个环境一定容易形成和谐的人际关系，也容易营造良好的工作氛围，有利于工作绩效的提高。

三、有利于树立组织形象，促进合作共赢

我们每个人小到代表自己，大到代表整个国家。秘书是所在组织的一员，是对外的"门面"和"窗口"，言行举止代表着整个组织。良好的组织形象是组织的无形资产。

每个秘书在接待拜访、对外联络协调工作中，如果都能遵守专业的礼仪规范，得体地开展各项事宜，给组织外的客户带来良好的感知和体验，最终不仅能树立良好的个人形象，还能树立良好的组织形象。例如，在与犹豫不决的潜在合作方沟通时，秘书礼貌周到的行为可能为双方架起沟通的桥梁，并迅速地展示组织的外在形象和内涵修养，赢得合作方的好感和信任，营造良好的合作氛围，促进合作的达成，最终实现共赢。

第三节
秘书礼仪的原则

孟子曰："仁者爱人，有礼者敬人。"①任何礼仪都应以尊重为前提。秘书要想在工作内外，创造和谐的人际关系，营造良好的工作氛围，必须在尊重他人的意愿及合理的选择的情况下，遵守相关的礼仪原则，才有实现的可能。

一、诚实、友善

在人与人之间的各种关系中，对人生的幸福最重要的莫过于诚实和友善。诚实是立身之本，秘书人员要在交往之初就对交往对象以诚相待，诚于中而形于外。诚实是

---

① 《十三经注疏》整理委员会：《孟子注疏》，233页，北京，北京大学出版社，1999。

跨时代、跨国度的一条永恒交往的原则。秘书在工作中，要表里如一、诚实守信。如果不小心犯了错误，一定要勇于承认，并承诺下不为例，并努力做到。切忌遮掩错误、推卸责任、嫁祸于人。

孟子说："君子莫大乎与人为善。"[①]友善是内心有仁爱之心的表现。如果一个人没有仁爱之心，即使看样子好像是很讲礼，也只是虚礼而已。一个内心充满爱的人，其一举手一投足都透露着友善，能让交往对象感到温暖和关爱、感动和鼓励。

二、平等、适度

现代礼仪不同于传统礼仪的地方在于它是建立在平等基础上的。对所有人都一视同仁，不以权力大小、地位高低、拥有财富的多寡、年龄大小、长相美丑、关系亲疏而厚此薄彼。我们要谨记先贤的教诲："见富贵而生谄容者，最可耻；遇贫穷而作骄态者，贱莫甚。"[②]

另外，秘书也要明白"过犹不及非礼也"。在遵守礼仪的过程中，对对方的尊重一定要适度。言行举止把握好分寸，适可而止。孔子有言："上交不谄，下交不渎。"[③]在和上级交往的过程中不能表现得轻浮谄媚，在和下级交往的过程中也不能表现得高傲自负，要热情大方，彬彬有礼，不失态，不失格。要想真正掌握好"度"，不妨学会经常换位思考，"己所不欲，勿施于人"，自己希望别人怎样待己，那就怎样对待别人。

"礼多人不怪"的说法在今天看来并不完全适应时代了。如果施礼不讲究"度"，可能会陷入尴尬不自然和令人反感的境地。如握手时，对于一般关系的人，为了表示敬意，长时间、用力地握住对方的手，或是与异性握手时为了表示热情，双手紧握对方的手，反而适得其反。

三、宽容、自律

"海纳百川，有容乃大。"秘书在对待他人的事情上，要设身处地地为他人着想，多体谅别人的难处，宽以待人。宽容是一种美德，工作中，秘书不仅能容忍别人的不同观点，在不涉及原则问题的场合，甚至对别人的缺点错误也能包容、原谅。但对自己的缺点错误，要尽可能地虚心听取别人的意见和建议，这也是宽容大度的表现。

学习运用秘书礼仪的最重要一点就是自我约束、自我管理。说起自律的典范，日

---

① 《十三经注疏》整理委员会：《孟子注疏》，97 页，北京，北京大学出版社，1999。
② （清）朱柏庐：《治家格言》，18 页，北京，中国友谊出版公司，1997。
③ 《十三经注疏》整理委员会：《周易正义》，308 页，北京，北京大学出版社，1999。

本国民应当之无愧。1994 年，亚运会在日本广岛召开，闭幕式结束之后，可以容纳 6 万人的体育馆，会场上竟没有一片纸屑。多国报刊都登文表示惊叹："可敬可叹的日本民族！"但是在我国，总有一部分人的自律意识还比较淡薄，就算是在国庆节天安门广场升旗仪式这样庄重严肃的场合，也有人随手乱扔垃圾、大声喧哗，更不用说电影场、音乐厅这些观影、欣赏音乐的场所了。一个社会的文明程度跟这个国家的绝大多数国民是否能够自觉自愿地遵守礼仪规范有很大的关系。但愿随着国家的繁荣富强，包括秘书在内的所有从业者，都能在工作中严格要求自己，做到言语不失礼、举止不出格，用自身的行动来彰显个人素质、组织形象、国家形象。

四、尊者居前

朱熹有言："让者，礼之实也。"①秘书在握手、介绍、宴请、电话联络结束、乘坐轿车时等很多场合都需要遵循这一原则，例如，握手时，身份高、年纪长的人有优先握手权；为他人介绍时，尊者有优先知情权；宴请场合，先安排尊者的座位，且让其离主人最近；电话联络结束，最好等尊者先挂电话；自己开车时，可请尊者坐离自己最近的副驾驶座位，交流、照顾比较方便。

不同的学者都试图用不同的语言来归纳礼仪的原则，但比较来看，意思大体相同，仅是表述上略有差异，在此不做赘述。

第四节
秘书礼仪的培养途径

不管是有意向毕业后从事秘书工作的在校大学生还是在职的秘书，只要意识到礼仪的重要性，想积累、完善礼仪知识，想强化、提升礼仪修养，都可以从以下几种方式中选择适合自己的方式学习。

一、增强礼仪意识，学习礼仪知识

一个人只有意识到礼仪的重要性之后，才会自发地去学习礼仪的知识，或者指导别人学习礼仪知识。礼仪知识的学习首先应源自家庭，其次就是学校，再次就是社会。

---

① （宋）朱熹：《四书章句集注》，72 页，北京，中华书局，1983。

礼仪学习的途径有很多，例如，学生时代选修秘书礼仪、公关礼仪、礼仪文化等相关课程，可以跟着专业老师学习；也可以选择相关的图书资料或通过网络资讯自主学习；还可以去参加校外的礼仪短期培训班或自行寻找自然得体、修养有素的礼仪模范有针对性地学习。

礼仪知识涉及方方面面，即使同一国家、同一民族，也会出现"十里不同风，百里不同俗"的现象，不同国家、不同民族，礼仪方面更是差异很大。《礼记》有言："入竟（境）而问禁，入国而问俗，入门而问讳。"[①]我们必须抱着入乡随俗的开放态度，尊重自己又尊重他人，才能与对方愉快地交往。随着时代的发展，新的礼仪规范也在不断地形成，秘书只有与时俱进，不断学习，才能适应工作中不断出现的新情况、新问题，得体从容地与人打交道。

二、加强礼仪训练，恪守礼仪规范

"纸上得来终觉浅，绝知此事要躬行。"[②]意识、知识外化为得体的言行，还必须通过实践反复训练，才能最终实现。现实生活中，总会遇到有些人明明知道某种场合该如何说、如何做才是合乎礼仪的，但就是因为不好意思而难以外化为言行，所以想要掌握礼仪知识，平时必须有意识地训练自己，要把礼仪的知识适时地运用到实践中去。在生活、学习、工作中，做个有心人，多观摩、多请教，积极主动地收集、领会各种礼仪知识，不断反思、总结、修正，并将其尽快地转化为礼仪行为。

礼仪是需要在不断学习、不断实践中才能掌握的。德诚于心，礼形于外，心中有礼，言行合仪。秘书人员一定要重视礼仪、学习礼仪、遵守礼仪，把自己塑造成恪守礼仪的典范。

思考题

1. 秘书为何要以开放的心态学习秘书礼仪知识？

2. 秘书在工作中严格遵守礼仪能发挥哪些积极作用？

3. 秘书与人交往时应遵守哪些礼仪原则才能更好地营造良好的人际关系和工作氛围？

4. 你认为在校大学生应采取哪种学习方式能比较快地掌握常用的秘书礼仪？

---

① 《十三经注疏》整理委员会：《礼记正义》，87 页，北京，北京大学出版社，1999。
② 钱仲联：《剑南诗稿校注》，2630 页，上海，上海古籍出版社，1985。

第二章

秘书形象礼仪

结构图

```
                    ┌──────────┐
                    │   仪容   │
                    └──────────┘
                         △
                    秘书形象
                      礼仪
        ┌──────────┐          ┌──────────┐
        │   仪表   │          │   仪态   │
        └──────────┘          └──────────┘
```

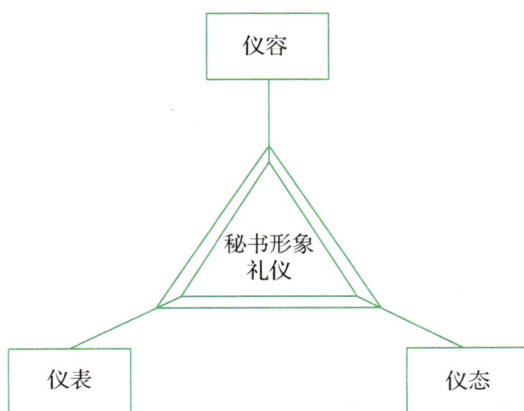

素女为我师，仪态盈万方。① ——（东汉）张衡《同声歌》

【本章学习目标】

1. 了解仪容礼仪中，发型、肌肤护理、化妆等知识点。

2. 掌握仪态礼仪中，站姿、坐姿、行姿的正确姿态。

3. 了解仪表礼仪中服饰礼仪的原则；掌握正规职业装的搭配、饰品的选择与佩戴。

【案例导入】

恰当地使用香水

　　王英不仅人长得漂亮，而且也很会打扮自己。有一次公司开展会，王英为了做好展品介绍工作，想到夏天可能会出汗，让客人闻出自己身上的汗味就不好了，于是去商场选购了一款气味比较浓的香水，展会当天王英打扮妥当后就喷了自己新买的香水去上班了，到了展会的现场，王英看到有客人来就赶紧出去迎接，并做介绍，但是客人们没坚持多久就纷纷离开了。王英不知所以然，当经理来检查工作进展情况时，一走到王英身边，便不住地打喷嚏，经理很生气，跟王英说："在公共场合这种浓烈的香水以后不要用了，这么浓的气味，客人都被呛得没办法待下去，工作怎么能开展得好呢？"

　　讨论：在工作场合，我们选择香水时需要注意什么？

---

① （宋）郭茂倩：《乐府诗集》（下），921 页，上海，上海古籍出版社，2016。

第一节
仪　容

　　仪容，是指人的容貌，是一个人的精神面貌和内在气质的外在体现，是一个人的"门面""招牌"，又是一个人的内在素质、内在修养的外在显现。仪容的概念包括三个层次的含义：一是指人的容貌、形体、体态等的优美，是指人的自然美；二是指经过修饰打扮及后天环境的影响而形成的美，是人为的修饰美；三是指一个人的内心世界和蓬勃向上的生命活力的外在体现，这是指人的内在美。一个人要具有较好的仪容，除了修饰之外，还应不断提高个人的文化、艺术素质和思想、道德水准，培养出自己高雅的气质与美好的心灵，使自己秀外慧中。在商务活动中，人的外表形象往往会起到潜移默化的作用。端庄、美好、整洁的仪容，能使对方产生好感，有益于商务活动的开展，所以注重仪容，努力塑造出自己最佳的形象是商务人员必须认真做到的。

一、发型的修饰

　　发型，即头发的整体造型。美发是展示良好交际形象的前提，修饰仪容应当"从头做起"。

(一)注意头发的清洁卫生

　　对头发的打理要勤于梳洗，应掌握梳头、洗头的正确方法。梳头时，应注意要轻轻地梳，应先梳理发梢部分，再梳理中段，最后从发根处轻轻梳下来，每天多梳头，有益于头发的健康，但不能在大庭广众之下毫无忌讳地梳头，这是失礼的行为。

(二)发型的选择

　　发型的选择，除个人偏好可适当兼顾外，最重要的是要考虑个人条件和所处的场所。商界对头发的长度大都有明确的限制：女士头发的长度不宜超过肩部，必要时应以盘发、束发作为变通；男士不宜留鬓角、刘海，头发的长度最好不要长于 7 厘米，即大致不触及衬衫领口。而剃光头，则男女都不适合。

🔍 **案例**

林肯的改变

美国历史上著名的总统林肯，出生于一个拓荒者的家庭，本人是律师，竞选总统时名气并不是很大。他在竞选过程中，收到一个小姑娘的来信，信中说，你的相貌太平常了，你的下巴又光秃秃的，不够威严，不像男子汉，如果你蓄上一大撮胡子，那么我们全家都会投你的票。林肯采纳了小姑娘的意见，蓄上了一大撮胡子，使他的形象增添了几分光彩，果然赢得了许多选民的好感。

参见李莉：《现代金融礼仪规范》，7 页，长沙，湖南科学技术出版社，2005。

讨论：从上述案例我们能看到外貌的修饰要注意哪些问题？

二、面部肌肤护理

清洁面部可以去除新陈代谢产生的老化物质，以及空气污染、卸妆后等残留物，同时也可以清洁肌肤。化妆的女士在洁面之前，应首先卸妆，用卸妆油或卸妆乳去除脸上的粉、彩妆或防晒霜、隔离霜。

洗脸时要记得洗到脖子部位，下巴底部、耳下等也要仔细洗净。洗脸后用毛巾擦拭脸上的水时，不可用力揉搓，以免伤害肌肤。正确使用毛巾的方法是将毛巾轻贴在脸颊上，让毛巾自然吸干水。

洗脸时应注意以下几点。

第一，使用洗面奶的正确方法是将洗面奶放在手上揉搓起泡，泡沫越细越不会刺激肌肤，泡沫需揉搓至奶油般细腻才算合格，让无数泡沫在肌肤上移动以吸取污垢，而不是用手去搓揉。

第二，用指尖轻柔、仔细地清洗皮脂腺分泌旺盛的鼻翼及鼻梁两侧，这些部位洗不干净将导致脱妆及肌肤出现油光。

第三，下巴和 T 区也一样，也容易长青春痘及粉刺，洗脸时应由内向外不断画圈，使污垢浮上表面。

三、化妆

化妆是职场女性塑造自己形象的重要手段，是参加各种商务活动时修饰仪表不可或缺的方法。对一般人来讲，化妆最实际的目的，是对自己的容貌上的某些缺陷加以弥补，以期扬长避短，使自己更加美丽，更加光彩照人。在日常工作中时常需要的是相对简单的工作妆。工作妆应该是淡妆。

进行一次完整而全面的化妆，从技巧上来讲，是有一定的规范和步骤要求的，具体的步骤如下。

第一，洁面。用洗面奶去除油污、汗水与灰尘，使面部彻底清洁，然后在脸上拍打化妆水，为面部化妆做好准备。

第二，涂敷粉底。先用少量的护肤霜，既会保护皮肤免受其他化妆品的刺激，也会使涂敷粉底的工作进行得更容易。接下来，在面部的不同区域使用深浅不同的粉底，使妆面产生立体感。完成之后，便可以使用少许定妆粉来固定粉底。

第三，描眉画眼。先要修眉、画眉，接下来沿着睫毛的根部，画好眼线，再次运用夹睫毛器、睫毛膏，对眼睫毛进行造型、"加工"，最后通过涂眼影来为眼部着色，加强眼睛的立体感。

第四，美化鼻部。即画鼻侧影，以改变鼻形的缺点。

第五，打腮红。为了修饰美化面颊，应用腮红，涂好腮红之后，应再次用定妆粉定妆。

第六，修饰唇形。先用唇笔描出唇形，然后填入色彩适宜的唇膏，使红唇生色。

第七，喷香水。以淡雅清香的气息美化身体的整体。

第八，修正补妆。检查化妆的效果，并进行必要的调整、补充、修饰和矫正。

更简单的职业淡妆方法有：涂面霜、描眉画眼、涂唇膏。但是眼线可使眼睛更有神，最好不省。而唇是除了眼睛之外最引人注目的地方，干燥、脱皮、无血色都会让人觉得你气色不好、疲劳不堪，所以唇膏也是不能不涂的。长期在空调环境中工作，唇部极易干燥脱皮，至少要涂一层无色的润唇膏来保护唇部。

职业女性上班时化妆，不仅是为了漂亮、有精神，还为了体现敬业精神。因为看重自己的这份工作，所以要以最佳状态来上班，化淡妆已经成为了一种礼节。

四、化妆的礼节及应注意的问题

第一，化妆的浓淡要考虑时间、场合等问题。白天，自然光下，一般女士略施粉黛即可；职业女士的工作妆也以淡雅、清新、自然为宜。浓妆，多为参加晚间娱乐活动的女士的妆容。在正式场合，女士不化妆会被认为是不礼貌的。

第二，在公共场所不能当众化妆或补妆。在公共场所，众目睽睽之下修饰妆容被认为是没有教养的行为。如果真有必要化妆或补妆，一定要到洗手间去完成，切莫当众化妆。

五、商务男士的护肤与美容

事实上，修饰、装扮不仅是女人的权利。现在，光顾美容院的男士也越来越多。许多国家，不仅研制生产了各式各样的男士专用的护肤品，还专门开设了男士美容与保健的机构。在我国，男士的美容与保健也渐渐受到重视。

每一位职业男士，都希望自己获得上司的信任和公众的好感，更愿意赢得同性的尊敬和异性的青睐，从而给别人留下美好的印象。职业男士的护肤美容的基本内容有：洁肤、护肤、剃须和美牙。

六、香水的使用

在各种商务活动中，为了让自己给别人以好感，很多商务人员都在使用香水，以期塑造自己良好的形象。

香水是含香料最多的，稍微抹一点儿就有较持久的香气。香水的类型大致分为四种，即香精、香水、淡香水、古龙水。不同种类的香水其浓度、持续时间及使用场合都会不同。在这些类型中，香水的香型也有所不同，我们常用的有花香味、香草味、柑橘香、绿草香、混合香、清甜味、东方调等香型。不同的个性爱好可以决定自己喜欢的香型，选用一款适合自己的香水，才能成功掌握自己的迷人之处。

根据香水中香精的含量与香气持续的时间来划分，香水能分为以下四种类型。

浓香型香水：又称为香精，香气可持续5～7小时。

清香型香水：香气可持续5小时左右。

淡香型香水：香气持续的时间为3～4小时。

微香型香水：又称微香氛，香气持续的时间为1～2小时。

在这四种类型的香水里，第一种适用于人们出席宴会、舞会时，第二种适用于一般性的交际应酬，第三种适合上班时使用，第四种则主要用于浴后或进行健身运动时使用，它们通常是不能乱用的。

一般香水又分为涂抹式和喷洒式两种。使用涂抹式香水时，涂抹时注意呈点状式。最好用一块专用香水布，以免杂物和油脂破坏香水的香气。使用喷洒式香水时，最好先将其喷洒至空中，然后站在距离香雾20厘米左右的地方沾上香气。

在使用香水时，要从手腕移向身体，即先把香水涂在手腕上，然后再移往另一手的手腕，再从手腕移至耳后等部位上，不要用摩擦的方式。

适合喷洒香水的部位有：耳后和耳垂、手腕内侧、膝盖后面。这几个地方静脉血管离体表比较浅，体表温度略高，利于香水的挥发。千万不要喷洒在头发上、腋下等爱出油、汗的地方，香水和汗味混合，味道可不太美妙。胸前也要少喷，否则太浓的香水直冲鼻子。

往浅色衣服上喷洒香水时要慎重，因为在阳光的作用下，香水也许会在衣服上留下痕迹。应该在衣服和裙子的下摆喷洒香水，香味会自下而上地浮动。

如果要用香水，其他化妆品的香气就越淡越好，不会影响到香水的纯正味道。使用香水所达到的最好效果，当你与别人擦肩而过时，留下的是隐隐约约、若有若无的香气。而不是给他人鼻子"重重一击"，让他人半天喘不过气来。另外，每次最好只使用一种香水，不要重叠使用不同的香水。

第二节
仪　态

仪态是指人在行为中的姿势和风度。一个人的一举一动、一笑一颦、站立的姿势、走路的步态、说话的声音、对人的态度、面部表情等都能反映出一个人仪态美不美，而这种美又恰是一个人的内在品质、知识能力、修养等方面的真实外露。对于仪态的要求是：自然、文明、稳重、美观、大方、优雅、敬人。

举止是指人的姿态和风度。优雅的举止应当是大方的、从容的、自信的。举止有各种各样的，最基本的是站、坐、行的姿态，手势和表情。在商务活动中，举止优雅的人容易与别人沟通，得到信任。人们无法相信，一个举止粗俗的人是受过严格的专业训练的，人们往往不愿意把重要的事情交给他去做，或者与之成为合作伙伴。

一、挺拔的站姿

站立时要有精神，要挺拔。正确的姿态是：头正、肩平、两肩放松，双臂自然下垂，双手放于大腿两侧或相握于身前，挺胸。男性双腿可分开，双脚间的距离最多与肩同宽；女性双腿应并拢，脚尖微微外撇，也可以双脚前后相错半脚站好。长时间站立时，可暗暗调整身体重心，使双脚轮流承受身体重量。有人以一腿弯一腿直的方法调整重心，看上去很懒散，这种姿势是不可取的。总之，正确的站姿给人以挺拔舒展、落落大方、精力充沛的印象。

经常出现的错误站姿有：倚着墙或其他物体站立、驼背、挺腹、塌腰或一腿不停地抖动，双手叉在腰间或插在口袋里等。错误站姿会给人留下不好的印象。

正确站姿的训练方法：背靠墙站，要求头部、双肩、臀部、小腿和脚后跟都紧贴墙壁，坚持 15～20 分钟。经常这样训练，相信你会挺拔而又轻松地站立。

(一)职业女士的站姿

女士在正式场合最优雅动人的站姿应当是：全身直立，双腿并拢，双脚微分，双手搭放在腹前，抬头、挺胸、收腹、目视前方。具体应注意以下几点。

第一，女士在正式场合双膝应挺直，而在非正式场合则可以做"稍息"状，但是不论在哪一种场合，双膝都应当有意识地靠拢。

第二，女士站立时，脚跟应靠拢在一起，两只脚尖应相距 10 厘米左右，其张角为 45 度，呈"V"字形，也可以两只脚一前一后，前一只脚的脚跟轻轻地靠近后一只脚的脚弓，将重心集中于后一只脚上，切勿将两脚分开。

第三，女士在站立时，应挺胸，同时还要注意收紧腹肌，并挺直后背，使整个身体的重心集中于双腿中间，不偏不斜。

第四，女士双手在站立时如果不拎包、不持物，最好是将右手搭在左手上，然后贴在腹前，同时应当注意放松双肩，使双肩自然下垂。不要把手插在口袋或袖子里，也不要双手相握，背在背后。

第五，在站立时，女士应下颌微微内收，脖颈要挺直，双目要平视前方，以便使自己显得自然放松。

(二)职业男士的站姿

男士在站立时，应将身体的重心放在两只脚上，头要正，颈要直，抬头平视，挺胸收腹不斜肩，两臂自然下垂。具体应注意以下几点。

第一，站立时，手不宜叉在腰间，这是一种不礼貌的举止。

第二，站立时，不可双手插于衣裤袋中，如果有必要时，可以单手插于前裤袋。

第三，男士无论在什么样的场合都不宜斜靠在门边或靠墙站立。两腿交叉站立也是十分不雅的。

第四，男士在与他人站立谈话时，不要有扭动身体、东张西望、斜肩叉腰等小动作。

二、端正的坐姿

坐，相对于站来讲是一种放松，但不是松懈。在公共场合、在办公室里，坐相一定要稳重、端正。

端正的坐姿是：入座要轻要稳。女性穿裙装时，坐下前用手理一下裙摆。上身同站立时要求相近，不要驼背，腰要立起来。双肩平正放松，两臂自然弯曲，双手相叠放于腿上。也可以一手放在椅子或沙发的扶手上，掌心向下。女性双膝并拢，双腿正放或收于一侧，双脚并拢或交叠。男性的双膝可以分开一拳左右距离。在一般较随意的场合，不论男性还是女性，跷二郎腿都是可以的，但是跷起的那条腿，脚尖要往下压一点儿，不要把腿伸出老远，甚至抖动。

坐椅子一般要坐椅面的三分之二，背部轻靠椅背。如果是与长者或上司谈话，为了表示尊重，上身要略倾向于对方，不倚靠椅背。

正确坐姿的训练方法：上身的关键在于挺胸立腰，女性一定养成并拢腿而坐的习惯，否则穿短裙时会令人很尴尬。可以在打字时、开会时练习，或其他适宜的时间练习，开始时每次练习15～20分钟，然后逐渐加长时间，最后使正确的坐姿成为你的习惯姿态。

(一)职业女士的坐姿

1. 双腿斜放式

双腿斜放式，即将双腿并拢后，双脚同时向右侧或左侧斜放，并且与地面形成45度左右的角。这样，就座者的身体会呈现优美的"S"形。

2. 双腿叠放式

这种坐姿要求上下交叠的膝盖之间不可分开，两腿交叠呈一条直线，才会给人以纤细的感觉。采用这种姿势，切勿双手抱膝，更不能两膝分开。

3. 双腿垂直式

这种坐姿是将双腿垂直于地面，双脚的脚跟、膝盖直至大腿都需要并拢在一起，双手叠放在左(右)大腿上。这是正式场合的最基本的坐姿。

4. 双脚交叉式

这种坐姿是将双腿并拢，双脚在踝部交叉之后略向左侧斜放。坐在主席台上、办公桌后或公交车上，都可以采用这样的坐姿。

5. 双脚内收式

这种坐姿是将两条小腿向后屈，双脚掌着地，膝盖以上并拢，两脚稍微张开。

(二)职业男士的坐姿

男士的坐姿和女士的略有不同。通常男士入座后，身体重心要垂直向下，腰部挺起，上身垂直，不要给人以"瘫倒"在椅子上的感觉。具体应注意以下几点。

第一，坐时，大腿与小腿基本上是直角，双膝应并拢，或微微分开，两脚平放地面，两脚间距与肩同宽，手自然放在双膝上或椅子扶手上，头平稳，目视前方。

第二，侧坐时，应上体与腿同时转向一侧，头部向着前方。

第三，男士不雅的坐姿有：在公共场合，跷起二郎腿，或者将两腿叉开，脚伸得老远，或将脚放于座椅底下，或用脚钩住座椅的腿等，这些都是职业男士应注意的。

三、轻快的行姿

凡是健康的成年人，步伐都应该是轻松敏捷的，体现出朝气蓬勃、积极向上的精神状态。

正确的行姿是：头正，双眼平视前方，下颌微收，挺胸收腹，双肩平稳，双臂自然摆动，身体的重心随着前行的步伐而略向前倾。注意步位，即双脚的内侧基本踩在一条直线上；注意步幅，男性、身材高的人或穿运动鞋、便鞋的人，步幅要大一些，穿高跟鞋及裙装的女性，步幅要相应小一些才好。走路时要全脚掌着地，膝部和脚腕要有弹性。

经常出现的错误行姿有：双眼左顾右盼、一肩高一肩低、驼背含胸、八字步、走路重心下移、拖泥带水。

正确行姿的训练方法：上身基本与正确的站姿一样，只是重心稍稍前倾；双脚要想走在一条直线上，双膝内侧走起来就要有摩擦感。可在地上画一条直线，沿着直线走。

女士的步态美要求的是行姿轻盈，能给人以稳健、自然、大方的感觉。女士在商务场合行走时应抬头、挺胸、收腹，上身保持正直；双臂自然下垂，协调地前后摆动于身体两侧；脚尖指向正前方，提髋、膝，迈小腿，脚跟落地，脚掌接着推送；步幅要均匀，频率要适中，落脚的声音不可太大。

四、热切的表情

人类的表情是非常丰富的，不同的心境就会有不同的表情。在商务活动当中，在人际交往时，人们最需要的是"微笑"这种表情。微笑的人让人觉得和蔼可亲，值得信赖，受到欢迎，紧张的心理因之放松。所以，"微笑"就成了待人接物的最基本的表情。

微笑的基本做法是：不发声、不露齿，肌肉放松，嘴角两端向上略微提起，面含笑意，亲切自然，使人如沐春风。微笑是发自内心的自然坦诚情感的流露，切不可故作笑颜、假意奉承。

🔍 **案例**

今天，你对客人微笑了没有

被誉为"全球旅馆业之冠"的美国希尔顿饭店，其创始人唐纳·希尔顿绝对称得上是一个传奇人物。

1919年希尔顿离开家乡新墨西哥来到得克萨斯州，以仅有的500美元为资本，买下了蒙布勒饭店，开起了第一家希尔顿旅馆，开始创立希尔顿旅馆业王国，在不到90年的时间里，从1家发展至100多家，遍布世界五大洲的各个城市，资产达数百亿美元，并成功吞并了号称"旅馆之王"的纽约华尔道夫奥斯托利亚旅馆，还买下了号称"旅馆皇后"的纽约普拉萨旅馆，成为名副其实的全球旅馆业第一名。

有一天，他踌躇满志、颇为得意地向母亲谈起他如何赚钱有方。他母亲淡然一笑说："你拥有5000万资金又有什么了不起，知道还有比这更值钱的东西是什么吗？"希尔顿被问住了，母亲又说："我看，做生意除了要对顾客诚实之外，你还得想出这样一个简单、可行、又不花本钱、又行之久远的办法，去争取顾客的反复光临，只有这样，你的旅店才会前途无量，资金才能不断增加。"母亲的话让希尔顿苦苦思索，寻找那"简单""可行""不花本钱""行之久远"四项合一的赚钱之道。终于，他悟到了，那就是"微笑"。

希尔顿视微笑为企业生存发展的唯一途径，并以此为企业基本理念，在员工队伍中大力提倡微笑服务。多年来，希尔顿饭店生意如此之好，财富增长如此之快，其成功的秘诀就在于牢牢确立自己的企业理念，并把这个理念贯彻到每一员工的思想和行为之中，饭店创造"宾至如归"的文化氛围，注重企业员工礼仪的培养，通过"微笑服务"体现出希尔顿的特有魅力。希尔顿自己则是在这50多年中，每天从这一洲飞到那一洲，从这一国飞到那一国，专程去了解希尔顿的员工是否在贯彻着"希尔顿的礼仪"。他有一本专著《宾至如归》，而今已成为每个希尔顿员工的"圣经"，而当得知希尔顿要亲自前来视察时，员工们就会立即想到希尔顿肯定会问你："今天，你对客人微笑了没有？"

参见张百章、何伟祥：《公关礼仪》，258页，大连，东北财经大学出版社，2005。
讨论："微笑服务"为希尔顿饭店带了什么效益？

微笑是待客的基本表情，但不是唯一表情，还需要随着来访者的情况和个性来调整自己的态度。具体应注意以下几点。

第一，对满腹怨气或满腔愤怒的客人，不能急于辩解，也不必随声附和，甚至微笑都可能被认为是嘲笑，只能以专注的神情静静地听着，表现出对他的足够重视。待他发泄完了，你对情况也有了大致了解，再设法解释，会有较好的效果。

第二，对于比较拘谨的客人，除了微笑外，还要主动地和他讲话，使气氛和缓。

第三，对于性格急躁的客人，对答要利索，处理问题不拖泥带水，使其确信你的办事效率。

第四，对于敏感的客人，微笑当然重要，同时应特别注意用词的委婉客气，使对方产生安全感。

第五，对于疑虑重重的客人，除了微笑，自信的口吻和表情也非常重要。

总之，对不同的人、不同的事，处理的方法不同，表情自然也不完全一样。原则是，要维护本单位的声誉，要诚心诚意地对待客人，想方设法解决他们的问题。唯有如此，你的表情才能让客人满意。

微笑要求做到以下四个结合。

其一，口和眼的结合。在微笑中，眼睛的表情是十分重要的，眼睛有传神送情的特殊功能，又是心灵的窗户，因此，口到、眼到、神色到，笑眼传情，微笑才能打动人心。

其二，笑和神、情、气质的结合。"神"，就是笑得有情入神，笑出自己的神情、神色、神态，做到情绪饱满，神采奕奕。"情"，就是要笑出感情，笑得亲切、甜美，反映美好的心灵。"气质"，就是要体现出谦虚、稳重、大方和得体的良好气质。

其三，笑和语言的结合。语言和微笑都是传播信息的重要符号，只有做到二者的有机结合，声情并茂，相得益彰，微笑才能发挥出它的特殊功能。

其四，笑和仪表、举止的结合。端庄的仪表、适度的举止，是每个从业人员的基本要求。以姿助笑，以笑促姿，就能形成完整、统一、和谐的美。

五、恰当的手势

手势在人际交往中占有重要的位置。据心理学家的研究，在面对面的交往时，口语在沟通中所起的作用只占 30％多，而通过举止传达出的信息要占 60％多，可见举止的重要。各种各样的手势表达的意思丰富多彩，是举止中最富有表现力的。我们常常借助手势表达不同的意思。古罗马政治家西塞罗曾说："一切心理活动都伴有指手画脚等动作。手势恰如人体的一种语言，这种语言甚至连野蛮人都能理解。"

(一)常用的手势

1. 指示的手势

给人指示方向、指点物体、介绍某人、请人做某事等，都需要用手来指示。正确的指示手势应该是，四指并拢，拇指自然分开，手心向上，手臂适度伸出。在商务活动中，这种手势的使用频率是相当高的。

2. 打招呼、致意、告别的手势

当双方距离很近的时候，手势要小，五指自然并拢，抬起小臂挥一挥即可。双方距离较远时，可适当加大手势。

在任何情况下，不要用手指指点别人，那是极不礼貌的。也不可以用拇指指向自己或比比画画。谈到自己的时候，可以用右手轻按自己的左胸部，显得稳重可信。

有些手势在使用时要注意，因各国习惯不同，同一手势表达的意思也不尽相同，与外国人交往时，手势不可乱用。例如，竖起拇指，在我国和一些国家这个手势表示称赞夸奖；在欧洲一些国家，伸出拇指上挑可视作招呼出租车；而澳大利亚人认为竖起拇指，尤其是横着伸出，是一种侮辱。"OK"手势，即用拇指和食指组成一个圆圈，其余三指竖起。这在美国人眼中是好、顺利、平安之意；在日本则代表钱，而在南美洲的一些国家，这是一种下流、侮辱性的手势。伸出手，手掌向下挥动，这在中国和日本，是招呼别人过来的意思，完全没有恶意；在美国，这是唤狗的手势，如果对人用了这个手势，就会引起误解，带来麻烦。

在谈话中，人们常常借用手势来加强语气、帮助表达。甚至在打电话时也使用手势。除了注意手势要用得正确之外，还要避免幅度太大、过于夸张，以至于搅得听话人心烦意乱，反而影响了沟通效果。

此外，有些手势是令人反感、有损形象的。例如，当众搔头皮、掏耳朵、挖鼻孔、剔牙、咬指甲、修指甲、搓泥垢、手指乱敲、乱比画等。当众做这些事，会让人觉得太没教养、不讲文明，没有兴趣再与其交往下去。

(二)在商务场合，应正确使用手势

在商务场合，使用手势时应注意以下几点。

第一，谈话时，手势不宜过多，动作不宜过大，更不能手舞足蹈。传达信息时，手应保持静态，给人稳重之感。

第二，不能用食指指点别人，更不要用拇指指自己。

第三，掌心向上的手势有一种诚恳、尊重他人的含义；掌心向下的手势意味着不够坦率、缺乏诚意等。

第四，在引路、指示方向等时，应注意手指自然并拢，掌心向上，以肘关节为支点，指示目标，切忌伸出食指来指点。在谈话中说到自己时，可以把手掌放在胸口上。

第五，说到别人时，一般应用掌心向上，手指并拢伸展开进行表示。

第三节
仪　表

仪表，通常是指人的外表，尤其是指人的穿着，包含人的服饰与配饰。服饰与配饰是透视个人形象的一个非常重要的窗口，体现着人的性格、文化、气质及身份地位等。整齐的服饰通常能给人留下干净、利落、干练的印象，容易获得他人的信任；反之，污损、不洁、邋遢的服饰则会让他人感到不舒服，给人留下不好的印象。因此，在商务活动中，恰到好处的服饰能彰显一个人的气质魅力，使工作得以顺利开展。

一、服饰礼仪的原则

(一)"TPO"原则

"TPO"原则,即"Time(时间)、Place(地点)、Object(目的)"的原则,这是日本男装协会于1963年提出的。

1. 时间原则

时间原则是强调注意服饰在每天的早间、日间、晚间三段时间的变化,也包括每年春、夏、秋、冬四个季节的更迭以及不同时期的变换。因此,人们在着装时必然要考虑到不同的时间,做到随时更衣。日间是工作时间,着装要根据自己的工作性质和特点选择,总体上以庄重大方为原则。如果安排有社交活动或商务活动,则应以典雅端庄为基本着装格调。晚间的宴请、舞会、音乐会等正式社交活动居多,因此,晚间的着装应以晚礼服为宜,以形成高雅大方的礼仪形象。

2. 地点原则

地点原则是指服饰打扮要与场所、地点、环境相适应。在静谧肃穆的办公室里身着一套随意性极强的休闲装,穿着拖鞋,或者在绿草茵茵的运动场身着一身西装,穿一双皮鞋,这些都会因服饰与环境不协调而破坏整体气氛。没有统一制服的单位,职员们的服装一般都要尽可能地与工作环境相协调,不过分追求时髦。特别是商务人员,由于经常出入社交场所,所以服饰通常要求高雅、整齐、端庄、大方,以中性颜色为主,不突出形体的线条。职业女装在穿衣上不宜太华丽、太暴露。太华丽或太暴露的衣服会招致他人的骚扰或被别人误以为是"花瓶",而影响自己的整体形象。

3. 目的原则

目的原则是指服饰打扮要考虑此行的目的。目的可以从两方面来考虑:一是做事的目的,如去运动,就要穿运动装、运动鞋;二是以想要留给别人的印象来选择服装。

(二)和谐原则

所谓着装和谐是指一个人的穿着要与其年龄、体形、职业和所处的场合相吻合,表现出一种和谐,这样才能给人以美感。

1. 服饰应与年龄相和谐

在穿着上要注意与年龄相和谐。不论是年轻人还是老年人都有权打扮自己,但是在打扮时应注意不同年龄的人有不同的穿着要求。年轻人应穿得鲜艳、活泼、随意一些,这样可以充分体现出青年人的朝气和蓬勃向上的青春之美。而中、老年人的着装则要注意庄重、雅致、整洁,体现出成熟和稳重,透出那种年轻人所没有的成熟美。

2. 服饰应与体形相和谐

人的身材有高有低、体形有胖有瘦、肤色有深有浅，穿着应考虑到这些差异，扬长避短。一般来讲，身材高的人可以适当加长上衣，配以低圆领或宽大而蓬松的袖子、宽大的裙子、衬衣，这样能给人以"矮"的感觉，衣服颜色上最好选择深色、单色或柔和的颜色；身材较矮的人，不宜穿大花图案或宽格条纹的服装，最好选择浅色的套装，上衣应稍短一些，使腿比上身突出，服装款式以简单直线为宜，上下颜色应保持一致；体形较胖的人应选择花纹较小、直条纹的衣料，最好是冷色调，在款式上，胖人要力求简洁，中腰略收，后背扎一中缝为好，应以"V"形领为最佳；体形较瘦的人应选择色彩鲜明、大花案以及方格、横格的衣料，给人以宽阔、健壮的视觉效果，在款式上，瘦人应当选择尺寸宽大、上下分割花纹、有变化的、较复杂的、质地不太软的衣服，切忌穿紧身衣裤，也不要穿深色的衣服。

3. 服饰应与职业相和谐

不同的职业对服饰有不同的要求。例如，教师、干部一般要穿着得庄重一些，不要打扮得过于妖艳，衣着款式也不要过于怪异，这样可以给人留下一个良好的印象；医生穿着要力求显得稳重和富有经验，一般不宜衣着过于时髦给人以轻浮的感觉，这样不利于对病人进行治疗；学生的穿着应朴实、大方、整洁，不要过于成人化；而演员、艺术家等则可根据他们的职业特点，穿得时尚一些。

4. 服饰应与环境相和谐

服饰还要与自己所处的环境相和谐。办公室是个很严肃的地方，因此在穿着上就应整齐、庄重一些。外出旅游穿着应以轻装为宜，力求宽松、舒服、方便运动。平日居家可以穿着随便一些，但如有客人来访，应请客人稍坐，自己立即穿着整齐，如果只穿居家服来接待客人，那就显得失礼了。

(三)整体性原则

正确的着装，能使形体、容貌等形成一种和谐的整体美。服饰的整体美构成因素包括：人的形象和内在气质、服装饰物的款式、色彩、质地、加工技巧乃至出入的场所等。正如培根所说："美不在部分而在整体。"孤立地看一个事物的各个部分可能不美，但就整体看却可能显得很美。

着装的整体美是由服饰的内在美与外在美构成的。外在美是指人的形体及服饰的外在表现；内在美指人的内在精神、气质、修养及服装本身所具有的"气韵"。打扮是外在的，若不能不断地充实自己的内涵，培养自己优雅的风度及高贵的气质，那么着装上一定要成功。

(四)个性化原则

服饰的个性化原则包括一个人的年龄、身材、气质、爱好、性格、职业等因素在外表上的反映所构成的个人的特点。各式服装都有自己的内涵和风格，理解服装若如同理解自身一样，就能找到适合自己穿的衣服。只有个性化的着装才能烘托出个性、展示个性，保持自我以有别于他人；只有当服饰与个性协调时，才能更好地发挥其效应，塑造出自己的最佳形象和礼仪风貌。

🔍 **案例**

细节见素质

本科即将毕业的李琳到一家著名企业求职。李琳非常重视这次面试，她在面试前特意按照该公司的文化理念修饰了一下自己的外在形象。面试当天，从她整洁得体的衣服、干净的指甲、整齐的头发上看，就给人一种精明、干练的感觉。来到企业人事部，临进门前，李琳自觉地擦了擦鞋底，待进入室内后，随手将门轻轻关上。见有长者到人事部来，她礼貌地起身让座。人事部经理询问她时，尽管有别人谈话干扰，她仍能注意力集中地倾听并准确迅速地予以回答，同人说话时，她神情专注，目不旁视，从容交谈。面试结束后，总经理诚邀李琳加盟这家企业。现在，李琳已成为这家企业的销售部经理。

讨论：在面试中，我们应该身着什么样的服饰？

二、正规职业装

(一)女士的职业装

女士的职业装的着装准则是：简洁大方，自然得体。在参加正式的商务活动时，女士着装要典雅大方，通常穿职业套裙；在一般的社交场合，也可以穿旗袍或其他民族服饰。商界人士约定俗成地认为：在所有适合于商界女士在正式场合穿着的裙式服装之中，套裙是名列首位的选择。

套裙，是西装套裙的简称。其上身为一件女士西装，下身是一条半截式的裙子。在商务活动中，将套裙穿在任何一位商界女士的身上，都无一例外地会使其精神倍增、神采奕奕，而且还能烘托出白领丽人所具有的神秘韵味，使其显得优雅、文静、娇柔和妩媚。

根据礼仪规范，一套可供商界女士在正式场合穿着的套裙，通常必须具备如下特色。它应当是由高档面料缝制的，上衣与裙子应当采用同一质地、同一色彩的素色面料，做工考究。上衣应平整、挺括、贴身，以较少的饰物、花边进行点缀；裙子则应以窄裙为主，并且裙长不宜过短。套裙的颜色，一般以冷色调为主，借以体现出着装者的典雅、端庄的气质。职业套裙的最佳颜色是黑色、藏青色、灰褐色、灰色和暗红色，精致的方格、印花和条纹也可以选择，但是红色、黄色或淡紫色的两件套裙因为颜色过于抢眼，在选择的时候应慎重。

另外，在穿套裙的时候，还要注意衬衣、袜子、皮鞋、内衣的搭配。

衬衣：衬衣的颜色、图案、式样是丰富多彩的，只要不过分耀眼，颜色与外套协调就可以了。如果外套的颜色较深的话，浅色、柔和色调的衬衫可以冲淡过于凝重的氛围，因此像白色、黄白色和米色的衬衫都是不错的搭配。另外，质地较好的圆领、一字领、V字领紧身衫，也可与西服外套相配。

袜子：在礼仪场合，绝对不能赤足穿鞋。穿裙装要配丝袜，接近肤色的肉色最适中。黑色袜子只能配黑色的裙子，不能穿带图案或网眼的袜子，也不能用白色袜子配职业装。裙子越短，袜子就越长，要超过裙摆，即使坐下、弯腰也不会露出袜口。

皮鞋：作为与职业装配套的皮鞋，鞋跟高度最好不超过4厘米。鞋的颜色要深于套服，黑色、深棕色、深灰色的皮鞋比较容易与衣服搭配。漆皮鞋、前露脚趾后露脚后跟的凉鞋，以及样式过分时髦的鞋，都不适合工作场合。

内衣：内衣要合体。夏天衬衣较薄，内衣的颜色最好是肉色或白色。

女士不恰当的着装，有如下几种类型。

过分时髦型：过分追求流行、时尚，而忽视了着装的原则，一个成功的商界女士对于流行的选择必须有正确的判断力。同时要切记：在办公室中，主要表现工作能力而非赶时髦的能力。

过分暴露型：夏季，很多女士不够注重自己的身份，穿起颇为性感的服装，这样会让人觉得轻浮，并忽视内在品质。

过分正式型：过分正式的服装也会让人觉得死板，职业装也要有自己的个性。

过分潇洒型：最典型的样子就是一件随随便便的T恤或罩衫，配上一条泛白的"破洞"牛仔裤，丝毫不顾及办公室的原则和体制，这样的穿着可以说是非常不合适了。

过分可爱型：很多俏丽可爱的服装并不适合工作和社交场合，这样的穿着会给人轻浮、不稳重的感觉。

(二)男士的职业装

在一般比较正式的商务活动的场合，男士多穿黑色或深色的西装，白衬衫，系黑领结，穿黑色硬底皮鞋。

1. 西装的款式

目前，国际上流行的西装在外观造型上一般可以分为英式、美式、欧式和日式四种款式。

英式西装的特征是：肩部与胸部线条平坦、流畅，轮廓清晰，面料一般采用纯毛织物，多为单排扣式，后摆两侧开衩，颜色以深蓝或黑色为主，配以白色衬衣和黑领结，给人的整体感觉是威严、庄重、高贵，最能体现绅士派头。英式西装适合于宴会、酒会、庆典、会见贵宾等高级社交场合。

美式西装的特征在于造型上略收腰身，多为单排扣式，后背开单衩或双衩，肩部不用过高的垫肩，胸部也不过分收紧，保持自然形态，这样的西装比较适合日常办公时穿着。美式西装适合于舞会、访友、参观、会议等半正规场合。

欧式西装的特征在于上衣呈倒梯形，多为双排两粒扣式或双排六粒扣式，而且纽扣的位置较低。它的衣领较宽，强调肩部与后摆，不太注重腰部，垫肩与袖笼较高，腰身中等，后摆无开衩。

日式西装的主要特征是：上衣的外观呈"H"形，不过分强调肩部和腰部。垫肩不高，领子较短、较窄，不过分地收腰，后摆不开衩，多为单排扣式。

以上四种款式各有各的特色，中国人在选择的时候可以根据不同场合和自己的喜好来选择。

2. 西装的搭配

西装有单件上装和套装之分，套装又分为两件套和三件套。两件套西装套装包括一衣和一裤；三件套西装套装则包括一衣、一裤和一背心。三件套西装比起两件套西装来，要显得更加正规一些。男士在参加高层次的商务活动时，以穿三件套的西装为好。按照西方的习惯，不论天气多凉，西装里面是不穿毛衣的。在我国，冬天寒冷的地方，人们还是不能不穿毛衣的。但是西服里面只能穿单色、套头、鸡心领式的薄羊毛或羊绒衫，不可以穿毛开衫，也不可以重重叠叠穿好几件。

西装的纽扣不仅有实用价值，而且也具有装饰作用。西装有双排扣和单排扣之分。双排扣上衣显得更严肃，扣子必须都系上，不能敞开来穿。单排扣西装常见有一粒扣、两粒扣、三粒扣的。一般场合可以不系扣，严肃的场合，如会见客人、谈判等，两粒扣西装只系上面一粒，三粒扣的只系中间或中间和上面两粒，总之，不管几粒扣，最下面的那粒扣上会显得很拘谨、土气。坐下的时候可以解开扣子。

穿西装时还要注意如下搭配。

衬衫：浅色衬衫最好，白色的最不会出错，浅色有细隐条的也行。衬衫的领子一定要合适，太松了不好打领带。衬衫的领子应该比西装外套领子高几分，袖口比西装外套长出1～2.5厘米，既利于保护外套，也显出品位。不系领带时，衬衫领口可以敞开；如系领带，应着有衬硬领的衬衫，领围以合领后可以伸入一个手指为宜。袖口的扣子必须系上，再热的天在公务活动中也不能把袖子卷起来。衬衫的下摆要系在裤子里。

皮鞋和袜子：只能选黑色或深棕色皮鞋，传统的系带鞋最为正规，漆皮鞋、鞋面带亮片、镂空花纹的都不适合公务场合穿。一定要穿深色的袜子，最好与裤子的颜色一致，绝对不能穿白色的袜子，白色的袜子属于休闲袜。袜子要长及小腿肚，袜口松紧度要适中，衬衫、袜子应该天天换。

腰带：腰带应该是真皮的，颜色与皮鞋、公文包的颜色一致，皮带扣的样式应该简洁。

领带：领带的面料以真丝面料为好。颜色可以和西服同一色系，但不完全相同，也可选择暗红等较深沉的颜色做底色，图案为几何形的。领带的扎法也很有讲究，一般是扣好衬衣衣领后，将领带套在衣领外，然后将宽的一片稍稍压在领角下，抽拉另一端，领带就自然夹在衣领中间，而不必把领子翻立起来。扎系领带必须保证领带的绝对干净，领带结要工整，如果脏污、旧损或歪斜松弛，不如不扎的好，因为扎系领带是为了进一步表明精神、尊严和责任。总之，要以优雅、精致的风格取胜。领带系好后，下端不能长于皮带扣的上端。

领带夹：领带夹包括领带棒、领带夹、领带针、领带别针等，有各种型号，主要功能是固定领带，不应突出其装饰的功能。佩戴时应注意，领带夹的位置不能太靠上，以从上往下数衬衫的第四粒和第五粒纽扣之间为宜。西装上衣系好扣子后，领带夹是不应被看见的。

手帕：西装手帕的整理也很重要。西装手帕起装饰作用，以熨烫平整的各种单色手帕折叠而成，样式有三角形、三尖峰形、任意形和"V"形等。西装手帕插于西装的上衣口袋，根据不同场合需要，变化成各种图形。装饰手帕使用得当，能起到画龙点睛的作用。

西装衣袋：上衣两侧的两个衣袋只作为装饰用，不宜装东西；上衣胸部的衣袋是专装手帕之用的，而票夹、笔记本、笔等物品可置于上衣内侧衣袋。

西裤：左右插袋和后袋同样不宜放随身物品，以求臀围合适，裤型的美观。

3. 注意的方面

男士在穿西装时，应特别注意以下几个方面的问题。

第一，应拆除衣袖上的商标。

第二，应熨烫平整。

第三，应扣好纽扣。

第四，应不卷、不挽衣袖。

第五，应慎穿毛衫，在冬季寒冷时，可以穿一件"V"形领单色羊毛衫，不妨碍戴领带。

第六，应少装东西，上衣内侧胸袋可用来放钢笔、钱夹或名片夹。

🔍 案例

王丽是某大学毕业的硕士研究生，毕业后凭着自己干练的能力和较强的责任心被某高校聘为辅导员。某次，学校教师节表彰大会，学校负责筹备的老师让王丽代表全体辅导员教师尤其是新教师在学校教师节表彰大会上发言，但是该老师只提醒了王丽写讲话稿应该注意的事项，并没有提示其着装。在教师节表彰大会的当天，王丽上身为紧身的低领白色 T 恤，下身为牛仔短裤，配黑色的长筒丝袜和高跟凉鞋，等其一上台给大家行礼的时候，台上台下嘘声一片。王丽马上紧张得不知所措，勉强把慷慨激昂的讲话稿草草读完，灰溜溜地下台去了。

讨论：王丽的问题出在哪里？公共场合，我们在着装上应该注意什么？

三、饰品的选择与佩戴

饰品的佩戴和服装的穿着一样，应合乎礼仪，尤其是对项链、戒指、耳环这些礼仪场合经常需要的饰品佩戴常识更应了解。

（一）项链的选择与佩戴

项链，男女均可以佩戴，但男士所戴的项链一般不应外露。通常，所戴的项链不应多于一条，但可将一条长项链折成数圈佩戴。一件高贵的礼服，配上一条名贵的项链，会显得越发典雅，但如果对项链的色彩、质地、造型的各种功能没有一个正确的认识，效果就可能适得其反。一般来讲，金项链会给人一种华贵富丽的感觉；珍珠项链则以白润光洁而给人以高雅的美感；景泰蓝、玛瑙等项链大多颜色深、古朴、典雅，配以明亮的对比色效果也会更好。从项链的造型来看，细小的金项链只有与无领的连衣裙相配才会显得清秀，而挂在厚实的高领衣装外，会给人单薄寒酸的印象。矮胖圆脸的人，挂上一串下垂到胸部的项链，会使人感到似乎增加了身高，加长了脸形；而脖子细长的人，以贴颈的短项链，尤以大珍珠项链最为合宜。

（二）戒指的选择与佩戴

戒指，不仅有不同的质地、不同的造型，也传递着特殊的信息。尽管戒指有钻石、金银等不同质地，浑圆、方形及雕花、刻字等不同造型，但其佩戴方法是一样的。戒指通常戴在左手上。把戒指戴在食指上，表示无偶而求爱；戴在中指上，表示正处在恋爱中；戴在无名指上，表示已订婚或结婚；而把戒指戴在小手指上，则暗示自己是一位独身主义者。在不少西方国家，未婚女子的戒指戴在右手而不是左手上；修女的戒指总是戴在右手无名指上，这意味着她已经把爱献给了上帝。一般情况下，一只手上只戴一枚戒指，戴两枚或两枚以上的戒指是不适宜的。

（三）耳环的选择与佩戴

耳环的质地有很多，有金银、铂金、珍珠等质地，形状也各异，有圆形、方形、三角形、菱形等。一般来说，纯白色的耳环和金银耳环可配任何衣服，而鲜艳色彩的耳环则需要与衣装相协调。佩戴熠熠闪光的钻石耳环或洁白晶莹的大珍珠耳环，必须配以深色高级天鹅绒旗袍或高档礼服；而人们习惯佩戴的金银耳环对服装则没有更多的限制。另外，选择耳环主要应考虑到自己的脸形、头形、发式、服饰等方面。例如，长脸形，特别是下颌较尖的应佩戴面积较大的扣式耳环，以便使脸部显得圆润丰满，而较宽的方脸形，宜选佩面积较小的耳环；服饰色彩比较艳丽，耳环的色彩也应艳丽。

(四)手镯与手链的选择与佩戴

佩戴手镯与手链也很有讲究，不能想怎样戴就怎样戴。手镯和手链，一般只能戴一种。手镯的佩戴应视手臂的形状而定。手臂较粗的应选小而细的手镯；手臂细长的则可选择宽粗的款式，或多戴几个细小手镯来凸显效果。手镯如果戴在右臂上，则表示佩戴者自由而不受约束；如果戴在左臂或左右两臂同时佩戴，则表示佩戴者已经结婚。一只手上一般不能同时戴两只或两只以上的手镯和手链，因为它们之间会相互碰撞发出声响。若非要戴三只手镯，则一定要戴在左手上，切不可一只手上戴两个，另一只手戴一个。手部不太漂亮的人手上戴的东西太多了反倒容易暴露自己的短处。

(五)佩戴饰品应坚持的原则

佩戴饰品时，应注意以下几点。

第一，遵从有关的传统和习惯，在商务活动中不靠佩戴的饰品去标新立异。

第二，在工作中，商务人员要讲究"首饰三不戴"，即有碍于工作的首饰不戴，炫耀财力的首饰不戴，突出个人性别特征的首饰不戴，如胸针、耳环、脚链之类的首饰不宜佩戴。

第三，商务人员在佩戴首饰时还要注意约定俗成的规范，即以少为佳，一般而言，总量不宜多于三种，每种则不宜超过两件；同质同色，同时佩戴多件首饰时，应尽量选择质地、色彩上都基本相同的首饰；风格一致，同时佩戴的多件首饰应当统一风格。

第四，不要使用粗制滥造之物，在商务场合中不戴饰品是可以的，戴就要戴质地、做工俱佳的。

第五，佩戴饰品必须考虑性别差异，一般场合，女士可适当佩戴首饰，而男士佩戴最多的只有结婚戒指一种，场合越正规，男士戴的首饰就应当越少。

思考题

1. 使用香水的禁忌是什么？
2. 服饰礼仪的原则是什么？
3. 佩戴饰品应该遵守哪些原则？

第三章

秘书常规社交礼仪

结构图

```
                    ┌─────────────┐
                    │   介绍礼仪    │
                    └─────────────┘
                           │
┌──────────────┐        ◇          ┌──────────┐
│ 引导及安排座位礼仪 │──── 秘书常规 ────│  握手礼仪  │
└──────────────┘     社交礼仪        └──────────┘
                           │
                    ┌─────────────┐
                    │  使用名片礼仪  │
                    └─────────────┘
```

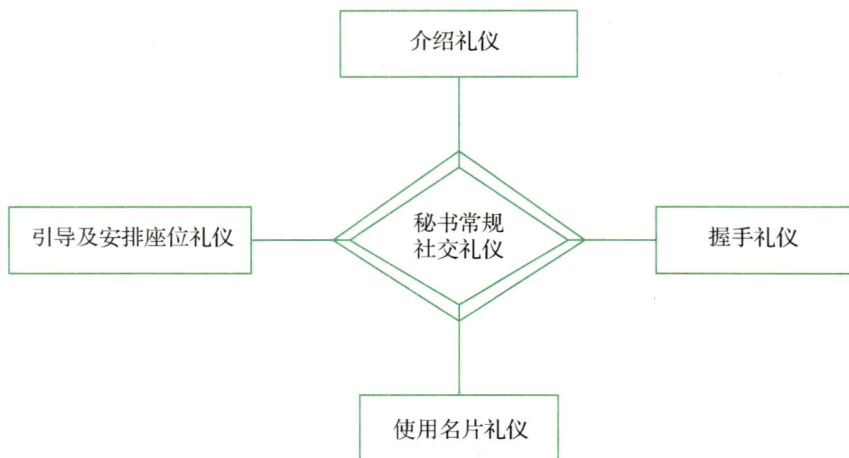

【本章学习目标】

学习目标

1. 了解常规社交礼仪的基本内容。
2. 理解常规社交礼仪的方法。
3. 掌握常规社交礼仪的原则。

【案例导入】

导入

　　秘书李先生在办公楼前遇见了原工作单位的老领导一行人来访，他便伸出戴着毛皮手套的手迎上前去，热情地与来访人员一一握手，边握手边寒暄，到了一位女士面前，为了表示自己的热情，意图用双手与对方相握，这名女士尴尬地伸出了手。

　　讨论：李先生的举止对吗，为什么？

　　礼仪是人们在社交活动中共同遵守的礼节和仪式，即必须遵守的一种礼貌行为规范和法则。迎客、待客、送客是秘书常规接待工作中的基本环节，在接待中的介绍、握手、名片使用、座次安排等也是常规社交工作的基本内容。

第一节
介绍礼仪

　　在交际礼仪中，介绍是一个非常重要的环节。可以说，人际交往始自介绍。换而言之，跟任何外人初次接触，如果省略掉介绍这个程序，肯定会非常唐突。介绍是交际之桥，人和人打交道，介绍是一座必经的桥梁。

什么是介绍呢？介绍，就是人际交往中与他人进行沟通、增进了解、建立联系的一种最基本、最常规的方式，它是经过自己主动沟通或者通过第三者从中沟通，从而使双方相互认识、建立联系的一种社交方法。也可以说，介绍是人与人进行相互沟通的出发点。正确利用介绍，可以扩大自己的交际圈，广交朋友，而且有助于自己进行必要的自我展示、自我宣传。

根据引见者和被引见者之间的关系，介绍可分为自我介绍和为他人做介绍。

一、自我介绍

在社交活动中，如无他人引见，可以进行自我介绍，体现自我的胆量和气魄，以便在社交中处于主动的位置。自我介绍时，先向对方点头致意，得到回应后，再向对方介绍，自己要善于用眼神表达自己的友善以及沟通的渴望。如果你想认识某人，最好预先获得一些有关他的资料或情况，诸如性格、特长及兴趣爱好。这样在自我介绍后，便很容易融洽交谈。在获得对方的姓名之后，不妨口头加重语气重复一次，因为每个人最乐意听到自己的名字。

二、为他人做介绍

在社交活动中，经常需要在他人之间架起人际关系的桥梁。他人介绍，又称第三者介绍，是经第三者为彼此不相识的双方引见、介绍的一种交际方式。他人介绍，通常是双方的，即对被介绍双方各自做一番介绍。有时，也可进行单向的他人介绍，即只将介绍者的某一方介绍给另一方。为他人做介绍时需要把握一些基本的礼仪要求。

为他人做介绍以前，一定要仔细观察，不可贸然行事。首先要弄清双方是否有结识的愿望，双方有意相互结识并期待你做介绍时，就应该义不容辞地为双方做好介绍工作。如果双方根本不愿结识而被介绍，使他们陷于不情愿或者难堪之中而又不得不勉为其难，这也是失礼。恰当处理这种事的原则有以下两方面。一方面，作为介绍人对双方情况都了解，遇事要有主见，思想上要明确究竟是介绍还是不介绍。当发现即将面临这一问题而自己又拿不定主意，不妨先征求一下同行朋友的意见。这样，随性的朋友如果愿意结识，就会留在身边，如果无意则会避开；另一方面，介绍人要善解人意，通过观察发现双方是否要求介绍。如果发现互不认识的双方相互注视，或者一方有意注视而另一方并不回避，同时相互都不愿很快离去，这时你应该明白，这正是扮演介绍人的好机会。

三、介绍的方式

在社交活动中，根据不同的目的和需要，可采用不同的方式。

（一）自我介绍的方式

通常情况下，自我介绍主要分为以下五种模式。

其一，寒暄式，又称为应酬式。是不得不做介绍，但是又不想跟对方深交之时做的自我介绍。

其二，公务式。它是在工作之中、正式场合做的自我介绍。一般而论，公务式自我介绍需要包括以下四个基本要素：单位、部门、职务和姓名。

其三，社交式。在私人交往中，想跟别人交朋友，想了解对方的情况，此刻宜使用社交式自我介绍。社交式自我介绍通常有以下五方面的内容：一是自己的姓名；二是自己的职业；三是自己的籍贯；四是自己的爱好；五是自己与交往对象双方所共同认识的人。

其四，礼仪式。这是一种表示对交往对象友好、敬意的自我介绍。适用于讲座、报告、演出、庆典、仪式等正规的场合。内容包括姓名、单位、职务等项。自我介绍时，还应多加入一些适当的谦辞、敬语，以示自己尊敬交往对象。

其五，面试式。面试自我介绍既是面试中必备环节，也是求职者们最关心的问题之一。面试开场时莫忘问候面试官，首先生动、形象、个性化地介绍自己，然后围绕岗位胜任要求展开自我介绍，介绍内容要有论点和论据。

（二）为他人介绍的方式

在社交活动中，在为他人做介绍时，由于实际需要的不同，介绍时所采取的方式也会有所不同。常见的介绍方法有以下几种。

其一，一般式，也称为标准式。以介绍双方的姓名、单位、职务等为主。这种介绍方式适合于正式场合。

其二，引见式。介绍者所要做的是将被介绍者双方引到一起即可，适用于普通场合。

其三，简单式。只介绍双方姓名一项，甚至只提到双方姓氏，适用一般的社交场合。

其四，附加式，也称为强调式，用于强调其中一位被介绍者与介绍者之间的特殊关系，以期引起另一位被介绍者的重视。

其五，推荐式。介绍者经过精心准备再将某人举荐给他人，介绍时一般会对前者的优点加以重点介绍。通常，适用于比较正规的场合。

其六，礼仪式。礼仪式是一种最为正规的他人介绍，适用于正式场合。介绍语气、表达、称呼上都更为规范和谦恭。

四、介绍的礼仪要求

在进行自我介绍时，要注意自我介绍的内容及其分寸。第一，注意内容。在自我介绍时，介绍的内容应一气连续报出，这样既有助于给人以完整的印象，又可以节省时间，不说废话。要真实诚恳，实事求是，不可自吹自擂，夸大其词。第二，注意分寸。自我介绍要力求简洁，时间应控制在半分钟至一分钟内。态度要自然、亲切、友善、随和，要充满信心和勇气，敢于正视对方的双眼，语气要自然，语速要正常，语音要清晰。另外，进行自我介绍时，所表述的各项内容，一定要实事求是，真实可信。

在为他人做介绍时，谁先谁后是一个要引起高度注意的礼仪问题。根据社交礼仪规范，在处理为他人做介绍的问题上必须遵守"尊者优先了解情况"的规则。也就是在介绍前，先要确定双方地位的尊卑，然后先介绍位卑者，后介绍位尊者，使位尊者优先了解位卑者的情况。根据这个规则，为他人做介绍时的社交礼仪顺序有以下几种。其一，介绍上级与下级认识时，先介绍下级，后介绍上级。其二，介绍长辈与晚辈认识时，先介绍晚辈，后介绍长辈。其三，介绍女士与男士认识时，应先介绍男士，后介绍女士。其四，介绍公司同事与客户时，应先介绍同事，后介绍客户。其五，介绍已婚者与未婚者认识时，先介绍未婚者，后介绍已婚者。其六，介绍同事、朋友与家人认识时，应先介绍家人，后介绍同事、朋友。其七，介绍来宾与主人认识时，应先介绍主人，后介绍来宾。其八，介绍与会先到者与后来者认识，应先介绍后来者，后介绍先来者。

在为他人介绍时，态度要热情友好，语言要清晰明快。开口前首先要把目光投给身份高的人，然后转向将要介绍的人，手的正确姿势应掌心向上，胳膊略向外伸，指向被介绍者。但介绍人不能用手拍被介绍人的肩、胳膊和背等部位，更不能用食指或拇指指向被介绍的任何一方。在介绍过程中除女士和年长者外，一般被介绍者都应点头示意或起身站立，面带微笑，目视被介绍者或对方，显得高兴、专注。介绍后，身份高的一方或年长者，应主动与对方握手，问候对方，表示非常高兴认识对方等。身份低的一方或年轻者，应根据对方的反应做出相应的反应，如果对方主动伸手握手，就应立即将手伸出与对方相握。但是若在会谈进行中，或在宴会等场合，则不必起身，只略微欠身致意就可以了。

第二节
握手礼仪

我们国家是礼仪之邦。古人见面多采用抱拳鞠躬表示打招呼，发展到当今时代，见面行鞠躬礼已经不多见，取而代之的是见面握手。握手，看似很简单的一个动作，但是也绝对不是"手握手"那么简单，无论是握手的力量、姿势与时间的长短往往能够表达出不同礼遇与态度，显露自己的个性，给人留下不同的印象，也可通过握手了解对方的个性，从而赢得交际的主动，助推开启成功之路。

一、握手起源

中华文明一直以注重礼仪著称。作为礼仪之邦的中国，古代人们相互见面时，有许多不相同的礼仪，主要有以下八种。第一是揖，即拱手行礼，这是古代宾主相见的最常见的礼节。第二是长揖，这是古代不分尊卑的相见礼，拱手高举，自上而下。第三是拱，两手在胸前相合表示敬意，如"子路拱而立"①。第四是拜，表示恭敬的一种礼节。古之拜，只是拱手弯腰而已，两手在胸前合抱，头向前俯，额触双手，如同揖。如"上堂拜阿母，阿母怒不止"②，这里的"拜"就是焦仲卿对母亲行的这种礼。后来亦将屈膝顿首、两手着地或叩头及地称为"拜"。如"哙拜谢，起，立而饮之"③，这儿的"拜"应是这种跪拜礼。第五是拜手，古代的一种跪拜礼。行礼时，跪下，两手拱合到地，头靠在手上。拜手，《周礼》中作"空首"，也作"拜首"。如郭沫若所著历史剧《屈原》第五幕中的"光明呀，我景仰你，我景仰你，我要向你拜手，我要向你稽首"④。第六是再拜，拜两次为再拜，表示礼节之隆重。如"谨使臣良奉白璧一双，再拜献大王足下"。⑤ 第七是顿首，跪而头叩地为顿首。行礼时，头碰地即起。通常用于下对上及平辈间的敬礼。第八是稽首，古代的一种跪拜礼。跪而头触地作较长时间停留为稽首。稽首是最重的礼节，常为臣子拜见君王时所用。如孟明稽首曰："君之惠，不以累臣衅

---

① 《十三经注疏》委员会整理：《论语注疏》，257 页，北京，北京大学出版社，1999。

② 傅东华：《古诗源选读》(上)，74 页，北京，商务印书馆，1937。

③ (汉)司马迁：《史记》第 1 册，313 页，北京，中华书局，1959。

④ 郭沫若：《屈原》，89 页，北京，人民文学出版社，2000。

⑤ (汉)司马迁：《史记》第 1 册，314 页，北京，中华书局，1959。

鼓，使归就戮于秦。"①

　　一般认为相当于握手的传统礼仪是作揖。其实，古人也有握手的习惯，通过握手表示亲热或信任。宋人罗大经在《鹤林玉露》中写道："应求导诚斋谒雍公，一见握手旧。"②这句话是说宰相陈俊卿向枢密使虞允文引荐杨万里，虞杨二人一见如故。这里的"握手"，与今天的礼仪无异。

　　当历史的车轮行至波澜起伏的近代中国时，由于外敌的侵略与社会制度的变迁，见面礼仪方面也发生了天翻地覆的变化。自1886年起，清政府官员可以按照西方礼仪与外国人握手寒暄，此为中国相见礼革新之首。随后，免冠、鞠躬等西方礼仪开始流行于各种社交场合。民国之初，为了体现民主共和精神，孙中山先生认为在我国流行了数千年的见面礼仪，是封建等级礼教制度的象征，从而宣布废除跪拜、作揖等礼仪，用新式的、体现平等理念的握手礼取而代之。

　　握手礼的来源说法不一。有一种说法是起源于中世纪的骑士之间。在当时的战争期间，骑士们都穿盔甲，除两只眼睛外，全身都包裹在铁甲里，随时准备冲向敌人。如果表示友好，互相走近时就脱去右手的甲胄，伸出右手，表示没有武器，互相握手言好。后来，这种友好的表示方式流传到民间，就成了握手礼。当今行握手礼也都是不戴手套，朋友或互不相识的人初识、再见时，先脱去手套，才能施握手礼，以示对对方尊重。还有一种说法，握手礼源于刀耕火种的原始时代。当时，人们在狩猎或战争中，手上都拿着石块或棍棒等防卫武器，倘若途中遇到陌生人，如大家都无恶意，就放下手中的武器，并伸出手掌，让对方抚摸手心，表示手中没有武器，后来，这种礼俗就演变成今天的握手礼。

　　握手礼已经是当今世界最为流行的见面礼节。不仅熟人、朋友，连陌生人、对手，都可能握手。握手常常伴随寒暄、致意，如你（您）好、欢迎、多谢、保重、再见等。握手礼含义很多，视情而定，分别表示相识、相见、告别、友好、祝贺、感谢、鼓励、支持、慰问等不同意义。

二、握手的姿势

　　握手一种是单手相握，可分为平等式握手、友善式握手、控制式握手。另一种是双手相握，又叫手套式握手。

　　行握手礼时，距离受礼者约一步，上身略微前倾，头微低，双腿立正，双目自然注视对方，面带笑容，伸出右手，拇指张开，其余四指并拢，手掌垂直，不能掌心向

① 杨伯峻：《春秋左传注》，499～500页，北京，中华书局，1981。
② （宋）罗大经：《鹤林玉露》，185页，北京，中华书局，1983。

下，在与腰际同高的位置，与对方伸过来的手认真一握，上下稍晃动 3～4 次。礼节性的握手，持续时间以 3～5 秒为宜，礼毕即松开。

三、握手的礼仪要求

(一)握手的姿势要正确

应伸出右手，而不能用左手，也不宜戴手套。如果因故来不及脱掉手套，应向对方致歉。

(二)握手的力度要适中

不要握得太用力、太久，那样显得鲁莽冲动或太过热情，也不要握得太无力或太轻，那样显得不够诚恳热情。

(三)握手的神态要自然

握手时，应双眼注视前方，千万不要一边握手一边斜视他处，也不要边握手边拍打对方的肩膀。当来客不止一人时，可一一握手，但不要交叉握手。

(四)握手的手位要准确

不要仅仅握住对方的手指尖，也不要大把抓住对方的手掌。

(五)保持手掌和手指的卫生

手要干净，不能伸出脏手，使对方难堪。另外，手上有汗的人，在握手前应先将手擦干，否则也会使对方感到很不舒服。不要用尖锐的指甲触划对方的手掌。

(六)握手讲究先后顺序

通常情况下采用"尊者决定"原则。应由主人、年长者、身份高者或女士先伸手，而客人、年轻者、身份低者或男士先表示问候，待对方伸出手后，立即回握。如果是一个人需要同许多人握手，那么最有礼貌、符合礼仪的顺序是：先女士后男士，先长辈后晚辈，先上级后下级。

第三节
使用名片礼仪

名片在社交活动中是重要的交际工具。它直接承载着个人信息，担负着保持联系的重任。要使名片发挥的作用更充分，就必须掌握相关的礼仪。

一、名片起源

现代的名片都是印制的，是一张长方形的硬纸片，非常轻便。名片在我国古代秦汉时期就已经出现，但那时没有纸张，可没有现在的那么方便，材质一般为木块或竹块，块头也大得多，也不叫作名片，称为"谒"，叫法之所以那么奇特，与先秦时期政府机构设有"谒者"这一官职有关，谒者的职责是侍奉国君左右、专门掌管传达等事务。

秦国统一后，各朝基本都设有"谒者"或类似的官职，随着经济文化的进一步发展，一些达官贵人也设立有专门负责接待客人的"谒者"，通俗点来说应该是"童仆"，他们并没有官职，主要根据主人的意思来反馈信息给来访者，工作内容大概和今天的秘书相似。后来为了方便，出现了"谒"，上面写有自己的信息，求见原因，直接投递到对方府上，不再需要专人负责来访者，大大节省了人力和财力。

到了东汉时期，"谒"易名"刺"，随着纸张的发明，"名刺"也改用纸张，纸张的发明也促进了"刺"的使用，不再像秦汉时期有那么多等级限制，东汉时期的"刺"应用已经相当普遍了，据记载，东汉名士郭泰经常收到名片，夸张到用车来装；汉末狂士祢衡也有很多名片，但令人啼笑皆非的是他的不是别人投的，而是自己做的，投不出去，以至于"刺"上的字都磨没了。

东汉到唐宋时期，名片不再叫"刺"，而是称"门状"，唐宋时期科举盛行，这给底层百姓进入上层社会提供了渠道，每次科举考完试后，不能像今天一样高考完了就可以完全放松了，这些新科进士，寒门书生还得四处拜访达官贵人，期望得到赏识以及提携，为自己以后政治前途铺一下路，要见到这些名门贵族先得投"门状"，看主人是否接见。

古代"名片"与"名"字沾上边是在明朝，称"名帖"，在明朝，读书仍是唯一的出路，所以识字的人在明朝相比其他朝代有所增加，也比较讲规矩，学生见老师，小官见大官都要递上"名帖"。"名帖"上的字要大，以表示自己的谦恭，如果太小则被视为傲慢。明朝的"名帖"长约 23 厘米，宽约 10 厘米。"名帖"直到清末民初才称"名片"，趋向小型化，尤其是在官场，名片的大小可以显示地位，官大的名片小，官小的名片大。

古代名片除了各时期的称呼不同，内容和规矩与今天也有一些差别。身份和地位相近的人，名片上一般写官职、郡里、姓名，在一些不是很庄重的场合，还可以只写姓名。下级拜见上级，内容多为谦恭之词，如"某谨上，谒某官，某月日"，或"某谨祗候""某官谨状"等。

古代名片的使用规矩也不少，出门拜客必先投名片，投了名片如果不见面，必被人们反感。明清时期等级不同的人，使用的名片也不同，最明显的区别是颜色，位高权重的人使用红色，如果是皇亲国戚就更加与众不同了，如亲王的名片上会写有"王"字或者别号，以此来显示自己的尊贵。

名片的使用与一些习俗、礼仪也有关联，家中有丧事，名片上的左角会写上"制"字或四周画上黑边框。古代名片还有一个用处，可以用来拜年，年关将至，亲戚朋友过多，古代交通落后，不能一一拜访，这时可以遣派仆人携名片去拜年，称"飞帖"。有意思的是各家都会在门前贴一红纸袋，用来接"飞帖"，意为接福。"不求见面惟通谒，名纸朝来满蔽庐。我亦随人投数纸，世情嫌简不嫌虚"[①]是诗人文徵明的《拜年》对"飞帖"拜年的生动描写。

"名片"是古代社会适应经济文化发展交流发明的交流工具，且与时俱进，反映了当时的社会形态，随着经济发展并没有消亡，现代的名片也是由古代名片发展而来。

在现代社交中，越来越多的商务场合使用名片，因此在索取名片和递送名片两个环节上要注意礼节。

二、索取名片的方法

是否向对方索取名片是在社交活动中经常会面对的一个问题。在一般的社交场合中最好不要主动索要名片，因为名片交换有一个规则是地位低的人要先把名片给地位高的人，因此在通常情况下最好不要向地位高于自己的人索取名片。但是，在一些特殊的情况下可以向地位高于自己的人索取名片。

索取名片也要注意以下四种方法。

(一)交易法

这种方法其实比较省事，就是把自己的名片首先递给对方，然后期望对方回递名

---

① 唐婷：《随园诗话译注》，99页，上海，上海三联书店，2014。

片。"将欲取之，必先予之。"所以想要地位高于自己的人的名片可以首先把自己的名片递给对方，出于礼貌对方也可能会将其名片递给你。

（二）明示法

这种方法适用于以前比较熟的人，因为长时间没有接触，不知道对方的工作和职位是否已经发生变化，又不便询问，从而可以提议交换一下名片便于今后沟通联系。

（三）谦恭法

这种方法是采用谦恭的态度委婉地向地位高于自己的人索要名片。例如，在听完一位专家的精彩报告后，感觉深受启发，想与专家进行进一步的沟通时，可以采用谦恭法向专家索取名片，可以跟专家说："刚才您讲的内容对我很有启发，但是意犹未尽，听说您一会儿还有别的活动就不打搅您了，希望以后有机会向您请教，不知道如何与您联系？"言下之意是能否求得一张名片。这种方式比较委婉，对方如果没有给你名片，场面也不会尴尬。对于地位高于自己的人采用谦恭法较之交易法更为有效，因为当把名片给地位高于自己的人，对方有可能只说声"谢谢"，并没有回递给你其名片。

（四）联络法

这种方法适用于地位高的人向地位低于自己的人或向地位相仿的人索取名片。例如，一位领导遇见了一位刚参加工作的下属，领导说："小刘，认识你非常高兴，希望以后跟你保持联系，怎么样，小刘，以后怎么和你联系比较方便呢？"等于告诉对方，我想要你的名片，并且还给对方留了分寸，如果对方不愿意提供名片，也可以委婉地拒绝："领导，您这么忙，以后还是我跟您联系吧。"这种方法可以保证双方进退有方。

三、递送名片的方法

递送名片礼仪在社交活动中非常重要，要注意以下几个细节。

（一）要放置到位

社交活动经验丰富的人的名片要放在固定的位置，出门前要仔细检查一下，因为名片是交际的联络卡，是社交活动中的必备物品。通常男士应将名片包放在上衣口袋里，女士则可放在手袋里面。需要强调的是名片不要乱放，不能放在裤兜里，使名片变得皱皱巴巴的；建议名片不要放在钱包里，虽然放在钱包里更容易携带，但是钱币比较脏，把名片跟钱币混放在一起，容易让人心生反感；在办公室的固定位置要准备足量的名片，避免需要时四处翻找，给人一种做事有失严谨的印象。

(二)要尊卑有序

现场递送名片时,要注意尊卑有序。具体的规则是,地位低的人要先把名片递给地位高的人、男士要先递给女士、晚辈要先递给长辈、下级要先递给上级、主人要先递给客人。

(三)要循序渐进

如果现场中有多人需要递送名片,通常按照两个规则去操作,第一个规则是按照职务高低递送;如果不知道对方的职务排序,就采用第二个规则由近及远的方式递送,如果是众人分列在圆桌周围,就按照顺时针方向由近及远地递送名片。

(四)要方便读取

当把名片递给对方的时候,通常的做法是将名片印刷文字中最重要的部分展示给对方,不要把没有文字的一面正对着对方,也不能把文字方向倒置递送给对方。

(五)要态度谦恭

待人诚恳,说话和气,动作自然。不要像发传单似的,上去就塞给对方。

四、名片的制作礼仪

(一)材料

制作名片最好使用卡片纸,如果出于环保角度的考虑,用再生纸甚至用打印纸制作名片也可以。名片是个人信息的载体,只要字迹清晰,不易丢失、磨损、折叠,清晰可辨就能够满足其使用功能。如果使用一些昂贵的材料制作名片,例如,黄金名片、白金名片、白银名片等,那么递送该类名片的行为则有变相送礼之嫌,失去了名片的实用功能。除采用贵重金属制作名片外,还有木材名片、真皮名片、塑料名片以及电子名片等,但是在社交活动中使用这些名片都不太适宜。

(二)规格

目前,名片的统一规格为5.5厘米×9.0厘米,市场上的名片夹也是参照该规格制作的。除该规格外,在国际社会中仍有相当数量的人使用规格为6.0厘米×10.0厘米的名片。

（三）色彩

名片的色彩通常要控制在三种颜色之内，包括标记、图案、公司徽记等，颜色多于三种的名片则会给人杂乱无章的感觉。纸和字各一种颜色的名片其实是最好的，但允许在名片上添加特定颜色的公司徽记。纸张最好选择天然质地的白色、浅灰色、浅蓝色或者浅黄色，在这种颜色纸张上印刷深色字体则清晰美观。此外，名片应该是印刷品，不要采用手写的方式。

（四）信息

设计名片时，要注意名片所承载的信息的细节问题。名片根据社交目的不同，分为私人社交名片和公务社交名片两种。

1. 私人社交名片

私人社交用的名片通常被称为社交名片，此类名片主要提供姓名，有时还会提供住宅电话，它的功能就是告诉对方名片持有人的简单联系方式，通常是出于礼貌提供给社交场合中泛泛之交者。

2. 公务社交名片

在交往活动中所使用信息量比较多，公务交往名片的内容可以归纳为三大项，每项含有三个要点，这些信息是设计此类名片不可或缺的。

（1）位于名片左上角的归属信息

其中第一个要点是单位的全称；第二个要点是所在的部门，如销售部、广告部、公关部、财务部等部门；第三个要点是企业的徽记。

（2）位于名片中间的称谓信息

这是名片中最重要的内容，其中第一要点是姓名；第二要点是行政职务；第三要点是学术头衔或技术职称。处理称谓信息存在着两个问题，第一个问题是如果没有第二要点和第三要点怎么办？例如，收到一位刚参加工作没有头衔人的名片时，则不宜过多询问对方官居何职，以防对方尴尬；第二个问题是名片上印刷的头衔过多，选择主要的头衔印一两个足矣。

（3）印在名片右下角的联络信息

联络信息包括三个要点：详细地址、邮政编码、办公室电话。有时还会添加电子邮箱。如果用于国际交流的话，名片的两面要分别印刷中文和外文，不要印在同一面上。

五、名片使用的礼仪要求

第一，要预先准备，保证名片正规整洁，确保数量足够，以免在社交活动中影响工作效率。

第二，要起身迎接，恭敬接受。递送名片时起身站立，面带微笑，主动走近对方，上体前倾 15 度左右，用双手拇指和食指执名片两角举至胸前递送（如图 3-1 所示），并将文字的正面朝向对方，敬上"请多多关照""请多多联系"等谦敬语。接纳名片时要认真察看，一是表示对交往对象的重视，二是了解对方的确切身份，以防把对方的单位、职务、姓名搞错而失敬于对方。

图 3-1　交换名片图

第三，要表示谢意。当接到名片时，要向对方致谢。如果对方说"请多指教"，应该谦虚地回应"不客气"或者"彼此彼此"。

第四，要回赠对方。这是非常重要的一个细节，"来而不往非礼也"，接受别人名片后要回赠对方，如果没有携带名片，要向对方声明很抱歉并说明理由。为了满足对方想与自己交往的愿望，可以口头告知对方姓名、工作单位、联系方式，或互加 QQ、微信好友等。

第五，要整理收藏。收到名片之后，要及时地整理，按照姓氏、笔画、单位、门类输入电脑，名片要放到名片包里。

第四节
引导及安排座位礼仪

全世界的人都借助示意引导动作，有效地进行交流。最普遍的示意引导动作，是从相互问候致意开始的。由此可见，手是体态语中最重要的传播媒介。在重要的地方，配上适当的手势，就会吸引人们的注意。以不自然的手势引导，会造成交际的障碍；以优美动人的手势引导，令人舒服满意。引路、乘坐电梯、开门、关门等表示默契的手势有时会成为谈话的一部分，可以丰富语言的色调，增加沟通的效果。

一、引导礼仪

在日常工作中，秘书人员应懂得基本的引导礼仪，带领客人到达目的地，应该有正确的引导姿势。

(一)引路礼仪

秘书在带领来访者时，以右手或左手抬至一定高度，五指并拢，掌心向上，以肘部为轴，朝一定方向伸出手臂。要配合对方的步幅，在客人左侧前1米至1.5米处引导。在引路时，侧身向着来客，保持两三步距离，让客人走在中间，可边走边向来宾介绍相关情况。转弯或上楼梯时，先要有所动作，应使用手势，并提醒客人"这边请"或"注意楼梯"等，让对方明白所往何处。当引导来访者上楼时，应该让来访者走在前面，秘书走在后面；若是下楼梯时，应该秘书走在前面，来访者走在后面。

秘书人员可根据具体情形采用以下方式引路。

1. 横摆式手势

五指伸直并拢，手掌自然伸直，手心向上，肘部弯曲，腕低于肘。以肘关节为轴，手从腹前抬起向右摆动至身体右前方，不要将手臂摆至体侧或身后。同时，脚站成右丁字步。头部和上身微向伸出手的一侧倾斜，另一只手下垂或背在背后，目视宾客，面带微笑。

2. 屈臂式手势

如果一只手拿着东西或扶着门时，这时要向宾客做"请"的手势时，可以用屈臂式。五指并拢，手掌伸直，由身体一侧由下向上抬起，以肩关节为轴，手臂稍屈，到腰的高度再由身前摆去，摆到距身体5厘米，并不超过躯干的位置时停止。

3. 直臂式手势

为客人指引方向时，可采用"直臂式"手势，这种手势形象地呈现了"请往前走"手势，五指伸直并拢，手心斜向上，屈肘由腹前抬起，向应去的方向摆去，摆到肩的高度时停止，肘关节基本伸直。应注意在指引方向时，身体要侧向来宾，眼睛要兼顾所指方向和来宾。

4. 双臂横摆式手势

当来宾较多时，表示"请"可以动作大一些，采用双臂横摆式。两臂从身体两侧向前上方抬起，两肘微屈，向两侧摆出。指向前方一侧的臂应抬高一些、伸直一些，另一手稍低一些、弯一些。

(二)乘坐电梯礼仪

乘坐电梯时，应注意以下几点。

第一，出入无人控制的电梯，秘书应先进后出并控制好开关钮。电梯设定程序一般是 30 秒或者 45 秒，时间一到，电梯就走。有时上电梯的人较多，导致后面的人来不及进电梯，应控制好开关钮，让电梯门保持较长的开启时间，避免给后面的人造成不便。

第二，出入有人控制的电梯，应后进后出，让客人先进先出。把选择方向的权利让给地位高的人或客人，这是乘坐电梯的一个基本规则。当然，如果客人初次光临，对地形不熟悉，秘书人员还是应该为他们指引方向。

第三，电梯是公众场合，秘书人员表示的热情要适度，电梯内尽可能不寒暄。电梯内尽量侧身面对客人，目光坦诚，身体不可摆正。

第四，到达目的楼层，如无人控制电梯，应一手按住开门按钮，另一手做出"请出"的动作，可说"到了，您先请"，待客人走出电梯后，自己立刻步出电梯，并热诚地引导行进的方向。

(三)开门、关门礼仪

一般情况下，无论是进出办公大楼或办公室的房门，都应用手轻推、轻拉、轻关，态度谦和讲究顺序。进出房门时，开关门的声音一定要轻，乒乒乓乓地开关门是十分失礼的。进他人的房间一定要先敲门，敲门时一般用食指有节奏地敲两三下，得到允许后，再推门进入。如果与同级、同辈者进入，要互相谦让一下。走在前边的人打开门后要为后面的人拉着门。假如是不用拉的门，最后进来者应主动关门。如果与尊长、客人进入，应当视门的具体情况随机应变，这里介绍通常使用的几种方法。

第一，内开门。如果门是朝里开的，秘书应先入内拉住门，侧身再请尊长或客人进。

第二，外开门。如果门是朝外开的，秘书应打开门，请尊长、客人先进。

第三，旋转式大门。如果陪同上级或客人走的是旋转式大门，应自己先迅速过去，在另一边等候。

一般右手开门，再转到左手扶住门，面对客人，请客人进入后再关上门，通常是"外开门客先入，内开门己先入"(如图 3-2 所示)。

外拉门　　　　　　　　　　　　　　内推门

图 3-2　秘书开门、迎客站立位置示意图

无论进出哪一类的门，秘书在接待引领时，一定要"手""口"并用到位。即运用手势要规范，同时要说诸如"您请""请走这边""请各位小心"等提示语。

二、座次礼仪

中国是一个礼仪之邦，历朝历代都重视礼仪文化，在座次的方向上就可以体现，座次是代表尊卑的重要标志。

(一)座次礼仪由来

按中国儒家伦理观念，尊卑有别，长幼有序，反映在座席上也是有规矩要讲究的。《仪礼》《礼记》都有关于座次尊卑的规定。如《仪礼·士昏礼》中的夫妻对席礼，夫坐东面西，妻坐西面东，这一座次就表示夫尊妻卑。[①] 在封建官场中，是以官阶大小来分座次的，而座次的尊卑则是通过方向来表示的。如皇帝聚会群臣，最尊贵的皇帝座位是坐北向南的。因此，古代常把称帝叫作"南面"，而把称臣叫作"北面"。大臣们一般面向北而坐，按官位高低从东往西排列。这样，官位高的居右，官位低的居左，这也是古代"右为上"的道理。

我国古代贵族的房屋一般都是堂室结构，它坐北朝南，前堂后室。在堂上举行的礼节性活动，以"南向为尊"；而在室内，则以"东向为尊"。这是因为室一般是长方形的，东西长而南北窄，故室内最尊的座次是坐西面东，其次是坐北面南，再次是坐南面北，最后是坐东面西。[②] 由于大量的日常活动一般皆在室内进行，因此，这种室内的礼节性位次尊卑影响也就更为广泛。

诚然，以上所说的只是座次尊卑最一般的形式。在历史的长河中，由于时代的变

---

① 王晓颖：《南北分君臣　东西别尊卑》，载《兰台世界》，2009(9)。
② 高飞卫、李亚梅：《礼仪与中国传统文化》，载《延安大学学报(社会科学版)》，2001(4)。

迁，座次尊卑也会有种种变化。在现代社交礼仪中，座次安排已经成为重要的工作环节，国内座次安排通常遵循左高右低原则，国际惯例遵循右高左低原则。

(二)乘车(机)座次礼仪

接待乘车礼仪是商务接待中重要的一个环节，座次的完美安排则是对客户尊重的体现。由于各国的交通规则不同，在不同的国家，轿车座位礼仪也不相同。我国乘坐轿车的位次原则如下：右高左低，后高前低。当然，乘车的最高礼节遵循的原则就是把客人放在最安全的位置。商务乘车座次的安排根据车辆的不同座次的尊卑不同，根据驾车人的不同座位的尊卑也是不相同的。

1. 乘坐驾驶者是专业司机的小轿车

双排五座轿车，除司机外，其他人员的尊卑位次是：以后排右侧为首位，左侧次之，中间座位再次之，前坐右侧殿后。

2. 乘坐驾驶者是主人的小轿车

双排五座轿车，除主人外，其他人员的尊卑位次是：副驾驶座、后排右座、后排左座、后排中座。

3. 乘坐大巴、中巴、面包车

以司机后面的座位最为尊贵，后面座位的尊贵程度从前向后依次降低。当然这个也有争议，有人说是，按照国际惯例，以右为尊、左为卑。靠近门的是上位，因上下车方便。

4. 乘坐火车

乘坐高铁或动车，尊卑位次是临窗位置、过道位置、中间位置。乘坐普通火车，尊卑位次是临窗向前行方向、临窗反向行驶方向、过道向前方向、过道反向行驶方向、中间前行方向、中间反向行驶方向。

5. 乘坐飞机

因个人喜好有两种尊卑位次，分别是临窗、过道、中间位置，或过道、临窗、中间位置。秘书人员在安排座次时可以考虑到乘坐人员的具体要求来操作。

具体工作中，秘书人员要因人而异，因时而异，最标准的做法是客人坐在哪里，哪里就是上座。所以，不必纠正并告诉对方坐错了。尊重别人就是尊重他们的选择，这就是礼仪中尊重为上的原则。

(三)会议座次礼仪

1. 会议座次种类

(1)环绕式

就是不设立主席台，把座椅、沙发、茶几摆放在会场的四周，不明确座次的具体尊卑，与会者在入场后自由就座。这一安排座次的方式，与茶话会的主题最相符，也最流行。

（2）散座式

散座式排位，常见于在室外举行的茶话会。它的座椅、沙发、茶几可以自由地组合，甚至可由与会者根据个人要求而随意安置。这样就容易创造出一种宽松、惬意的社交环境。

（3）圆桌式

圆桌式排位，指的是在会场上摆放圆桌，请与会者在周围自由就座。圆桌式排位又分下面两种形式：一是适合人数较少的，仅在会场中央安放一张大型的椭圆形会议桌，而请全体与会者在周围就座；二是在会场上安放数张圆桌，请与会者自由组合。

（4）主席式

这种排位是指在会场上，主持人、主人和主宾被有意识地安排在一起就座。

2. 主席台座次安排原则

第一，遵循前高后低，中央高于两侧的原则。中国政府惯例为左高右低，国际惯例为右高左低。

第二，主席台座次以左为尊，即左为上，右为下。当领导人数为奇数时，1号领导居中，2号领导排在1号领导左边，3号领导排右边，其他依次排列。当领导人数为偶数时，具体应该是1号领导、2号领导同时居中，2号领导排在1号领导左边，3号领导排1号领导右边，其他依次排列（如3-3图所示）。

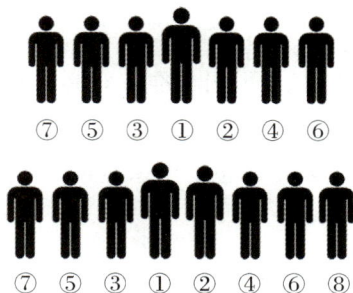

图 3-3　主席台座次安排示意图

3. 会见座次安排

会见时可以按国际惯例"右高左低"的原则，即客人坐在主人的右边。座位通常是成扇形或半圆形（如图 3-4 所示）。

图 3-4　会见时座位安排示意图

双方会谈一般将谈判桌排成长方形，双方各坐一边，主方位于背门一侧，或进门后的左侧。双方主谈人位于各方长排中央，其他人员按右高左低排列（如图3-5所示）。多边会谈的座位可摆成圆形或方形。桌上应放置中文座位卡；涉外会谈时，要同时发放对方语种的座位卡。

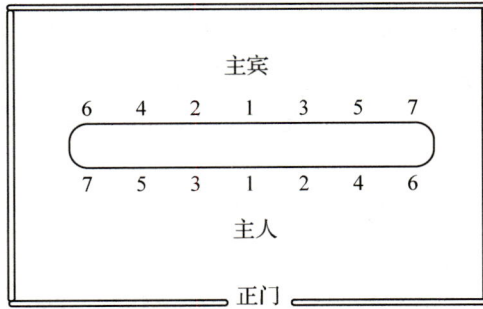

图3-5　会谈时座位安排示意图

如果会见是到会客室或领导办公室时，要引导客人就座。在就座时，也可以遵守"右为上，左为下"的礼节，用手势示意客人，请客人坐在上座。一般离门较远的座位为上座；长沙发和单人沙发中，长沙发为上座。

（四）合影位次礼仪

如有合影仪式，应事先安排好合影图，准备好必需的摄影器材。合影图一般是主人居中，主人的右侧为上，主客双方按礼宾排序排列合影，以主人右手为上，主客间隔排列。既要考虑第一排人员的身份，也要考虑能否都摄入镜头（如图3-6所示）。通常由主方人员分站两侧。

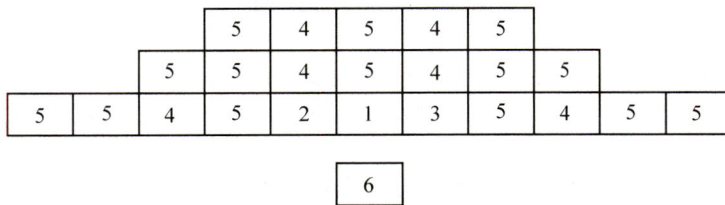

1-主人　2-主宾　3-第二主宾　4-客方人员　5-主方人员　6-摄影师

图3-6　合影位次示意图

三、引导和座次安排中的接待语

在日常接待工作中，秘书人员一定要掌握正确的礼仪，能够使用恰当的接待用语。

(一)接待常用语

接待常用语一般有："欢迎，欢迎!""请您稍等一下""谢谢! 欢迎下次再来""实在对不起，让您久等了""感谢您的光临，请走好""对不起，您要找的不在，有需要我帮忙的吗?""没关系，我将尽力而为"等。

(二)接待用语的使用原则

1. 多用祈使句，少用命令式的句子

例如，"对不起，请您等一下好吗?""对不起，请您先等一会儿，总经理正在开会，几分钟后能见您。"

2. 多用肯定句，少用否定句

例如，"对不起，现在总经理很忙，但是陈副经理刚好没有预约，您想不想与我们陈副经理谈一下?"

3. 委婉拒绝，勿伤人心

委婉拒绝时态度要诚恳，例如，"实在很抱歉，我们主任正在主持一个重要的会议，不能接见客人。您能否改一个时间，再与他见面? 若可以，我将尽快给您安排。"

4. 恰当使用负正法

例如，"如果您能推迟到明天再谈，可能让您今天白跑一趟，但是，明天总经理会有更充裕的时间同你们商讨具体的细节。""虽然明天总经理有更充裕的时间跟您商讨具体的细节，但是，今天这一趟得让您白跑了。"这两句比较而言，前一句比后一句更加能让人接受。

5. 察言观色，讲究时效

由于对象不同，时间、场合不同，秘书要善于察言观色，使得自己的话能说到点子上。注意不浪费客人的时间，也不浪费自己的时间，更要节省领导的时间，避免无边际的闲聊，如对方反反复复、喋喋不休，秘书可以插上一句，及时结束谈话："我能不能说一句我的理解，您的意思是?"如果确认对方的事无关紧要，或是无理要求，自己又实在太忙，秘书可以站着与客人谈话，或者干脆说："对不起，我还有急事要办。"秘书要善于在领导会见客人出现尴尬局面或受到无理纠缠时替上司解围。

思考题

1. 介绍礼仪的要求有哪些?

2. 握手的正确姿势和礼仪要求有哪些?

3. 名片使用的礼仪要求有哪些?

4. 引导礼仪有哪些内容?

5. 主席台座次安排的原则有哪些?

第四章

言语交际礼仪

结构图

【本章学习目标】

学习目标

1. 了解交谈的基本要求。
2. 掌握话题的选择及引导礼仪。
3. 掌握交谈中呼应、插话、提问、回答、拒绝等礼仪。
4. 掌握跨文化言语交际的礼仪。

【案例导入】

导入

《说岳全传》中写了牛皋、岳飞分别向一位老者问路的情形：

"呔，老头儿，爷问你，小校场往哪（原文用'那'字）里去的？"那老者听了，气得目瞪口呆，只眼看着牛皋，不作声。牛皋道："快讲我听！"那老者只是不应。牛皋道："晦气！撞着一个哑子。若在家里，惹我老爷性起，就打死他。"那一个老者道："冒失鬼！京城地面容得你撒野？幸亏是我两个老人家，若撞着后生，也不和你作对，只要你走个七八个转回哩。这里投东转南去，就是小校场了。"牛皋道："老杀才，早替爷说明就是，有这许多噜苏。若不看在大哥面上，就一铜打死你！"说罢，拍马加鞭去了。那两个老儿肚皮气破了，说道："天下哪有这样蠢人！"

············

岳大爷就下了马，走上前把手一拱道："不敢动问老丈，方才可曾见一个黑大汉，坐一匹黑马的，往哪（原文用'那'字）条路上去的？望乞指示！"那老者道："那黑汉是尊驾何人？"岳大爷道："是晚生的兄弟。"那老者道："尊驾何以这等斯文，你那个令弟怎么这般粗蠢？"就把问路情状说了一遍……

参见钱彩：《说岳金传》，76～78页，上海，上海古籍出版社，1980，有改动。

讨论：此案例中牛皋的失礼和岳飞的守礼形成了鲜明的对比。生活中你有向别人问路的经历吗？怎么问的？

古今中外的经典著作中都有言及语言重要性的字句。中国有"好言一句三冬暖，话不投机六月寒。"①西方有"说话浮躁的，如刀刺人；智慧人的舌头，却是医人的良药。"②培养一个有修养的人的过程中，有一项训练内容必不可少，那就是优美、高雅的谈吐。礼到人心暖，无礼惹人烦，现代秘书应该努力学习交谈中的相关礼仪和技巧，让自己成为言语交际的达人，更好地开展工作。

第一节
交谈的基本要求

"凡事预则立，不预则废。"秘书在与人交流之前，需要做好相关的准备工作，满足交谈的基本需求，才可能收到良好的效果。

一、培养自信的心理素质

秘书在工作中要培养自己的心理素质。在尊重对方的前提下，态度谦虚、落落大方、镇定自如、机智灵活。低眉俯首、作态忸怩、忐忑不安，都会给人留下不自信的印象，对方不会轻易信服其所言所行，直接影响后续工作的开展。

二、营造安静、舒适的交谈环境

要想达到交流沟通的最佳效果，可能的情况下，交流双方应选择或营造一个安静、舒适、有利于谈话的环境。对方正在处理急事或特别忙碌时，尽量不要打扰对方。对方正在专心地观赏某项比赛或者演出时，即使是与该演出有关的话也要尽量少说，免得打扰对方。有事要谈，尽量等对方空下来的时候再说。

三、保持恰当的距离

秘书与对方交谈时，要保持适当的空间距离，不要太远，也不要太近。在国内，社交场合，人与人之间的空间距离分为四种：一是 0～45 厘米，称为亲密距离，适合特别亲密的关系；二是 46～122 厘米，称为个人交际的距离，与对方是普通关系的朋

---

① 翟博：《中国家训经典》，756 页，海口，海南出版社，2002。
② 木度：《圣经故事》，395 页，乌鲁木齐，新疆青少年出版社，2006。

友、熟人或亲戚的话，可以保持这样的距离；三是 122～317 厘米，称为社交距离，这个距离适合在办公室内交谈或正式谈判、会晤等活动时采用；四是 317 厘米以上，称之为公共区域。这个距离适合在大型公共场合演讲、报告等活动时采用。不同国家与民族的人与别人交谈时，喜好的远近距离不同。一些国家的人说话喜欢凑得很近，一些国家的人说话几乎贴身，还有些国家的人与人交谈时不喜欢靠得太近，所以秘书在与人交谈时，可以根据交谈双方的亲疏关系选择合适的距离。"促膝谈心"式并不一定适合所有场合，异性之间或虽是同性但彼此不太熟悉时，面对面地坐着交流应该是首选。

当然，交谈双方还需要根据关系亲疏，保持适当的心理距离。关系不太熟悉时，除了保持适当的空间距离外，也别称兄道弟地套近乎，否则会适得其反。加入别人的谈话圈时，一定要先征得别人的同意。别人加入自己的谈话时，尽量来者不拒，实在不方便时，可以委婉地说出理由。关系疏时，不要有过于亲近的言行。

四、交谈时专心致志

与对方交谈时要专心，避免三心二意。重要的谈话，需要心到、口到、耳到、眼到、手到，全身心投入，不能左顾右盼、心不在焉。这样做一方面是表达对对方的尊敬，另一方面也有助于让自己说出的信息和听到的信息准确无误。但"眼到"并不是一直盯视对方，那样不仅不自然，反而会引起对方不适甚至误解。另外眼光注视的范围也有讲究：嘴部以下的区域被称为亲密注视区，适用于恋人、夫妻、同性好友之间；嘴部到双眼的区域被称为社交注视区域，普通关系的双方交谈时可以采用；眼睛到额头区域被称为公务注视区域，主要是领导为了营造严肃的谈话氛围时使用。交谈过程中，有 30％～60％ 的时间看着对方，会让人觉得比较自在。

一个口齿伶俐的人，正常说话速度是每分钟 120 个字左右，但听取速度可以达到每分钟 600 个字左右。由于听和说客观上存在的差异，使得很多人听别人讲话时，特别容易开小差，所以，秘书在听人讲话时除了提醒自己注意力集中之外，还可以采用端正坐姿、侧耳倾听的体态来辅助自己专心听对方说话。"好记性不如烂笔头"，重要的内容，一定要记下来，也可用录音设备辅助记录。

五、语言文明、礼貌、准确

秘书在与人交往的过程中，文明、礼貌是起码的要求，这也是一个人素质高低的重要体现。秘书人员在工作中一定要说高雅、文明的语言，远离脏话、粗话、黑话、气话、荤话。多说"您好、请、谢谢、对不起、费心、操心、失敬、失礼"等。

多用已经约定俗成的专门用语来表达对对方的尊敬，如：

初次见面时，说"久仰"；

好久不见时，说"久违"；

客人到来时，说"光临"；

等待客人时，说"恭候"；

登门探望时，说"拜访"；

拜访离开时，说"告辞"；

中途离开时，说"失陪"；

送别客人时，说"慢走"；

请人帮忙时，说"劳驾"或"拜托"；

请人指导时，说"赐教"或"指教"；

干扰影响别人时，说"打扰"或"打搅"；

求人原谅时，说"包涵"；

请别人接受赠礼，说"笑纳"；

请对方给予方便，说"借光"……

工作中与人打交道时，要多用敬语，不用方言俚语、网络用语，改掉口头禅。常用的敬语有：

贵公司；

请问您是哪位？

请问您要找哪位？

请稍后；

很抱歉他现在不在；

您辛苦了；

等他回来我会转告他；

欢迎光临；

不好意思，让您久等了……

赞扬别人也是表达敬意的方式。与人交往时，关注到对方的优点，可以适时赞美，赞美的语言要发自内心。即使指出别人的错误，也要注意方式方法，在尊重别人的情况下，以设身处地的态度，真诚善意地提醒。不要摆出一副全知全能的架势或站在道德的制高点上进行道德绑架或人身攻击。

六、语速、音量适中，语气、语调恰当

太快的语速，太大或过小的音量，不恰当的语气、语调都会引起听者的不适或对

内容产生误解，所以，要想保证双方传递和获取信息的准确、高效、舒适，不会产生歧义，交谈双方的语速、音量一定要适中，语气、语调一定要与谈话内容相吻合。

谈话时态度要诚恳，语气要和气亲切，表达得体。对尊者说话要注意以相宜的敬称表示敬重与尊重，对属下则应平易近人。

七、可辅以表情、体态来表达

与人交谈时可辅以点头、微笑、合适的手势配合有声语言表达自己的看法，但这种手势的幅度不宜过大，免得给人矫揉造作、喧宾夺主之感。

第二节
话题的选择及引导礼仪

言语交际的过程中，参与者是否能够愉快地交谈，取决于各方是否能够选择合宜的话题、是否能够巧妙地转移话题且不失时机地结束话题。

一、选择合适的话题

与一个人交谈时不要以自我为中心唱独角戏，要以对方为主，把谈话时间多留给对方。一般来说，要想获得好的交谈体验，最好先选择与对方有共同经验范围、切合语境、容易营造愉悦气氛的话题，预热一下，再引入既定的话题。如果没有共同的经验范围，但知道对方特别喜欢某项体育运动、是旅游达人、有特殊的艺术才能或经历，都可以以此为话题，调动对方谈话的兴趣，但要保证话题健康、有趣、恰当，最好与工作内容吻合或关联，能发挥引导作用。

多人一起交谈时，要让每个人都有发言的机会，发言时间尽量均等。最好选择大家都比较熟悉的内容作为话题，如最近的天气变化、国内外重大事件、名胜古迹、风土人情等，让更多的人参与进来一起交流。在正式场合，不要选择容易引起争议的人和事、过于沉重或低俗不实的八卦新闻作为话题。

想让自己成为大家眼中有趣的交流者，平时可以通过多读书、多看电视和网络资讯、尽可能地多参加一些活动来积累一些有趣的话题，供交谈时使用。

二、避免隐私、尴尬的话题

不愿告人的或不愿公开的个人的事，就叫隐私。隐私是个人的自然权利。从人类抓起树叶遮羞之时起，隐私就产生了。随着社会的发展，人的隐私意识不仅越来越强，而且因人而异、中外有别。年龄、身高、体重、收入、家庭住址、联系方式、物品的价格、婚否、身体状况都可能被看成隐私，所以秘书平时不仅要具有保护自己隐私的意识，也要具有保护别人隐私的意识，不要轻易打听别人的隐私，也不要把自己的隐私轻易示人。与人交谈时，要学会察言观色，避免提及对方忌讳的问题，谨防因话不投机而导致交谈失败。

三、巧妙地转移、结束话题

与人交谈时要注意分寸，遇到有人提及低级、庸俗或过于敏感的话题时，秘书要机智地将话题转移。如多人交谈时，有人问起在场的小张的婚恋情况，而当事人小张刚经历失恋或离婚的打击，面露痛苦、为难的表情时，秘书可以巧妙地说："小张肯定认为这是个人隐私，公开场合不愿多谈，那我们就尊重他，好吗？大家还是多谈谈产品营销的措施问题吧。"很多公司规定员工之间不允许互相打听工资待遇，但若是有人偏偏公开打听，秘书也要机智地转移话题："公司不允许打听这个，我们还是别犯忌了。听说南京路新开了一家日式料理店，谁去吃过没有？怎么样？"故意将话题转移。当然也可以谈天气、股市、时事新闻等。也可以先肯定对方的观点，再将话题引到自己想谈的问题上来，以"我完全赞同你的看法，我认为还可以增加一种宣传渠道……"这样的话引导。

当该谈的话题已经谈完，已经达成共识，还有人在滔滔不绝地闲聊，秘书可以委婉地说："抱歉，我还有一些急事要处理，关于刚才说到的事情，大家若是已经清楚了，今天就到此可以吗？后续还有问题的话，我们再联系吧。""很高兴与您谈话，不过请原谅，我还有其他事儿要处理，下次找时间我们再聊啊。"然后用握手或微笑自然地结束话题。有时候，在双方还有几分兴致、意犹未尽的时候就结束谈话，效果反而是最好的。

第三节
交谈中互动的礼仪

交谈是双向或多向的沟通，是动态的过程。要想收到好的沟通效果，不仅要求说者有心，听者有意，而且需要各方注意呼应、插话、提问、回答、拒绝等互动礼仪。

一、及时呼应

与人交谈时，静心倾听至关重要。一般情况下，尽量不要打断别人，但也并非只能正襟危坐、一言不发。当对方在滔滔不绝地表达想法时，听者可通过专注的眼神、点头、会心微笑等体态和表情回应或用"嗯，是这样""有意思""太好了""是啊""说得对""我也有同感""我也是这么看的"等认同、赞美类的语言积极呼应对方。一方面是对对方的尊重，另一方面也是鼓励说者信心满满地继续说下去。

遇到自己理解不透、认识不清的问题或曾经误解的问题，可以坦言自己"不熟悉"请对方继续指点迷津，或直言自己"曾经理解有误"真诚地表示歉意。这些都是间接地向对方表示肯定、赞美的意思。

二、适度插话

随意打断别人的谈话、抢接别人的话头总是不礼貌的，所以轻易不要因此失礼。当自己确有不明白或想确认的问题时，可以礼貌地插话："不好意思，您刚才说的意思我不大明白，能否再解释一下？""不好意思，我能否确认一下您刚才说的意思？您是说采购中央空调的事儿是总务处李总负责，是吗？"当对方说着说着忽然出现思维短路，说不顺畅时，如果自己明白对方想说的内容，我们可以引导对方接下去："您是想说……吗？""为什么是这样？""现在怎样啦？""然后呢……"当然插话要与谈话主题相关，不能跑题，且要适时适度。

遇到跟对方意见不一致时应保持冷静，只能委婉地表达自己的不同意见："我赞同您前面所说的意见，关于后面一个问题，我的看法有点儿不同……""我好像在其他地方看到过不同的说法……"

三、恰当提问

　　谈话中想主动向对方提问时，一定要注意提问的方式方法。不同的问题问法不同，有的问题可以直言不讳，有的问题就需要含蓄委婉。假如秘书因公或因私去医院看望某位患心理疾病的人，目前这位病人的病情趋于好转。秘书想了解对方病情的发病情况，最好不要直接问："您患病多长时间了？"而改成"您从什么时候开始感到不舒服的？"或"您在这儿住了多长时间了？"

　　多用真诚、关心的语气提问，少用压制、命令的口气提问。寒冬腊月，若要代表组织去关心贫困职工，了解其生活情况，不能居高临下地问："有什么要求？你快点说吧！"应蹲下身去，真诚地询问对方："您和家人过冬的物资够吗？接下来您最希望组织提供什么帮助？"

四、合宜回答

　　面对别人所提的问题，也要慎重回答。不涉及保密方面的问题，有的可以直言不讳地回答，有的只需要模糊回答。涉及机密的问题，可以用幽默机智的语言"答非所问"。个人与个人之间交谈时存在不同意见的话，要有包容的心理，根据经验判断是否有必要回答。即使能够回答，也要注意方式方法。多人交谈的场合，尽量不要当众指出别人的错误，可以私底下委婉地指出。不管是公开还是私下，强词夺理或出言不逊地进行人身攻击，都是大忌。陈老总、周总理在这方面给我们现代秘书做出了榜样。

　　有一次，作为外交部部长的陈毅同志在一个中外记者招待会上，一个西方记者向他提出了这样一个问题："最近，中国打下了美制 U-2 高空侦察机，请问，你们用的是什么武器？是不是导弹？"对这样一个涉及我国国防机密的问题，陈老总没以"无可奉告"搪塞过去，而是风趣地举起双手在空中做了一个向上捅的动作，并以俏皮的口吻说："记者先生，我们是用竹竿把它捅下来的呀！"[①]与会记者为陈老总的机智与幽默所折服，报以长时间热烈的掌声。

　　周总理在任时，一次记者招待会上，有个外国记者问："周恩来总理，请问你们中国人民银行有多少存款？"这等于要打听我们国家的家底。周总理笑着说："我们中国人民银行的存款嘛，一共有十八元八角八分。"机智幽默的回答，赢得了在场记者们的阵阵掌声。

---

①　转引自金正昆：《公关礼仪》，62 页，北京，北京大学出版社，2005。

五、巧妙拒绝

拒绝别人是一件十分困难的事情，它是一门学问，有很多种方式。秘书在工作中经常会遇到对方提出的要求虽然合理，但自己时间不允许的情况，这时候就要真诚地向对方做出解释。如果对方提出的要求不合理或超出自己的能力范围，秘书在尊重对方的前提下，要真诚地做出自己实在力不从心、无能为力之意的回答，尽量求得对方的理解。可以借用古训、名言，也可以用亲情当作挡箭牌，以公务繁忙为理由直言明说，也可以先表明诚意再婉拒等。若感到对方是在故意设陷，自己还没想好如何应对，那就暂时保持沉默。

秘书在任何时候，都要"不失足于人，不失色于人，不失口于人"①。切记"一言可以兴邦，一言可能误国"，在与人交往过程中，要务必谨言慎行，严防祸从口出。

第四节
跨文化的言语交际礼仪

在现代管理活动中，秘书打交道的对象早已突破了不同国家、民族、文化之间的界限，所以学习、了解、掌握、运用跨文化交际礼仪非常必要。

一、跨文化对言语交际的影响

任何民族的语言，都是在其特定的社会历史、风俗习惯、文化背景下产生和形成的，都会有其与众不同的特征及含义。在跨文化交际过程中，不同文化之间的差异对于语言的交流和沟通，具有明显的影响。

（一）不同的文化给语言表达打上不同的印记

中国文化中，有很多词语对于不熟悉中国文化的人来说，是很难理解的，如"半斤八两""丢车保帅""金榜题名""户枢不蠹"等。同样道理，中国人如果不了解外国文化中的独特语言，也会产生莫名其妙的感觉。所以秘书在与稍懂中文的外国客户打交道时，要尽量使用简明、通俗的现代汉语。重要的信息最好再用对方的母语或双方都懂的一

---

① 《十三经注疏》整理委员会：《礼记正义》，1468页，北京，北京大学出版社，1999。

种语言确认，确保说者和听者理解相同。

(二)不同文化背景下，人们对同一词语、句子的理解不同

在中国称中年以上的人为"老"，是尊敬的表示，可在不少发达国家，老人们反而忌讳"老"，不服老。能自食其力、行动自如的老人常常拒绝别人搀扶和帮助，所以秘书在与这些老人打交道时要注意，在不伤害他们自尊的情况下再提供力所能及的帮助。

再如，中国人在见面时的问候语一般是"你上哪儿去?""你吃饭了吗?"这些语句，只是表示友好地打个招呼，并不是想要打探对方的行踪和请对方吃饭，但不熟悉中国文化的人往往不太理解这些中国式的问候语，所以秘书与外国人士打交道时最好不用，直接用"你好""早上好"等语言问候即可。

(三)不同文化之间的差异会造成语意的非对应性

中外文化的差异有时可以通过动物的"附加义"表现出来。例如，对于绵羊的温顺、狐狸的狡猾、狮子的勇猛、猪的笨拙，英语和汉语的文化附加义基本相同，但在老鼠、骡子和猫头鹰的习性上，英语和汉语的文化附加义大相径庭。同属于儒家文化圈，相同的动物在中国、日本、韩国文化附加义也不同，例如，在中国，猫头鹰象征凶灾，乌鸦象征丑陋、晦气，猪虽然满身是宝，但很多人还是认为它笨拙。在日语里，因为猫头鹰的发音代表的意义与"福老"相同，所以日本人就把猫头鹰当作吉祥物，乌鸦也被视为益鸟。被中国人认为笨拙的猪却被韩国人视为幸运的象征。所以遇到跨文化交际中有关动物的理解，秘书尤其要注意其中的文化因素，应尊重对方的原意，而不能简单地类比，否则，很有可能造成交际障碍。

另外，中国语言中的成语典故，含义非常丰富，但不了解中国文化的人，也是不容易理解的。如"叶公好龙""负荆请罪""胸有成竹""成也萧何，败也萧何""四面楚歌"等成语，都含有典故，汉语水平不好的外国人很难理解。秘书遇到跨文化交流的场合，最好直接用通俗易懂的语言表达即可。

(四)不同的文化价值观念会造成沟通中的误解

谦虚在中国被视为一种美德。国人之间交流，被赞美的一方常常会用"过奖过奖"或"哪里哪里"表达谦虚之意，但外国人是很难理解的。如果外国人称赞我们时，我们用"You are over praising me.（过奖。）"或"Where? Where?（哪里？哪里?）"来回应，第一种说法会让对方感到自己的判断力受到质疑，第二种说法会让对方感到莫名其妙。所以涉外交往中，遇到被赞美的场合，我们只需用"Thank you!（谢谢!）"回答就可以了。

还有一种场合的谦虚也容易被外国人误解：国人做演讲、做报告、介绍自己个人

的成功经验时，一般都会加上一两句自我谦虚的"开场白"——"本人才疏学浅，只有一点不成熟的看法"，在一些不熟悉中国文化的西方学者看来，就不好理解了："既然你是不才之人，为何到台上来糊弄我们？""既然你还没有研究成熟，为何这么着急公布？"所以秘书一定要通过多种途径，多了解涉外礼仪。在与人交流时，说话一定要看对象、看场合，因人而异。

二、跨文化交际中的语言选择

(一)涉外交往中多使用常用的礼貌用语，多使用委婉语

例如，"请、谢谢、对不起、没关系"等。

(二)了解和掌握见面礼仪用语

1. 问候语简单明了

秘书与外国人见面打招呼，除了要说"您好！""你好！""早上好！""晚上好"之外，就不必多说、多问，如"您吃了没有？""您上哪儿去？"之类的问候语。最基本的问候语就是"Good morning!""How are you?"等。

与外国人道别时，也不必用我们常说的"您慢走！""路上当心！""一路顺风！"等千叮咛万嘱咐的话，只需要用最基本的告别语"Goodbye"或"Bye"即可。说多了，一方面对方会认为你啰唆，对方若是上了点年纪的话，会误解你把其当作"老人"了，反而不愉快。

2. 正确使用体态语

不少国家或民族的人都有自己习惯使用的体态语，例如，日本人见面喜欢鞠躬；欧美人见面，多使用拥抱、接吻、击掌等体态语；拉丁美洲人见面，以拍背为礼；瑞典人见面时，互相擦鼻子；东南亚地区信仰佛教的国家，人与人见面，喜欢采用"合十礼"打招呼；据说尼泊尔山区的居民，作为主人一方，与客人见面时，都要先伸出舌头，表示舌头和心一样都是红色的、赤诚的……涉外秘书，一定要提前了解并练习可能与自己打交道的不同国家、民族的人习惯使用的体态语，需要时正确使用。

20世纪60年代，美国总统约翰逊访问泰国，当着泰王的面跷起二郎腿、脚尖对着泰王，而这种姿势在泰国是被认为带有侮辱性的。更为糟糕的是，在告别的时候，约翰逊竟然以得克萨斯州的礼节紧紧拥抱泰国王后。他不知道在泰国，除了泰王任何人均不得触及王后，由此引起的不良影响可想而知。

1988年在洛杉矶，一个来自泰国的演员杀害了一名29岁的老挝人，被判犯有二级谋杀罪。那位演员在一家深夜营业的泰国卡巴莱演唱，这时一个老主顾，一位老挝人，

把脚放在一把椅子上，鞋底对着这位演员。演员感到受到了侮辱。在卡巴莱打烊的时候，那位演员跟踪了那个老挝人并把他杀了。

其实不管是美国总统约翰逊还是这位老挝人，都不是主观故意要去羞辱对方，只是因为不懂得对方的文化而造成误会。因为不懂得对方的文化，丢了性命，真是让人唏嘘不已。

（三）多运用对方的文化背景知识交谈

秘书与外籍人士交谈，寻找话题的时候，不妨适当选择对方文化中最引以为荣的知识和谈话内容，这样可以比较快地缩短双方由于文化背景不同而造成的心理距离。例如，对意大利人，可以谈论足球；对美国人，可以谈论橄榄球；对日本人可以谈论棒球、相扑；对印度人、埃及人、希腊人，可以谈论印度、埃及、希腊的古代历史文明。

三、跨文化交际中应遵守的礼仪

现代秘书，在与外国人交往时一定要了解对方的风俗习惯和禁忌并给予尊重，这样才能保证双方的交往是愉快的。具体来说应注意以下两个方面。

（一）尊重对方的自尊心，尊重人权，尊重个人隐私

跟外国人交往，要特别注意隐私问题，不打听对方的私事，不问女士的年龄、婚否、体重、衣服和饰品的价格，不问男士的钱财、收入、身高、履历，不议论他人的政治信仰和宗教信仰。

（二）尊重对方的风俗习惯，注意用语的民族性和礼貌性

西方国家，不少人受基督教文化的影响，很忌讳 13 这个数字。据说有的英国剧院不设第 13 排、13 座，法国的影剧院，一般都在 12 号和 13 号之间设一条通道。人们忌讳在 13 日出游，更忌讳 13 人同席就餐，也不点 13 道菜。又由于《圣经》中记载耶稣受难这一天是星期五，因此要是"13 日"正赶上星期五，不少西方人都认为这一天是不吉利的日子，称之为"黑色星期五"。据说很多名人都很忌讳。风俗习惯无对错之分，秘书与西方人交际时，不必较真，要努力避免因为不了解交往对方的某种禁忌而触犯了对方一向遵守的礼仪规范。

言语交际礼仪涉及方方面面，难易不同，非短时间内就能掌握，希望秘书人员能通过各种途径学习、训练，以便尽快掌握。

思考题

1. 为什么与人交谈时要保持适当的距离？

2. 与人交谈时，选择话题、转移话题、结束话题有哪些方式方法？

3. 现代社会哪些内容被认为是一个人的隐私？

4. 要想取得良好的交谈效果，谈话过程中如何与对方互动？

5. 跨文化交际中应遵守哪些礼仪？

通信工作礼仪

结构图

```
                    ┌─────────────┐
                    │ 固话的使用礼仪 │
                    └─────────────┘
                           │
        ┌──────────────┐  ◇◇◇◇◇◇  ┌────────────┐
        │电子邮件的收发礼仪│──◇通信工作礼仪◇──│手机的使用礼仪│
        └──────────────┘  ◇◇◇◇◇◇  └────────────┘
                           │
                   ┌───────────────┐
                   │ QQ、微信的使用礼仪 │
                   └───────────────┘
```

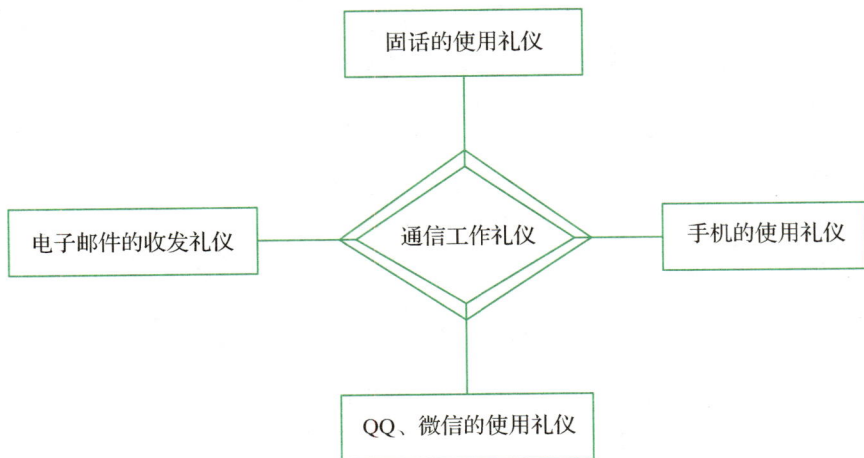

【本章学习目标】

学习目标

1. 掌握固话接打的礼仪规范。

2. 能灵活运用礼仪知识帮助领导、同事转接、转告电话。

3. 掌握手机使用的礼仪。

4. 掌握 QQ、微信使用的礼仪规范。

5. 掌握电子邮件的收发礼仪。

【案例导入】

导入

　　一所高校人文学院秘书学专业大四学生的实习工作已经进行了一半，综合办公室人事秘书小李的工作因处于高峰期，又临时增加了一位非秘书学专业的大三学生朱同学来帮忙。实习第一天，小李拿出一份拟好的内部会议通知和几位与会人员的联系电话，请朱同学给几位与会教师打电话，通知老师们开会事宜。朱同学给第一位老师打的电话内容如下。

　　朱同学："老师，我告诉您开会的事情啊。"

　　老师："你是哪位呀？"

　　朱同学："我是实习生。"

　　老师："你是哪里的实习生？指导老师是谁？"

　　朱同学："我是人文学院办公室的实习生，我的指导老师是李老师。"

　　老师："办公室有两位姓李的老师，是哪位李老师？"

　　朱同学："是李隼老师。"

　　老师："什么会议？"

朱同学："是关于学院××××届毕业生学位授予的事情。"

老师："什么时间召开？具体地点在哪里？"

朱同学："本周五下午两点开始，地点在逸夫楼 9 楼小会议室。"

老师："好的，我知道了。"

朱同学："谢谢老师！再见！"

朱同学说完，"啪"的一声自己先挂断了电话。

朱同学刚放下电话，秘书小李赶紧就朱同学打的这通电话，向他讲了电话礼仪的重要性及需要注意的具体问题。

讨论：本案例中，朱同学的这通电话，有哪些不合礼仪的地方？

现代社会，通信工作在秘书工作中发挥着越来越重要的作用，信息的传递、咨询、项目的商谈、活动的通知、问题的跟踪处理、关系的维护等都需要借助电话、QQ、微信、电子邮件进行。对外联性工作较多的秘书来说，或许通信工作就是其主要工作，每天的工作就是接打电话、接发信息或收发电子邮件等，所以，能否遵守相关的礼仪规范，得体合宜地做好这方面的工作，事关重要。本章将分别论及秘书工作中的电话接打、QQ、微信及电子邮件使用中的礼仪问题。

第一节
固话的使用礼仪

电话看起来每个职业人士都会打，但要打得好也并非易事。现实生活中，我们会发现不少人在接打电话过程中态度、语言及使用的时间、场合等方面都存在不同程度的失礼行为。最微小的地方往往会带来最严重的形象伤害，轻则导致对方不满，重则影响了其后组织间业务的开展。美国学者玛丽·A.德弗里斯建议秘书们要注意自己在电话交谈中所形成的形象，因为对方会通过秘书的言行举止形成对秘书个人以及秘书所属公司的印象。"打电话者会从你说话的语气（欢乐、专注、厌烦、愤怒等）以及你明显愿意（或不愿意）帮忙的态度中形成对你的最初印象。"[1]这话很有道理。

---

① ［美］玛丽·A.德弗里斯：《涉外秘书全书》第 7 版，胡敏、陈彩霞译，97 页，北京，中信出版社，1999。

一、接打电话之前的准备工作

要想把接打电话这一工作做到位，务必做好相关的准备工作。

(一)及时更新通讯录、常备记录簿和笔

及时记录、更新自己的通讯录。秘书知道某个城市固话升级，某个客户、某个合作组织的电话号码变更后都要及时记录、更改，确保自己的通讯录是最新版的。办公桌抽屉内或电话旁常备记录簿、记录笔，以便需要时取用。

(二)查好受话方号码

需要电话联系某人或合作组织的某个部门时，先查好其联系电话。拨打固话时，忌讳提起话筒才去翻找号码，那样会延长电话使用时间，不仅会导致外面电话打不进，也会影响同一办公室其他同事的使用。

(三)确定好受话方的"5W1H"信息

工藤南海夫在《企业秘书必读》一书中①，借用传播学里面的"5W1H"的概念说明秘书接打电话时准备工作的重要性。他认为一个秘书接打电话前如果能够明晰 Who(什么人)、When(什么时候)、Where(哪儿)、Why(什么原因)、What(什么事情)几个要素(5W)，就知道如何打好这个电话(1H)，我认为很有道理。

Who(什么人)的信息包含其姓名、性别、年龄、身份、地位等。秘书知道对方是谁的信息后，就知道如何称呼对方，借助什么礼节向对方传递信息了。另外四个"W"是要分别弄清楚"对方在什么时候?""对方在哪儿?""对方是否方便接电话?""为什么要给对方打电话?""这件事是否一定该告知对方?""想告知对方的事情是什么?"等信息，这些显然是打电话前必须要弄清楚的。

工作上的事情，尽量在上班时间打电话。一般情况下上班刚开始5~10分钟以后，或者下班前5~10分钟以内，对方通常有时间接电话，有事可以在这个时段联系。早上8点之前、晚上9点之后，常规用餐时间、午休时间，尽量不要打别人电话。有些尊者有特殊的作息习惯，秘书知晓后，也要特别配合，不去打搅。上班时间尽量不打私人电话。

我国幅员辽阔，东西部地区相距甚远，存在时差，所以即使是打国内长途，也要考虑时差问题，拨打国际长途时更是不能忽视。

---

① ［日］工藤南海夫：《企业秘书必读》，刘少玲译，24页，北京，中国友谊出版社公司，1989。

（四）整理好要告知的信息

简单的事情需要打个腹稿，复杂的事情需要好好整理一下，形成条理清晰的文字，确保电话拨通后准确无误地传达，提高通话效率。

（五）调整好身心

有人认为电话中听到的只是声音，不是面对面交流，既看不到对方的表情也看不到对方的姿态，认为无须注意这些。殊不知一个人的声音是心态、表情、姿势的综合反映，对方通过声音是完全能够推断出这个人的精神面貌和工作态度的。一个优秀的秘书，打电话时需要全神贯注，不能三心二意，否则不仅冒犯对方，还不容易保持清晰的思路，讲不清楚事情原委。不管当时的心情如何，一定要把心情调整到心平气和的状态，且同时调整坐姿、站姿或蹲姿，保持上身和头部直立，面带微笑，再接通电话（如图5-1、图5-2所示）。很多世界500强的大公司，都要求接线员一定要面带微笑接听电话，因为微笑会让接线员的声音听起来亲切、友善。

图5-1　苏州大学文学院2018届秘书学专业毕业生赵聪工作中打电话图示

图5-2　苏州大学文学院2019届秘书学专业毕业生成艳容工作中打电话图示

二、接电话的礼仪

（一）及时接听

首先，工作电话务必要接，但秘书听到电话铃声响起，最好不要马上就接，一是这时候打电话者心理上可能会觉得有点突然，也显得接电话方迫不及待、无事可做。二是容易过滤掉打错的电话。但铃声超过三声还不接，对方又可能错以为没人接听，就此挂断电话。不同的组织会出现不同的损失，轻则给对方造成上班时间岗位没人的不好印象，重则失掉一单生意或一次合作共赢的机会。若是和领导或同事在同一办公室，也会给领导和同事留下怠工的印象。持续不断的铃声也会影响其他同事的工作。所以，铃声响起之后，在第二声到第三声之间拿起话筒最好。因故没有及时接听电话时，接听后第一句就要向对方表达歉意："对不起，让您久等了"，说明迟接的原因。

（二）问好并自报家门

秘书拿起话筒之后，就要主动问好并自报家门。很多大型组织的秘书接听电话的第一句话就是："您好！这里是××公司，我是×××，请问有什么可以帮助您吗？"或是"您好！这里是××公司，我是×××，请问您找谁？"也可以向对方问好后，等待对方先自报家门，秘书再自报家门。熟悉的人打来的电话，可以不必报单位和个人全名，改用简单的方式寒暄，让对方确认自己的身份。传统的"喂"声接听适应于熟不拘礼的场合，直接问好更显礼貌。

（三）确认对方身份

一般情况下，来电者都会主动自报家门，再说来电目的。对于没打过交道且没有主动自报家门的来电者，秘书可以委婉地说："请问您贵姓？""请问您是哪位？""请问贵单位的名称是什么？"

（四）记录来电内容

秘书应认真听记对方来电内容。对于咨询类或寻求帮助的诉求，简单且属于自己职责范围内的事务，秘书可以直接答复、处理。听记过程中，最好用"对""好""是的"等积极性语言给予呼应，让对方知道你在认真听电话。通话过程中需要查询或咨询一下才能回答对方的问题时，可以告诉对方稍等一下。再拿起电话时要说："对不起，让您久等了！"若是这个等待时间有点长，可以征询对方是继续等待还是先挂断电话。

遇到抱怨电话，要耐心倾听，适当安抚，能处理的尽量帮其处理，自己不能处理的就尽量帮其转到其他部门处理。换位思考，牢记帮人就是帮自己。

没有听清楚的时候，可以直接跟对方说："对不起，请再说一遍可以吗？""不好意思，您的声音听起来很小，请大声一点可以吗？"但公共空间接电话时，最好不要强硬地要求附近其他人降低音量。如果你期望保持私人通话的权益与质量，应自行寻找一个更适合的安静场所，而不是强硬地要求别人配合你安静下来。

若是接到难以应对但又感觉必须有所回应的电话，可以机智应对："抱歉！我正要开会（或正在会见一个重要客户），结束后再回复您好吗？"对不熟悉的来电者，别忘了请其留下对方的电话号码，事后考虑周全后再回复。

需要后续跟踪的来电，那就讲明原因，告知对方何时能够回复。重要的来电一定要记录在"来电记录单"上，跟踪处理完毕后将"来电记录单"填好归档备查。"来电记录单"可以自行设计，如表 5-1 所示。

表 5-1　来电记录单

来电记录			
编号：			
时间：　　年　月　日　时　分到　时　分			
来电单位		来电人姓名	
来电单位电话号码		值班接话人姓名	
通话内容摘要：			
处理意见与结果： 　　　　　　　　　　　　　　　　　　　　　　值班人签字：			

（五）礼貌道别

一般情况下，来电者在陈述完事情之后，会主动做出结束通话的请求，这时秘书应当有礼貌地回应。通话双方地位平等时，就遵循"谁打出电话，谁先挂断电话"的原则，但如果双方地位尊卑有别，那就请尊者先挂断电话。

接到对方错打的电话，也不要训斥对方，要有礼貌地说："您好像打错了电话""请问您要打的电话号码是多少？"请对方再核对一下。对于对方的致歉，也要有礼貌地回应。

三、打电话的礼仪

（一）明确"5W1H"，拨通电话

打电话前一定要将前面讲过的"5W1H"的信息明确一下，换位思考，确定时机合宜，先查好电话号码，再拨通电话（如图 5-3 所示）。

图5-3　苏州大学文学院 2019 届秘书学专业毕业生成艳容工作中打电话图示

(二)礼貌问好、自报家门

对于经常联系的人，电话一接通，通过声音就能确定对方就是自己要找的人，简单问好后，就可以陈述要告知其的事情。但对于第一次电话联系的人，尤其拨打固话的时候，接话方有可能不是对方要找的人，所以秘书要先问好，再自报家门，然后明确说出自己要找哪位。

(三)确认对方身份，准确陈述内容

重要且涉及保密的电话内容，一定要确认一下接话方的身份。确定对方身份后，最好询问对方现在接电话是否方便，再告知事情。公务电话，在确保准确传达的情况下，尽量长话短说，少说空话、套话。时间超过 5 分钟的电话，最好说一下："我可能要占用您 5 分钟的时间，不知您是否方便？"

如果要找的人不在，视情况自行决定要不要请对方转告。如果决定请对方转告，一定要用委婉的口气征询一下对方："我想麻烦您帮我转告一下可以吗？"对方同意后，最好再确认一下对方的身份，以便事后跟踪查证。这个时候可以再报一下自己的全名、单位名称和联系方式，方便对方确认或回复。如果事情很重要或涉密且时间又来得及，可以委婉地说："那我换个时间再联系吧。"对于对方的友好与礼貌要表示感谢。

不管接电话者是谁，对自己要传达的信息，一定要认真核对、确保无误。秘书可以请对方复述，自己核对，也可以自己复述，请对方核对。

如果通话过程中电话意外中断，打电话一方应当主动打过去解释原因，不明原因的话，可以说"电话不知什么原因断了"再把未讲完的事情说完。

（四）礼貌告别

主动拨打的电话，事情陈述完毕后，秘书要主动做出结束电话的请求，如"谢谢您百忙之中接听我的电话，我要告诉您的就是这件事，有事再联系啊，再见！"也可以问"请问我说明白了吗？""请问您有没有需要问我的问题？"确认没有后再挂断电话。如果对方是尊者，就等对方先挂电话。

自己拨错电话时要向对方诚恳道歉，即使责任不在自己。

（五）填写去电记录单

对打出的重要的电话，一定要填写"去电记录单"归档备查。"去电记录单"可以自行设计，栏目包括：去电时间、去电人、去电内容、接话人、处理结果等。表格样式可以参考表 5-2。

表 5-2　去电记录单

去电记录			
编号：			
时间：　年　月　日　时　分到　时　分			
去电单位		去电接电人姓名	
去电单位电话号码		值班去电人姓名	
通话内容摘要：			
处理意见与结果：			
			值班人签字：

四、转接、转告电话的礼仪

秘书常常接到打给上司或同事的电话。遇到这样的电话，秘书也要注意礼仪，高效转接，准确转告。

(一)替上司转接、转告

接到打给上司的电话，秘书首先应表明身份。如果听出是陌生人打来的电话，不能随便告诉对方上司"在"与"不在"，应询问："请问您是?"在弄清对方身份和目的后可以说："请您稍等，我去看一下领导是否在啊。"然后走到上司身边，小声告知来电人和来电目的，让上司决定是否来接。上司不在时，在弄清对方的身份及来电目的后，可以说："领导外出了，下午四点左右会回来，您可以下午再打过来。当然如果您愿意，我也可以帮您转告。"如果对方同意转告，秘书就要准确记下来电内容，及时转告上司。

上司开会过程中或正在接待重要访客时有紧急电话打进来，秘书在问清来电者的身份及来电目的后，觉得有必要告知上司时，最好以便签形式联络上司，等待指示。如果自己难以决定，就请对方留下联系方式，说："不好意思，领导现在正有访客，稍后再打给您，好吗?"然后跟对方确认一下其电话号码。

但对上司事先有意拒接的电话，秘书可以用善意的谎言婉言拒绝，如"××经理正在开会，您可以留言，我帮您转交给他""××主任刚离开，您若愿意的话，可以留言，他回来后我会帮您转告"。没有上司授权，不要擅自回应、处理所涉问题。

(二)替同事转接、转告

接到打给同事的电话，最好走到同事身边，小声告知有来电，不要大喊大叫，弄得人尽皆知。同事不在时，首先表明身份，然后第一时间就告诉对方要找的人不在。不必告诉对方同事的具体去向，但可以告诉对方同事什么时间会回来。为了表示友好，也可以委婉地说："如果您愿意，我可以帮您转告。"对方委托转告时，要准确传达，且要有隐私和保密意识。不了解的事情，要告知对方"我不太清楚"或"没听他说起过，等他回来我让他给您回电话。"这样更能显示诚意。同事没有委托的事情，也不要随便表态、擅自处理。

(三)建议拨打其他部门电话

有时候来电者谈及的事情，秘书不了解且不属于秘书所管。根据经验，秘书可以建议对方联系其他部门负责人，如"中央空调维护的事情属于公司后勤部所管，您可以联系我们后勤部的李部长。如果您愿意，我可以帮您把电话转接过去。"转接过去时，最好将来电者的诉求告诉负责人，这样更显诚意。

五、其他注意事项

(一)合理安排打出电话的顺序

秘书对需要打出的电话，要合理安排时间和顺序。重要且紧急的电话要优先打出。对于事先知道的需要告知同一个人的多件事情，务必整理好，一次性告知。遇上新情况需要再打个电话告知某个人，电话拨通，问好以后，要加上一句："刚接到上级部门来的一个通知……"或"才知道这个情况……"免得对方误认为是因为你的无计划才导致重拨电话的。

有时候，需要打的电话中有的是自己主动要联系别人的，有的是别人先前打来电话但需要你回复的。情况允许的话，可以优先拨打主动联系对方的电话，再拨打回复对方的电话。

(二)避免公话私用

职场最忌讳的就是公私不分、公为私用，这涉及职业道德和组织纪律问题。秘书上班时间不允许做私活，避免借用组织电话与亲朋好友私聊。没有经过允许的话，不要擅自将领导、同事的私人电话告诉别人。遇到索要者，拒绝的语言要委婉。

(三)避免高声大语、影响同事

国人说话喜欢高声大语，没有降低音量的意识。不少人即使走出国门后，也毫无改变意识，以至于常常受到所到国国民诟病。所以接打电话时最好将音量控制为以对方能够听清就好。在办公室时，更要注意音量，避免高声大语影响同事工作。

第二节
手机使用的礼仪

如今，手机成了职业人士必备的通信工具，很多年轻人一人会有两三部手机。手机是几乎普及了，我们却发现很多人在使用过程中，常常出现失礼行为，所以关注并学习手机的使用规范是每个职业人士的必修课。

接打固话的准备工作和使用礼仪同样适应于手机，但因为手机的特点是可以随身携带，所以还有一些不同于固话的礼仪规范需要遵守。

一、使用的场合与时机

手机虽然是移动电话，但也不能随时随地想打就打。有很多场合是不适宜使用的，例如，会场、图书馆、阅览室、电影院、音乐厅、医院、需要聚精会神的比赛场地等所有需要保持安静的场合，都不适合使用手机。还有机场、加油站等使用手机会干扰飞行仪器的信号、因静电或漏电诱发火灾引起爆炸的场合绝对不能使用。十字路口、多人共用的电梯间、人来人往的上下楼梯间，使用手机有潜在危险或对他人造成干扰时都不适合使用手机。

据说在英国，成为高尔夫俱乐部的会员，需要经过严格考试，因此在球场上，人人都是绅士，他们都很懂得从细微处尊重对方，言谈彬彬有礼，友好而优雅。跟进歌剧院听歌剧一样，不能接打手机，连说话的声音都很小。

有很多场所，张贴了禁止使用手机拍照、录音的标志，或对方已经口头提示禁止使用手机时，务必遵守。为了不干扰同事，多人一间办公室时，可能的话，最好到走廊或接待室接打手机。特殊情况下必须接的电话，要离席到合适场所接电话，尽量减少次数，不要频繁进出（如图5-4所示）。实在不方便接电话时，可用短信告知原因，告诉对方可以联络的其他时间。看到未接电话，尽量早点回复。

图 5-4　苏州大学文学院 2018 届秘书学专业毕业生赵聪工作中接打手机图示

宴请场合别玩手机，跟别人交流时不要关注手机，且将手机最好调成静音或振动，必要时关闭手机。不得不接时最好先征得对方同意："不好意思，我可以接个电话吗？"对方允许后，也务必长话短说。对方若是尊者，最好等事情谈完再回复未接电话。一般情况下，工作时间，如果知道对方身边有固话，最好先拨打固话。没人接听之后，再拨打对方手机。

尽量不要在卫生间里接打电话，一方面避免隔墙有耳，另一方面也是为了避免尴尬。工作时间，对方有可能在会场里、谈判桌上或者正在开车，所以秘书拨打对方手机前，都应考虑到对方有可能不方便接电话。不管怎样，是否能够通话，主动权都由对方决定，所以接通电话问好、自报家门之后，都应该问一下对方接电话是否方便，让对方感到被尊重。只要对方回复在会场、正在开车或听不清时，都应该道声"对不起""抱歉"，另选对方方便的时间再打。

特殊情况下，需要下班时间电话联系的，对方接听手机后，秘书先自报家门，仍然应说："请问您现在接电话方便吗？"与对方所在区域存在时差时，拨打手机要考虑时间、地点是否合宜的问题。对方没接手机时，说明对方不方便接听或手机没在身边，那就过一小段时间再打。或先发短信自报家门，预约时间后再打。

二、放置的位置

手机最好放在随身携带的公文包内、上衣内袋里。不建议挂在腰带、脖子上，前者使用时姿势不好看，后者显得不职业。与人交谈时，不要随便摆弄手机，不要随意将手机放在桌子上，也尽量不要拿在手里，更不要对着对方放置。

手机只是一个通信工具而已，再贵的手机也不要把它当作象征物炫耀。

三、铃声的选择

现在的品牌手机自带多种不同风格的铃声，使用者可以做个性化的设置，但作为秘书一定要根据自己的年龄、工作性质、身份选择内容健康，听起来优美、舒缓的铃声为好。过于前卫的说唱乐曲、摇滚乐曲或其他粗俗、怪里怪气的乐曲都不适合秘书使用。

即便是舒缓、优美的铃声，遇上特殊场合也未必适合大声响起，如秘书因公、因私去参加别人的追悼会，这种场合务必将手机关机、调成静音或振动状态。

四、尽量及时接听并回复

工作期间尽量保持手机畅通、电量充足、话费充足。手机上接到别人的电话，非特殊情况和特殊场合，要及时接听。但在会场或开车时，即使有电话打进，我们也尽量不要接，等会议结束后或将车开到安全地带临时停车后再回拨对方电话。发现未接电话后，在条件允许的情况下尽量早点与对方联系。

不轻易变换手机号码，特殊原因变化号码，要及时通知亲朋好友以及跟自己有工作往来的客户。

五、短信发送也要遵守礼仪

手机短信曾经是最便宜、使用最广泛的联络形式。虽然在 QQ、微信两大社交软件兴起之后，手机短信使用次数大大地减少了，但短时间内还不可能被取代，所以关注手机短信的发送礼仪也很有必要。

(一)内容准确规范

秘书如果跟双方关系还不太熟悉的话，需要给对方发送短信时，事先务必认真选择合适的称呼及问候语，对要传达的具体信息务必认真输入，做到准确规范、简洁明了，甚至标点符号都要一一核对。最后别忘了署名。第一次给对方发短信时，合宜的称呼和问候之后，需要自报家门，再输入要告知对方的信息。假如与对方经常联系，彼此很熟悉的话，可以视情况自行决定是否可以省略称呼、落款等，其他要求相同。

转发别人的信息务必通读信息、重新编辑。禁止转发容易引起争议、给别人带来困扰的信息，如讽刺名人、伟人、革命先烈的信息绝对不能发送。

不熟悉的人之间，即便是幽默类短信也尽量少发，因为这类信息水平参差不齐，理解因人而异，可能引起误解。双方空间距离近的话，可以用当面交流来代替短信联系，当面交流更有温度。

(二)发送的时间与场合合宜

发送短信像打电话一样，也要注意场合和时间。办公室里最好将短信提示调成静音或振动状态，以免干扰他人办公。飞机飞行过程中或在加油站，发短信与打手机一样会诱发同样的危险，所以绝对不能使用。其他需要保持安静的场合，也尽量不发或少发短信。短信打字效率偏低，上班时间尽量不发短信，即便需要使用的话，也只适合发一条确认或告知功能的短信。复杂的事情最好打电话沟通。千万不要上班时间你来我往发短信聊天。

给身份高或重要的人打电话之前，时间允许的话，可以先发短信征询一下对方是否方便接听电话，如"李部长您好：我是××公司的×××，我有××事想向您请教，请问您接电话方便吗?"对方若回复"方便"，就直接拨打电话，若回复"暂时不方便"，并约定什么时间可联系，秘书就按照约定时间打过去。若对方没回复，说明对方很忙，那就等对方回复后再打。秘书若是遇到比较紧急的事情，不能等待太久，等三五分钟后对方还没回复的话，那就直接拨打电话，电话接通后可以说一下原因。很多人给手机短信设置的提示音没有来电铃声响亮，这也是短信常常没被及时关注的原因，所以非常紧急的事情，可以直接拨打电话，电话接通后，说明一下原因，表示歉意即可。

在接待来访或参加谈判等场合，不要翻看手机短信。一边看短信，一边与人交谈，是对他人的不尊重。事先通知过对方的事情，若是想再次提醒，最好用短信提醒比较好。

第三节
QQ、微信的使用礼仪

QQ、微信等即时通信工具已经为大众所接受，并深深地影响了人们的生活和工作方式，但任何一种新生事物的产生及应用，都会涉及规范使用的问题。这一节重点关注一下 QQ、微信的使用礼仪。

一、加好友或邀请入群要征得对方同意

秘书如果出于开展工作的需要，想与组织内外人士建立 QQ、微信联系或需要建群时，出于礼貌，一定要先征得对方的同意。可以询问一下对方是否使用 QQ 或微信，是否可加为好友。征得对方同意后再添加或邀请入群为好。

组织内部组建工作群时，群主最好是主管领导或综合办公室的主任秘书。还可以根据实际需要，按工作分工建一些小群，如工会委员群、党员之家等。建群时最好能根据工作需要定立群规。根据工作关系，将涉及此工作的所有人员都邀请进群。自己不便邀请的，就请其他领导或同事邀请，不能因为个人喜好区别对待。不要邀请无关的人进群。有同事调离、退休时，在事先告知之后，就应及时将其移出群。有新人入职，也要及时邀请入群。秘书应积极倡议所有群员都标注实名，以便沟通方便，免得五花八门的网名徒然增加管理人员的记忆负担。群主因为特殊原因预计一段时间有可能不能及时管理群时，可以将信任的群员设为管理员代为管理。因为工作调动等原因调离原工作单位时，应自觉安排或请示主管领导安排新群主接替自己。

秘书想与组织外的上级主管部门的工作人员、媒体界人士以及与组织有关联的客

户建立 QQ、微信联系，或邀请对方加入自己或别人所创建的群，最好先通过其他方式征得对方的同意。自己想主动添加别人时，如果事先不便征求意见，自行添加时最好说明你是谁，主要负责什么工作，用征询的口气询问一下。一次没通过，就不要反复地添加了。进入与工作有一定关系但群内人员很杂的 QQ 群、微信群，视自己与群员熟悉与否，自行决定是否实名标注自己。如果群主设定了群规要求所有群员实名，就要尊重群规实名备注。

二、信息拟订务必准确规范

虽然 QQ、微信只是社交软件，呈现在我们面前的只是一个对话框，但这个对话框其实就是一页信纸。我们每次通过 QQ、微信跟别人沟通，尤其对方是尊者时，第一条信息最好采用书信的格式，合宜地称呼、问候之后再输入想告知对方或想与对方沟通的信息。第二条信息开始可以根据亲疏关系自行决定是否需要加称呼再进行沟通。如果发送的是简短的通知，最好就用通知的格式去编辑。长一点的信息，最好另存为文件，用添加附件的方式发送。目前，微信对传输文件的大小有限制，所以文件太大时建议通过 QQ 传输，也可改用电子邮箱传输。杜绝格式错误及错别字等低级错误出现，要确保格式规范、内容准确。

常规的、普通的信息要多用谦卑、合宜、礼貌的语言发出，切忌摆出"二首长"的架势，以免招致他人的反感。即便转发上级主管部门或领导的指示或通知，也最好用一小段"秘书语言"做引言，说明自己是转发。这样即使其他群员对通知、指示本身有不理解甚至质疑之处，也不会带着负面情绪针对秘书发牢骚了。传达工作上的事情，如果能用一条信息一次发出的，就不要改成几条信息发出。QQ 和微信都有合并转发和逐条转发功能，QQ 的信息还可以直接转发到微信，需要时可利用这种功能。

在群内针对所有人所发的信息，就通知所有人。只针对少数人所发的不涉密的普通信息，最好能通知具体的人，或准确说明是哪些人，如"所有工会委员""所有党员"或"家有 14 岁以下儿童的所有同事"等，以便引起对方注意，提高信息送达的准确率。也可以单建"组织名＋党员之家""组织名＋工会之家""组织名＋教研室"等小规模的 QQ 群、微信群，单发信息。但遇到重大或紧急的事情时，除了通过 QQ、微信通知外，最好再直接打电话告知。保密的事情最好小窗单独发送。需要对方回复确认的，要明确说明。

QQ、微信虽然都可以发送简短的语音片段，但考虑到语音对双方办公环境的干扰性，建议秘书多使用文字或图片发出信息。收到别人的语音信息，不方便直接接听时，可以转化成文字或戴上耳机接听。普通话比较标准的秘书，可以利用 QQ、微信自带的语音转文本功能，快速输入文字。也可以自行下载、安装合适的语音输入法，可以大大地提高语音转换成文字的效率。公务场合建议尽量不用视频电话。是否可以通过网络语音电话联系，最好先征求对方意见。

三、及时回复，谨防遗忘

接到领导、同事或其他工作上有交集的人发出的信息后，要及时联系信息的发出者并回复。简单且需要做出明确判断的事情，就直接回复"收到""好的，明白""行""不行""可以""不可以"。对于复杂的、需要请示领导、向同事了解或查阅资料才能做出回答的事情，就告知实情"我请示一下领导再回复您，好吗？""我暂时不清楚这个情况，先了解一下再回复您啊"或"我查一下再告诉您，好吗？"等确认后再及时回复。若是正值工作很忙、不能及时处理的信息且对方说时间不急的，就告知对方"现在有点忙，稍后再看啊！"拿不准是否可以缓一缓的，就请示或询问一下对方"上午手头有点急事，我下午再处理可以吗？"为了防止遗忘，可以利用微信的"标为未读"功能将对方的微信窗口标记一下，后期跟进处理，及时反馈。也可以长按对方的某条信息选择"提醒"，选择某天某时刻，到时间微信就会自动弹出提醒对话框。还可以利用"收藏"中的添加"笔记"功能，将接下来要办的事情编辑为"待办"，并设置为"聊天中置顶"。待办的事情就会出现在微信聊天栏最上方，这样就可以起到提醒自己的作用了。QQ 暂时没有这个功能，如果秘书只添加了对方的 QQ，可以用笔记录待办事宜。

四、巧用表情包

QQ、微信系统自带很多表情包，也支持用户自制个性化的表情符号。不同的表情符号具有不同的含义，有的可以用来替代沉默、缓解尴尬，有的可以丰富、补充聊天内容，尤其是遇到只可意会不可言传或不便用文字表达的交流环境时，巧用表情包，可以起到一图胜千言的作用。秘书可以根据语言环境，巧用表情符号，来辅助表达心情。当然要选择那些含义明确、对方能够理解，绝对不会引起歧义的表情符号。

五、工作时间尽量使用网页版 QQ、微信

为了避免给同事和领导造成上班玩手机的误解，建议秘书在办公室上班时间多用网页版 QQ 或微信。尽量不浏览非工作群所发的消息，可以把与工作有关的重要群组"置顶"，以便优先关注，及时处理。也尽量合理安排上班时间使用 QQ、微信的频率和时间，以免影响其他常规工作的处理。多人一间办公室办公时，最好将 QQ、微信的消息推送设置成免打扰模式。

作为现代人，工作压力普遍偏大，下班时间是难得的一段可以自由支配的时间，所以，作为秘书，要有"办公不干私活、下班不谈公事"的意识，工作上的事情就尽量在工作时间处理，跟工作有关的信息也尽量在工作时间发送。确实存在特殊情况，不得已必须要在非工作时间传达给对方的，先委婉地表达一下歉意，如"不好意思啊，下班时间还打扰您（大家、各位），现在有个紧急的事情领导让我通知您一下（需要告知大家）……"或"刚接到上级主管部门的一个通知……"。对礼仪、规范的遵守，要有严于律己、宽于待人的意识。

对于没能及时处理，需要后续跟踪处理的信息，为防止遗忘，就采用上文所用的方法另做记录或借助 QQ、微信的"提醒"或"设为未读"的功能重新标记一下。

六、注意隐私和保密

秘书在利用 QQ、QQ 空间、微信（群）或公众号开展工作时，对涉密的重要文件或涉及别人隐私的信息的发布要慎重选择。尽量不要把跟同事、领导或工作上有业缘关系的组织外的人的私人对话截图发到工作群里，实在觉得有必要截图的话，要取得对方同意，或隐去对方姓名。一对一发布就能解决的问题绝不要广而告之，不要无谓地扩大宣传范围，这就需要秘书要有一定的保密知识和保密意识。对自己本职工作的业务范围要非常熟悉，知道哪些是秘密、秘密的等级，哪些不是秘密。是秘密的要保住，不是秘密的也不要煞有介事。即使是秘密，还要知道解密的期限，到了期限一定要履行一定的程序和手续才能解密，不能自行其是，更不能先斩后奏。拿不准有些信息是否涉密、应如何处理，可请示领导，经领导同意后再发。

喜欢使用微信"朋友圈"功能的话，首先要学会"朋友圈"的分组功能，将业缘关系的领导、同事和亲朋好友的圈子区别开来。尽量不要在有业缘关系的工作圈或工作群发跟工作无关的信息。除非必须，否则不要随便将领导、同事的照片公开发布。即使工作需要必须发的，发之前也最好征得对方同意。跟工作有关的求赞、求投票的帖子也要慎重转发。跟工作无关的营销类或容易引起争执的帖子绝对不发。有可能涉及别人隐私的事情绝对不发，以免给对方带来困扰。自己跟领导、同事等的合影，最好采用一对一的小窗方式发出。

为了降低用人成本，提高工作效率，大多数的企事业单位聘用秘书人员时都会最大化地让秘书人尽其用。"一个萝卜一个坑"是普遍现象，有时甚至是一人独当几面。每个岗位的秘书工作都有高峰期，高峰期来临时，很多秘书会出现忙得焦头烂额的情况。又忙又累且遇到解决不了的事情时，不少人会忍不住发些牢骚。但作为秘书，尽量不要在工作群、QQ 空间、朋友圈发牢骚，因为公开发布牢骚与不满只会影响领导与同事对自己的评价，并不能助推自己完成工作。希望所有的秘书都能正确看待工作及生活中的苦与乐，学会调适自己的情绪，做情绪的主人。心情实在不好时，可以选择暂时离开所处环境，用深呼吸的方式转换心境，也可以采用记日记或跟家人倾诉等比较安全的方式缓解自己的情绪。

七、适当保持互动

遇到关系要好的领导、同事以及组织外合作客户在 QQ 空间、朋友圈发布一些优质信息，在不影响工作的情况下，可以点赞、留言，积极评价，保持互动。遇到节假日以及对于对方来说特殊的纪念日，也可发送祝福或问候的短信，互增好感、加深友谊，营造良好的人际关系。

八、与其他通信方式互补

QQ 的方便之处是即使没跟对方单加好友，只要对方也在群内，就可以小窗交流，但微信暂时没有这个功能。假如没单独添加对方微信好友或没单加对方 QQ 好友，也没与对方同在 QQ 或微信群内，务必要有记录，需要联系对方时，采用其他方式通知，以免因遗漏影响工作。

对于自己主动发出的重要信息，为了防止有的成员遗忘，最好于会议或活动举行的前一两天再重发一次，再次提醒，确保活动圆满顺利地举行。涉及多数人的信息可以在群内发，涉及少数人时可以单独提醒。

时间紧迫，需要及时回复的，最好直接打电话联系确认。

九、有价值的信息及时归档备查

微信、QQ、电子邮件等的高频率使用，实现了办公自动化，大大减少了纸质文件的使用数量，也带来了档案管理方式的改变，这就需要秘书要有较强的档案意识。对一些有价值的信息、数据一定要及时保存，可以从手机 QQ、微信直接发送到电脑、电子邮箱或上传到云盘，进行保存，照片可以保存到系统相册。再利用专业的档案学管理知识做好归档工作，且做好备份，以便需要时检索利用。

21 世纪堪称是"互联网＋"的时代。在这一史无前例的时代里，新生事物层出不穷。作为领导左膀右臂的秘书，不仅要具备过硬的写作能力、听辨能力、人际交往能力、熟练使用现代办公设备的能力和应变能力，还要跟上时代的步伐，规范、娴熟地使用 QQ、微信等新型通信方式，辅助各项管理工作的开展。

第四节
电子邮件的收发礼仪

随着网络技术的发展和现代办公设备的普及，每一位秘书在工作中都要使用电子邮件辅助工作的开展。电子邮件正文的写作要求跟普通信件一致，但因为传递方式不同以及格式上稍有不同，所以又衍生出新的礼仪规范，秘书务必要掌握。

一、电子邮件撰写之前的准备

(一)明了"3W1H"

电子邮件因为是用文字传播信息而不是通过口语传播，所以对时间、地点的要求不会像接打电话时那么受限，但秘书在撰写每一封电子邮件之前，需要先明了"Who""Why""What"三个要素，才能知道如何称呼对方、如何问候、如何去陈述所要沟通的事情。

有的邮件是上司授意秘书撰写并发送的，上司在安排的时候会将以上信息告知秘书。秘书接受工作时，听记务必认真，重要信息要跟上司反复确认，确保无误。

(二)核实收件人地址

知道收件者是谁后，务必核实确认自己拿到的邮箱地址是正确的。如果是群发邮件或需要抄送、密送，也要明确收信者有哪些人，各自的电子邮件地址是什么。

(三)准备附件

需要添加附件时，要先准备好附件。附件不仅要内容正确，格式也要符合规范，且需要给附件拟一个简洁且辨识度较高的名字。附件太大时要先行压缩。

二、电子邮件撰写规范

(一)注意撰写顺序

邮件撰写顺序最好是：添加附件—拟写正文—拟订主题—填写收件人地址。没有附件时直接撰写正文（如图 5-5 所示）。

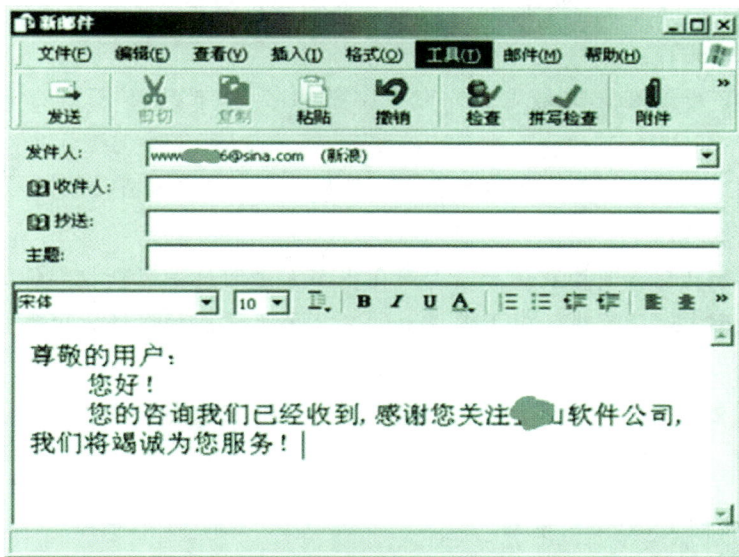

图 5-5　电子邮件格式

不管是回复对方的邮件还是主动联系对方的邮件，有附件的话，为防止遗忘，建议先添加附件，接着拟正文，再拟主题，最后填写收件人地址。根据需要，确定是否需要群发邮件、抄送某人或密送某人，需要的话就在对应地址栏填写地址。这样安排顺序，是因为没有主题的邮件，即使点击发送，邮件客户端也会提醒"没有主题，是否发送"。没填地址的邮件，也发不出去，系统会提醒缺少地址。

（二）正文内容准确礼貌

电子邮件的正文内容可以采用普通信件的格式书写。视对方的职务、职称、学衔、性别、年龄大小等情况，选最合适、最礼貌的语言顶格称呼对方。对方是尊者时，前面可以加上"尊敬的""敬爱的"字样。直呼其名仅限于平辈且较为亲密的关系，其他关系不能随便使用。若是有多位收件人，更需要先确定最合宜的称呼。称呼之后就是问候语。若是第一次联系对方，问候之后，还可以先自我介绍一下，再用礼貌的语言叙述发送这封邮件的目的。事情叙述完毕后可以另起一段写一句合宜的祝福语。最后是落款并写上日期。

为了方便联系，落款可以更详细些。包括姓名、职务、联系电话、电子邮件地址、就职单位、公司网址等。秘书可以制作一个固定的签名栏，在发送正式邮件时使用，凸显职业精神。

如果是回复对方的邮件，一定要仔细阅读对方邮件原文，有针对性地一一回答对方邮件中所隐含的问题，不要丢三落四。

所涉数据、人名、地名、时间等信息，务必核对清楚，确保无误。工作用邮件，尽量不要用网络语言。

有附件时，务必在正文最后告知对方附件的名称、数量和打开方式，提醒对方下载。

一封邮件最好只写一件主要的事情，不宜太长。有多件事情时建议另写邮件发送，以便对方分类处理。

不要将文字转化成图片发送，因为现在很多人是通过手机查收邮件的，这样会降低下载速度，增大阅读流量。由于图片上的文字很难被搜到，日后想再利用时也不容易被找到。

需要用外文撰写的邮件，不管是内容还是形式都需要遵守该外文书写电子邮件的规范。

（三）正确输入收件人地址

填写地址栏时要认真仔细，分清下画线、一字线，分清字母大小写，地址中间是否有空格，确保地址正确无误。这一栏需要根据领导安排和秘书自己的工作经验对收件人的身份和人数再次确认收件人是否是当然且必须知道邮件内容的，该知道的一个不多、一个不少，避免无端扰民或泄密。

（四）主题拟订简明扼要

电子邮件有别于传统邮件的地方，发送时需要给邮件拟订一个主题。主题是接收者第一时间关注到的信息，所以一定要用心拟订，不可忽视。简明扼要的标题具有很强的辨识度，对方可以根据事情的轻重缓急确定是否优先处理，不可太随意，不然很有可能淹没在众多封邮件主题列表里，或者被对方误认为是垃圾邮件而删除。

秘书可以将邮件正文的内容浓缩成一句简短的主题，如"祝贺贵公司成立五周年"，也可直接说"×××公司关于×××的邮件"，还可以冠以自己的姓名，如"×××关于×××的信"。

回复别人邮件时，主题栏要重新修改，如"×××关于×××的回复"。不修改的话，主题栏就是原标题，只不过前面多了一个"Re："，那样会被对方视为不用心，也很可能因为辨识度不高最终影响邮件的处理。

三、内容编辑力求简单实用

电子邮箱自带很多功能，如提供多种个性化的信纸、字体、字号、颜色，还可以对字体做加粗、斜体、背景等处理，但建议工作用的邮件最多对字体、字号认真选择，无须选用其他华而不实的功能，不然一方面有可能对方邮箱根本看不出任何效果，自己白白浪费了很多时间；另一方面反而有可能影响邮件的上传速度，最终影响了工作。

四、邮件发送的规范

秘书写好且编辑完毕后，需要再认真核对一下，确保内容正确，表达流畅，语气礼貌，没有错别字、数字有误、标点符号不正确等低级错误。常规工作范围内需要发送的邮件，秘书自己核对无误后就可以发送了。重要邮件应该先拟好，拿给上司审核，通过之后才可发送。是否需要在邮件发送前脱机撰写，业界暂时还没有统一规定，秘书只要能确保在邮件没准备好之前别误点"发送"键就行。

秘书不要认为邮件发送后就完成了任务。现代职业人士都很忙碌，对方有可能这阶段在办公室工作的时间不多，手机并没有设置同步接收电子邮件的功能，所以邮件发送后，秘书最好通过短信再通知对方邮件已经发出，请对方及时查收。

五、及时查收并回复

秘书要养成及时查收电子邮件的习惯。最好将手机设置成可以同步接收电子邮件的模式。因设备原因没有进行手机邮箱同步的秘书，要养成定期打开收件箱查收邮件的习惯，以免遗漏或耽误重要邮件的处理。收到对方的邮件后，应及时回复。回复时也一定注意内容及格式的正确、规范、礼貌。需要后续跟踪处理的工作，可以先回复对方信已收到，再讲明因为什么原因，暂时还不能及时处理，告知对方能够处理的确切或大致的时间。其后务必做好跟踪工作，在约定时间前处理完毕，并及时反馈。

邮箱有自动回复功能，可以设置几句礼貌的语言，第一时间告知对方信已收到，但后续还需要自己亲自回复或解决对方信件所涉及的问题后再回复。

六、定期整理归档

秘书要定期整理一下邮箱，将垃圾邮件、广告邮件删除，并将有价值的邮件正文或附件打印下来，归档保存，以备在今后工作中查找。

思考题

1. 准备打电话前要做哪些准备工作？
2. 接固话时要遵守哪些礼仪规范？
3. 拨打固话时有哪些注意事项？
4. 使用手机时要注意哪些礼仪规范？
5. QQ、微信使用过程中，有哪些礼仪规范需要遵守？
6. 使用电子邮件开展工作时，需要注意什么？

第六章

宴请工作礼仪

结构图

```
              ┌─────────────────┐
              │  宴请工作筹备礼仪  │
              └────────┬────────┘
                       │
   ┌──────────┐    ╱─────╲    ┌──────────────┐
   │  赴宴礼仪  │───│       │───│  中餐宴请礼仪  │
   └──────────┘   │ 宴请工作礼仪 │  └──────────────┘
                   │       │
                   ╲─────╱
              ┌──────┴──────┐
   ┌──────────┐           ┌──────────────┐
   │  自助餐礼仪 │           │  西餐宴请礼仪  │
   └──────────┘           └──────────────┘
```

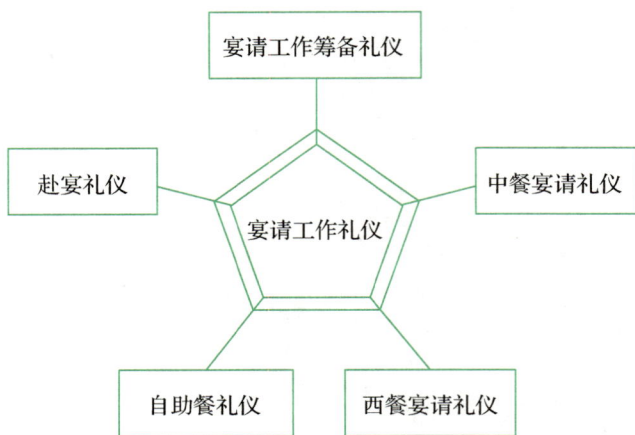

【本章学习目标】

1. 了解中餐与西餐的特点，以及中西餐具的使用礼仪。

2. 了解宴请工作的基本程序。

3. 掌握宴请工作筹备礼仪和赴宴礼仪。

4. 掌握中餐宴请、西餐宴请和自助餐的礼仪规范。

【案例导入】

李鸿章宴请外国公使吃饭

西方人非常重视就餐礼仪，对于自己不熟悉的食物和餐具，他们往往会等主人先动手后，再依照主人的步骤去做。李鸿章曾两次宴请外国公使，第一次是吃饺子，公使第一次吃饺子，不懂如何吃，又不能张嘴去问（显得自己无知），有耐心的公使等待着李鸿章打样。李鸿章看到这种情况，心里也就明白了几分。李鸿章拿起筷子夹起一个饺子就往嘴里送，可由于饺子太过光滑掉了下来，刚好掉进了酒杯里。于是，李鸿章用筷子将掉在酒杯里的饺子夹出来放入嘴里，然后他抬起头看到公使也夹起饺子放到酒杯里，再夹出来放到嘴里……

李鸿章第二次宴请公使吃的是面，公使又和第一次一样，不吃也不问，还是很恭敬地看着李鸿章，这次李鸿章明白还得自己先打样，就夹起面条放到嘴里。这时李鸿章想起了上一次吃饺子的事，不禁"扑哧"一声笑了出来，结果呛着了，面条便从鼻孔里呛了出来。公使们一个个面面相觑，谁也不敢动筷子，心想这在中国吃顿饭也太难了点儿。

　　"民以食为天"，饮食是人类生存和发展的基础，不同民族、不同文化孕育着不同的饮食文化。《礼记》曰："夫礼之初，始诸饮食。"①由此可见，在中国，礼的产生是在饮食习惯的基础上发展而来的。"食不言，寝不语""吃有吃相，坐有坐相"等这些礼仪规范更多地表现在各种宴请活动中。宴请，是指个人或某个社会组织因一定目的，向相关人员或其他社会组织发出邀请，指定具体时间和地点，以用餐为形式的社会交往活动。宴请活动是商务往来和国际交往中不可或缺的一部分，更是秘书工作及其重要的内容之一。宴请工作有着严格的礼仪要求，作为秘书人员，掌握一定的宴请礼仪是十分必要的。

　　因以茶待客在我国由来已久，茶文化和用茶礼仪密不可分，且茶道在日本被发扬光大，所以本教材将"以茶待客礼仪"单列一章重点撰写，以供感兴趣的读者参考，详见第八章。

第一节
宴请工作筹备礼仪

　　"凡事预则立，不预则废。"对于宴请者来说，必须做好宴请前的准备工作，才能确保宴请活动的质量和顺利进行。

一、宴请工作的意义及种类

（一）宴请工作的意义

　　宴请工作是一种行之有效的社会交往活动，在我国历史上，有很多关于宴请的故事，如有政治目的的"鸿门宴"和"杯酒释兵权"的酒宴；有鼓舞士气的"东晋新亭会"；有礼遇老者的"乾隆千叟宴"；有保身的"韩熙载夜宴"；有文人雅士把酒言诗的"曹操大宴铜雀台"和"竹林宴"等。通过以上例子可以看出，宴请活动是"社会交往和事业成功的重要条件"②。具体来说主要表现在以下几个方面。

---

　　①　《十三经注疏》整理委员会：《礼记正义》，666页，北京，北京大学出版社，1999。
　　②　文智辉：《社交礼仪》，112页，上海，华东师范大学出版社，2011。

1. 拉近距离，促进合作

在正式的商务活动中，主客双方由于身份和所承担的责任的限制，会显得谨慎、小心。而在商务宴请活动中，主客双方会在比较轻松的环境中暂时放下自己的身份，在和谐融洽的气氛中快速地熟络起来，使双方的关系更进一步，这就会为以后的合作奠定良好的情感基础。

2. 互通信息，增进友谊

人际间的传播效果在一定情境中往往要比大众传播的效果更好，在宴请活动中，主宾双方信息沟通的形式更为灵活和轻松，在你来我往的交流中，增进了双方的了解。在不谈论工作的前提下，主客双方的沟通会更加畅通，探讨的话题也更为自由，有意无意间达到互通信息的效果。随着交流的深入，会迅速增进双方的友谊，从而达到情感交流的目的。

3. 展示实力，提升形象和美誉度

宴请活动的成功举办，一方面体现了一个组织良好有序的运转情况，展现了组织的实力；另一方面，秘书人员良好得体的举止和行为规范，体现了其个人的素质和修养。同时，在宴请活动中，主办方或主人细致、周到、热情、有礼的招待，会给客方留下良好的印象，这不仅是一个组织的良好形象的体现，更是一个组织负责任的体现，一定程度上，能提升组织的形象和美誉度。

（二）宴请工作的种类

宴请活动的种类繁多，如国宴、家宴、婚宴、丧宴、年会、舞会等，分类标准不同，宴请活动的种类也不尽相同。

根据正式与否程度，分为正式宴请活动和非正式宴请活动两种。

根据地域和文化的不同，有中餐宴请活动和西餐宴请活动两种。

国际上常用的宴请形式有"国宴、招待会、冷餐会、茶话会、工作进餐等"①。

在中国，普通老百姓的宴请形式主要有婚宴、生日宴、乔迁宴、谢师宴、饯行宴、洗尘宴等。

通常的宴请活动主要有三种：一是礼节性的宴请活动，如迎来送往的宴请、庆功性的宴请；二是交谊性的宴请活动，普通的聚会、年会、舞会、酒会等；三是工作性的宴请活动，如公务接待、工作聚餐、商务宴请等。秘书承担的宴请工作也主要是以上三种。

---

① 云牧心：《社交与礼仪知识全集》，337页，北京，北京工业大学出版社，2006。

二、宴请筹备工作程序

莎士比亚说："在宴席上最让人开胃的就是主人的礼节。"一次成功的宴请活动，是主办方或主人精心筹备的结果。宴请工作复杂而琐碎，必须精心、细致地筹备，才能确保宴请工作的顺利进行。

(一)发出邀请——人员的确定

举行宴请活动前，首先应该明确宴请的性质和目的，根据宴请目的确定宴请范围和宴请的人员，这样才能确定宴请的规格和宴请的形式。

其次发出邀请，这是宴请工作中的重要环节，必须予以重视。邀请哪些相关人员或组织前来参加宴会，是确定宴请规格的重要依据，也是宴请活动能否达到目的的重要因素之一。

邀请分为口头邀请和书面邀请两种。口头邀请即当面或者以打电话等形式将宴请活动的时间、地点、目的等告诉对方。口头邀请通常用于非正式的宴请活动，或者是在宾客与主人之间的关系较为熟络的情况下，这时如果用书面请柬，会显得生分并且多余。有些口头邀请需在随后发出正式的书面邀请。书面邀请是指通过制作纸质请柬的方式向宾客发出邀请。书面邀请通常用于正式的、规格较高的宴请活动。随着互联网的发展，目前还有利用计算机技术模拟纸质请柬的电子请柬，是通过互联网发送给对方的一种邀请方式。无论是纸质请柬还是电子请柬，其内容均应包括宴请活动的目的、名义、时间、地点等。

邀请函应在一到两周之内发出，一些西方国家认为邀请函越早发出越好，好让对方有充足的时间考虑是否参加本次宴会，并做好相关准备。临时通知被邀请者参加宴会是非常失礼的行为。邀请函发出后，如果宴请的时间在中午，还应该在前一天下午电话确认或提醒对方参加；如果宴请的时间在晚上，则应该在当天上午电话确认或提醒对方参加。

正式的宴请活动，邀请函中应有回执，收到邀请函的人必须尽快回复主办方或者主人是否参加此次宴请活动。主办方或主人可根据邀请函的回执来确定宴会的具体人数，以便安排桌次和座次。

(二)选择宴请场地——规格的确定

根据宴请的范围和人员，确定宴请的规格，根据宴请的规格，选择恰当的场地。高规格的宴请活动一般选择高档餐厅，其他规格的宴请活动则选择适当的餐厅进行。

宴请的目的不仅仅是为了吃一顿饭而已，还承担着重要的社会交往功能。因此，主办者或主人应注意选取环境优雅清静、卫生状况良好、菜肴特色鲜明、交通便利的场地进行。

(三)宴请时间的选择

宴请活动时间的选择应注意避开重大节日、公休日、假日或双方有所禁忌的日子。宴请活动往往选择在中午或者晚上进行，中午的宴请活动一般是礼节性的、时间较短的聚餐，因为午餐过后人们急于午休或继续工作，不希望耽误太多的时间在午餐上。正式的宴请活动一般选择在晚上进行，因为晚上有充足的时间供主宾双方进行交谈和交流，从而达到增进感情的目的。西方国家的私人宴请活动也有选择在早餐时间进行的。

(四)对服务人员进行礼仪培训

为了保证宴请活动的顺利进行，提高组织的美誉度，需要对宴会的服务人员进行必要的礼仪培训。培训的内容主要有以下内容。

1. 桌次、座次安排

正式的宴请活动应提前排定桌次（两桌及以上）和座次。关于桌次、座次的安排，国内的惯例为以左为上，本章采用国际惯例右高左低。

(1)桌次的安排

桌次的安排原则是以右为上、以远为上、以中为上。当餐厅有两张桌子时，根据餐厅的地形条件，左右放置时应以面门方向的右侧为上；当餐桌分为前后放置时，应以离门较远的桌子为上（如图 6-1 所示）。

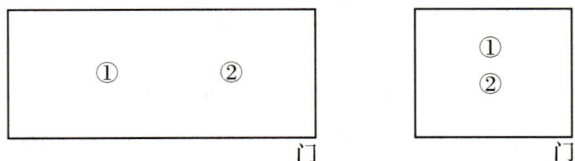

图 6-1　两张桌子的餐厅

当餐厅有三张桌子时，则以中间的桌子为上或者离门较远的桌子为上（如图 6-2 所示）。多张桌子也应遵循以上原则（如图 6-3 所示）。

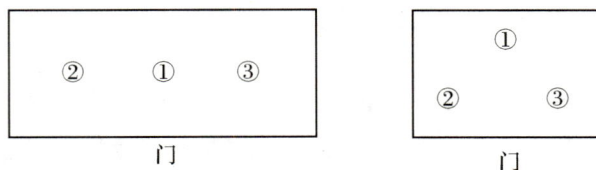

图 6-2　三张桌子的餐厅

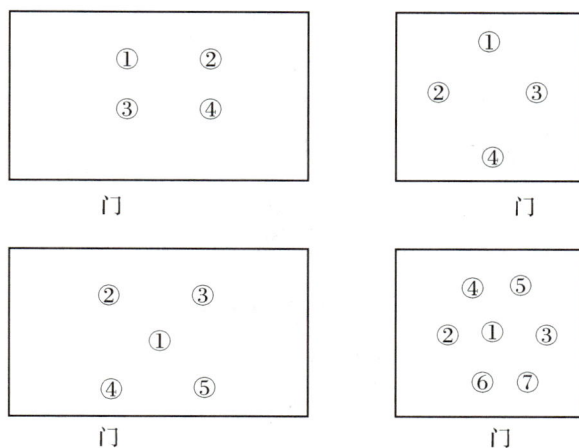

图 6-3　多张桌子的餐厅

说明：图中①表示 1 号桌(主桌)，②表示 2 号桌，以此类推。

宴会厅各桌上的排位大体是相似的，离主桌越近且居右的桌子为上，其他桌子依次排位。

(2)座次的安排

面门为主、主宾居右、各桌同向、好事成双。主人之位应该是与门正对着的座位，这样安排，方便主人第一个就能看见所来的宾客。主宾的位子应该在主人的右手边，第二主人(或女主人)的座次有两种安排方法：一是将第二主人的座次安排在主人的左手边；二是将其安排在主人的对面，这时第二宾客的座次在第二主人的右手边(如图 6-4 所示)。

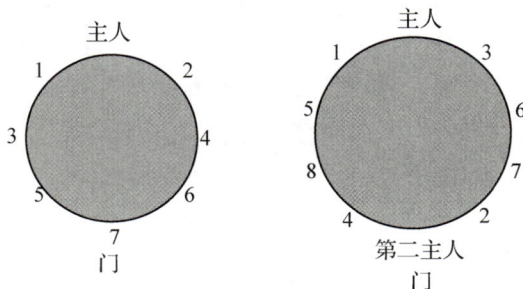

图 6-4　座次安排图

说明：图中 1 表示第一主宾，2 表示第二主宾，以此类推。

当主宾的身份、年龄等高于主人时，主人则可以将主位让给主宾，而自己则坐在主宾的位置上；每张桌子的座位应为双数。

当举办较大规模的宴会时，应准备好席卡，这样方便宾客进入宴会厅后准确地找到自己的位置。中餐的席卡只需写上宾客的名字即可；西餐席卡为避免重名，需写明姓名及身份，如"某某先生""某某医生"等。

西餐宴请活动中一般备有菜单卡片，"对于客人来说，提前知道吃些什么是件有趣的事情。这也有利于他们决定自己该吃多少"①。

西餐的座次安排与中餐的座次安排大为不同，一般不会将熟悉的人安排在一起，如夫妻、朋友等。男女主人坐于长桌的两端，客人则坐两边，女主人的右边是男主宾，男主人的右边是女主宾，其他客人男女相邻而坐（如图6-5所示）。

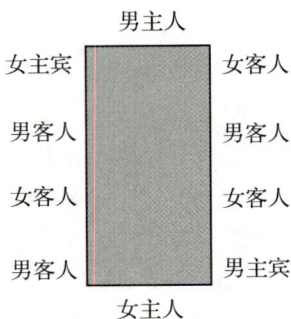

图 6-5　西餐座次图

2. 迎宾

宴会开始前，服务人员应准备就绪，部分服务人员还应在大厅门口陪同主人迎接客人入场，并引导客人入座。防止客人满场找座位或者坐错而引起尴尬或不愉快的事情发生。同时，服务人员还应将客人的外套、帽子等物放到衣帽架上，客人的皮包等贵重物品则应由客人自行保管。

3. 餐具的摆放

中餐餐具的摆放一般较为简单，正前方是取菜的盘子，盘子的右侧由近而远分别为调羹（可有可无）、筷子；盘子的左侧为汤匙、汤碗（汤匙放在汤碗中）；茶杯和酒杯则放置在餐盘的前面，由左到右分别为水杯、红酒杯和白酒杯。

西餐餐具的摆放十分讲究，不同的餐具有着不同的功能，将在本章第三节中详述。

4. 上菜

西餐服务的顺序应从女主宾开始，没有女主宾则从男主宾开始，从右至左顺时针方向进行服务，最后为主人服务。中餐服务顺序大致与西餐一致，如果主宾坐在主人的位置上，依然从主宾开始从右至左服务；规格较高的宴会，可能每桌配两位服务人员，这时，另一位服务人员则从第二主人右侧的第二主宾开始顺时针服务。

中餐餐桌一般会留有专门的上菜口，服务人员只需从上菜口上菜并将新上的菜品转至主宾面前即可；西餐上菜应从宾客的左侧上，收拾餐具则从宾客的右侧进行。

---

① ［美］利蒂希娅·鲍德瑞奇：《礼仪书：得体的行为与正确地行事》，修文乔、韩卉译，180页，北京，中国人民大学出版社，2012。

🔍 **案例**

2019 年 5 月，美国总统特朗普访问日本期间，参加了日本首相安倍晋三的宴会，吃的是一种日式炭火烧烤"炉端烧"，料理师傅在完成第一道菜的烹饪后，用特制的木桨上菜，顺序依次为安倍夫人、安倍、梅拉尼娅（特朗普夫人）、特朗普。

对此，存在两种不同的看法，一种看法认为并不是料理师傅的上菜顺序错了，理由是在正规的日料中，上菜顺序为地位越尊贵，顺序越靠后，据说是日本在战国时代传下来的规矩：主人必须先动筷子为客人"试毒"。另一种看法则认为"试毒"已经成为历史，在大多数日本人的礼仪观里，还是应该先为客人上菜。

5. 斟酒倒茶

斟酒时应在客人的右侧进行，一般倒至酒杯的三分之二处为宜。酒的品类不同，斟酒的浅满程度也不同，如白酒应添满；啤酒添至三分之二处或者八成满为宜，葡萄酒添至杯径最宽处即可。添酒时应等客人酒杯差不多空了的时候再添。倒茶时亦是从客人右侧进行，茶水应为七成满。

6. 送客

服务人员应在客人准备离开之时，将客人的大衣、帽子等物送至客人手中，并提醒客人检查随身物品，引导客人走出餐厅大门。

（五）菜品的选择

宴请活动成功与否，与所点的菜品是否合宜有关。正式的宴会，主办方或者主人会在宴会开始前将菜品点好，宴会开始后即可上菜；非正式的宴会，如果时间允许，主人会等大多数客人到齐后，将菜单递给客人，供客人传阅，并请他们点菜，这时应注意不得让领导点菜，除非领导主动；党政机关和事业单位的公务宴请活动，秘书人员在点菜时应注意控制预算，不得超过国家规定的标准，不得饮酒。

无论何种规格的宴请活动，都应遵守勤俭节约原则；菜品应有荤有素、有冷有热、有干有湿，高、中、低档次的菜品搭配合理，注意营养均衡、咸淡得当、五味俱全，要突出地方和餐厅的特色菜，尽量做到味道不重复。同时，还应该考虑与餐人员的饮食和宗教禁忌。

对于女多男少的宴会人均一菜比较合适，而男多女少的宴会，所有菜品的数量应是人数的两倍以内比较合适。

（六）准备迎客

宴会开始前半小时左右，主人应站在大厅门口迎接宾客，重要的宾客，可组织相关人员列队迎接，或者主人到酒店门口迎接，服务人员应将宾客引导到合适的位置入席。

宴请筹备工作，是宴请活动中必不可少的环节。当主人陪同主宾进入宴会厅时，宴会即可开始。

第二节
中餐宴请礼仪

🔍 案例

一次，宏远公司召开座谈会，邀请华夏公司参加，华夏公司到会人数为 15 人。为方便工作、增强两家公司之间的关系，宏远公司决定在会议结束后请宾客共进晚餐。

负责这次接待工作的秘书张山接到任务后，赶忙来到宴会现场安排。可是，由于时间太紧，小张拟写宴席座位方案时，漏写了应在主桌就座的华夏公司冯副经理，这样一来，席桌上的入席人员座位名单中就缺少了华夏公司冯副经理的名字。入席时，站在旁边的秘书张山突然看到冯副经理在找座位，不由得心里一惊，头上直冒冷汗。

讨论：如果你是秘书张山，你应该怎么办？从中应该吸取什么教训？

中餐礼仪是在中国传统的饮食习惯中形成的礼仪规范，中餐宴请活动是指个人或社会组织因重要节日、重要活动或特殊目的，邀请相关人员或其他社会组织前来参加的中式聚餐活动。在中餐宴请中，无论是主人还是客人，都应遵守一定的礼仪规范。

一、中餐的特点

中国的餐饮文化在历史长河中形成了固有的特点，即以米、面为主食，以鸡肉、鸭肉、鱼肉、牛肉、羊肉、猪肉、蔬菜为辅食的饮食结构；以煎、炸、烹、煮、炒、烧、炖、蒸、淋、凉拌等为主要烹饪方式；形成了八大菜系，即鲁菜、川菜、粤菜、苏菜、闽菜、浙菜、湘菜、徽菜。饮食文化已成为中国文化中最具象征性的内容之一，吸引着国内外无数的饮食男女。

二、中餐宴请的就座礼仪

举办正式的宴请活动前，主办者或主人会提前安排好座次，宾客入场后服务人员会将宾客引导至指定位置就座，但应注意以下礼仪规范。

长者、主宾坐定后，其他宾客才能入座；不得坐于他人之座，以免引起误会，导致他人无处可坐；坐姿要端正，要与餐桌保持适当的距离，不可过远或直接趴在餐桌上，不可歪头斜脑、托腮；当同桌客人讲话时，应停止用餐，注意倾听；当有客人还在用餐时，不可随意起身走动或离开。

三、中餐餐具的使用礼仪

东西方的饮食餐具大为不同，中餐习惯用杯子、筷子、勺子、碗碟等餐具。在使用餐具的过程中，其使用的礼仪不可小觑。

(一)筷子的使用礼仪

筷子虽然结构简单，但是其礼仪要求并不简单，具体如下。

第一，应正确摆放筷子。在进餐没有结束前，或者临时离开时，筷子应该竖着摆放在筷架上，不可将筷子插在米饭或者面条里；进餐结束后，可将筷子横着放在取餐碟上。不可将筷子一长一短或者一横一竖交叉放置在餐碟上，不能颠倒摆放和使用筷子。

第二，应轻拿轻放。每次使用完筷子，应轻轻放下，不可拿着筷子敲打餐具或餐桌，也不可使筷子和餐具之间触碰发出太大的声响。

第三，应文明用筷。不可用筷子指人，不可用自己的筷子为别人夹菜，更不能用自己的筷子在公用菜盘里翻来找去，不可用嘴去舔或嗍筷子，不可用筷子剔牙。已经夹进自己餐盘的食物，不可再放回去。

当需要给其他客人递送筷子时，应将筷子的小头对着自己，大头对着要递送的客人，递送时，手持的位置尽量靠近筷子的大头。

(二)勺子的使用礼仪

勺子在中餐中主要是用来喝汤的，也是常用的餐具之一，同筷子一样，使用过程中也十分讲究礼仪规范。

首先要轻拿轻放，不要让勺子与其他餐具碰撞而发出声响；其次要从外往里舀，不可舀得过满，要等待汤汁不再下滴的时候再送往口中，且不可使汤汁滴得到处都是；

再次要正确摆放，应将已使用过的勺子放在自己的餐盘上、汤碗里或者勺托上，不可直接放在餐桌上；最后应文明使用勺子，不可用嘴对着勺子上的食物吹气，如果食物过烫，舀取食物后应等待片刻再享用，不可用勺子在食物中不停翻动、舀来舀去，不可将勺子放在嘴里不停吮吸、舔食，勺子和筷子不可同时使用。

（三）碗盘的使用礼仪

中餐宴请中，碗和盘子都是取餐时用的餐具，起到中转作用。碗盘用来暂时盛放食物，用餐者需从公用餐盘中取出自己要吃的食物，暂时放置在自己的碗盘中，然后食用。宴请中用的碗较小，主要用来盛放汤品或者带汁水的食物。

碗盘在使用中应注意：碗是用来盛放汤类菜品的，餐盘是用来盛放干类菜品的，不可混用。不可用嘴直接对着碗喝汤。不可在餐盘中一次放很多食物，因为不同食物会串味，这样既不好看也不好吃。不吃的骨头、鱼刺等食物残渣可以放在餐盘的前端，不能直接用嘴吐到餐盘里，而应用筷子夹取。如果残渣已经放满餐盘，可以请服务人员更换干净的餐盘。

（四）水杯、高脚杯的使用礼仪

在宴请活动中，水杯和高脚杯主要用来盛放清水、茶水、饮料和酒类的餐具。用来盛清水和茶水的是水杯，置于用餐者的正前方。高脚杯主要用来盛放饮料和酒，置于水杯的右侧，最小的杯子是白酒杯，置于高脚杯的右侧。在使用过程中，水杯和酒杯不可混用。

（五）餐巾的使用礼仪

在中餐宴请活动中，餐盘或口杯中会放置一块折叠得较为精美的餐巾，这是用来遮挡的，以免食物残渣落到衣服上。应将一头用餐碟压住，其余部分平铺在腿上，以免起身时，餐巾掉在地上。用来擦嘴及擦拭食物残渣的餐巾，现在普遍用一次性纸质餐巾。

另外，中餐宴请上菜前会为每位用餐者上湿毛巾，这是用来擦手的，不可用它来擦脸；一些高档餐厅会在用餐结束后，为每位用餐者再次上一条湿毛巾，这是用来擦嘴的，不可用它擦脸、擦汗。

（六）牙签的使用礼仪

牙签也是餐桌上必备的餐具之一，主要用于扎取水果和供用餐者剔牙，不可用牙签扎取其他菜品。一般不在餐桌上剔牙，如果非剔不可，应用左手挡住口部，用右手剔牙，剔出的东西不可用手取出，应用餐巾纸擦取，不可将剔出的食物再次入口，更不可随口乱吐。牙签不可重复使用。

（七）水盂的使用礼仪

上菜过程中，水盂会随着龙虾、鸡等菜品送上，其中漂着几片柠檬或者玫瑰花瓣，这不是饮料，不可端起来喝掉，这会闹出笑话。这是用来洗手的，说明下一道菜需要用手抓食。洗手时，将两手的指头轮番在水中轻轻搅动即可，不可将整手泡在水盂中，随后用毛巾擦干即可。水盂适用于中西餐宴请活动。

四、中餐的上菜顺序

中餐菜品丰富多样，且十分讲究上菜顺序。通用的原则如下。

先凉后热。即先上凉菜，后上热菜。中餐中的凉菜一般味淡爽口、清凉解腻，具有开胃的效果。先上凉菜，会使用餐者在细嚼慢品中渐渐熟悉用餐环境和人员，这时热菜一道一道端上来，宴请活动渐渐进入高潮。

先主后辅。即先上主菜，后上辅菜。每次的宴请活动都会有一两道主菜，这是食材最名贵、耗时最长、烹饪最精美的菜品，先将主菜上桌会给用餐者留下美好的印象，如果后上主菜，用餐者已经有了一定的饱腹感，那么主菜也失去了它应有的光彩。当然，主菜之前需要一两道辅菜的陪衬，不能上凉菜之后就直接上主菜。

先酒后菜。即先上酒，后上菜。中餐宴请活动开餐之前，主办者或主人往往会发表祝酒词，因此，服务人员应先为每位客人斟酒。所有用餐者举杯同祝，宴会正式开始，菜品陆续上桌。

先荤后素。即先上荤菜，后上素菜。荤菜往往是口味较重、比较油腻的菜品，用餐者在品尝之后，可以用素菜来解腻，从而达到清口爽胃的效果。

先咸后甜，先浓后淡。即先上口感较浓的菜和咸味菜，后上清淡的、甜味的菜，其效果如同上述，有解腻清口的作用。

先上菜品，后上汤、点心、水果。在大多数宴请活动中，最后一道菜往往是汤品，用餐者应注意，这时宴会即将结束；在有些地方的宴请活动中，会将主食、点心穿插在菜品中，也有最后上主食和点心的；正式的宴会活动，最后会上水果拼盘；普通的宴请活动，有时不上水果。

五、中餐进餐礼仪

宴请活动的主要内容无非是用餐、饮酒（包括饮品）和联络感情三个方面，如果掌握不好以上三个方面的礼仪规范，就会陷入被动甚至难堪的境地，同时也会影响一个人的个人形象乃至整个组织的整体形象。

（一）用餐礼仪

1. 做好用餐前准备工作

当主人发表完祝酒词后，便会号召用餐者一起举杯同庆，随后便会招呼用餐者开始享用美食。这时，应将放置在餐桌上的餐巾（也有称为口布的）一头压在餐碟下面，一头平整地铺在腿上，这是用来遮挡饭菜残渣的，以免滴落在衣服上。一般不将餐巾整个铺在腿上，因为当用餐者要起身敬酒时，餐巾容易掉落而造成不便；不能把餐巾别在领口处，这样很不雅观。

2. 文明用餐

当以上准备工作就绪后，便可开始用餐。这时应注意主人、主宾、长辈在未动碗筷前，其他宾客不可先行用餐。

中餐宴请活动一般采用圆桌，圆桌的优点在于桌上有转盘，较远的菜可以等转盘转至自己眼前时再夹取。夹菜时，应从离自己最近的菜盘边缘夹起，不能在公用菜品里翻来找去，寻找自己喜欢的部分；不可一次夹过多的菜，狼吞虎咽地享用，应一次只夹一口的量，闭口咀嚼、细嚼慢咽。双眼不可一直盯着某一菜品，不可站起来或者伸长手臂夹菜。按位所上的菜品，只取自己的一部分即可，不可多取。

吐出的食物残渣应用筷子夹放在自己餐碟的前端，或者用餐巾接住。不能直接用嘴吐出，或者用手去接，也不能直接吐在桌子上或者地上。如果咳嗽或者打喷嚏，应用手或者餐巾轻捂口部，同时将头转向后方；如果嗓子有痰或者被食物卡到，应离开餐桌去处理；用餐过程中应注意及时用餐巾擦拭口部，如果嘴边有饭菜，不可用舌头去舔；吃饭时不要发出稀里呼噜的声音，这在中西餐中都是不符合礼仪规范的，据说只有在个别地方，被认为是对美食的肯定。汤汁过多的菜品，应用自己的餐盘靠近去接。喝汤时，应用汤勺，不可用嘴直接对着汤碗喝。比较难夹的菜，可用公勺舀到自己的餐盘里来享用，不可用自己的勺子舀取。切记不可用嘴去吹过烫的食物，不可在宴会上抽烟。

3. 劝菜掌握分寸

作为主办者或主人，在用餐过程中，应适当劝菜，特别是主菜、地方菜、特色菜，要对菜品做简短介绍，并邀请宾客一一品尝。如果要给宾客夹菜，不可用自己的筷子，应用公筷。注意不可勉强宾客享用美食，有些宾客会有饮食禁忌或者对此并不感兴趣，这时应注意劝菜的分寸，点到为止即可。

作为宾客，在听到主人介绍菜品并邀请品尝时，应礼貌地夹取一小部分，品尝之后应做中肯评价，如"的确美味"等，不可与邻座对菜品进行评论。当碰到自己不喜欢的菜品，而主人邀请你品尝时，应礼貌地夹取并先放到自己的餐盘中，并对主人说已经吃了一点了，不可直接说自己不喜欢这道菜，这会让主人有些难堪。

（二）饮酒礼仪

饮酒是宴请活动中不可缺少的内容，而祝酒是宴会的一项重要程序。作为男主人，在发表完祝酒词后，可用右手举起酒杯向所有宾客提议为何而干杯，之后轻轻呷一小口咽下，不可举起酒杯一饮而尽。作为客人，主人发表祝酒词时应注意倾听，当主人提议干杯时，应举杯致意，跟着主人一起饮下一小口酒；当主人发出干杯的号召后，会与主宾碰杯，这时作为宾客，可以与邻座碰杯或举杯致意。在宴会中饮酒应适量，不可因饮酒过量而失态。

敬酒应适可而止、点到为止，不可将别人灌醉。敬酒时，态度要热情诚恳，应双手举起酒杯，与对方碰杯时杯口应低于对方，等待对方饮酒时，自己方可跟着饮酒。为长者的健康而敬酒时，应一饮而尽。

如果不会喝酒或不打算喝酒，要礼貌地说明原因，可用茶水或者饮料代替。当敬酒者为自己斟酒时，可用手轻轻敲击酒杯的边缘，这表示"我不喝酒"。如果喝酒，当别人敬酒时，东躲西藏，将酒杯倒过来放置或将酒倒掉，这些都是非常失礼的行为。

（三）交谈礼仪

联络感情是宴请活动的主要目的，交谈是达到联络感情效果的方式。宴会上的交谈应注意以下礼仪规范。

餐桌上所谈话题应该是轻松的、高雅的、众人较感兴趣的。为了同桌的人能共同参与进来，话题不能太偏、太难、太专业。与人交谈时，当他人的观点与自己不符时，应求同存异、避免冲突，对他人多一些肯定、少一些否定。交谈的语言应诙谐幽默有涵养，交谈的音量不可过高也不可过低，不能因为其他宾客讲的笑话而笑得前仰后合。当他人谈话时，应注意倾听并做出回应，不做宴会的沉默者。不可与其中一位相谈甚欢，而忽略其他人；不可一边吃东西，一边与人窃窃私语。

宴请活动中不谈政治、宗教和疾病；不谈敏感问题，不做流言蜚语的传播者；不对菜品妄加评论，而应给予恰当的称赞。

六、用餐结束后的礼仪

当最后一道汤或者水果上桌时，预示整场宴会即将结束，这时，主办者或主人会起身，并再次举杯寒暄，说明宴会结束。一般情况下，主人不起身，用餐者不可先行离开，确有急事，应向主人和同桌简单说明并表示歉意，再行离开。

第三节
西餐宴请礼仪

西餐礼仪是指在以英、法、意、德、美、俄等为代表的欧美国家的饮食习惯中形成的礼仪规范，较典型的有法式西餐、英式西餐、意式西餐、美式西餐和俄式西餐。西餐宴请活动讲究菜单要精美、气氛要融洽、音乐要优美、进餐要优雅，具体来说，西餐宴请具有讲究礼节、程序规范、礼节严谨、流程统一的特点。无论是主人还是客人必须遵守礼仪要求，否则，会被视为失礼。

一、西餐概说

与中餐相比，西餐在烹调方式、饮食结构、饮食习惯以及进餐方式上都有着独有的特色。

第一，西餐的餐桌一般会采用长条形的桌子，在宴请活动中，不会将熟悉的人安排在一起就座，也不会将所有男士和女士分开安排。第二，西餐采用分餐制，服务人员会将食品在上桌之前分配均匀，一人一份；有些菜品需要传递，当餐盘传递到自己面前时，应少量夹取一份。第三，西餐的常用餐具为刀叉，一副餐具只用于一道食品，餐桌上的餐具用完后，服务人员收取已经用过的餐具并送上新的餐具。第四，在饮食习惯上，西方人喜欢生冷的食品，其肉制品的烹饪有生熟程度，其饮品除咖啡和茶外，往往需要加冰饮用。第五，在烹饪方式上，西餐的调料讲究精确，有一定的烹饪规则，烹饪时只需如法炮制即可。

另外，参加西餐宴请活动，无论是主人还是客人，要求穿着得体，男士要着正装，要求整洁，穿皮鞋、打领带；女士要穿套装或晚礼服和带跟的皮鞋。有些宴请活动会在请柬中对客人的着装有要求，如果要出席宴会，则需要按请柬要求穿着。欧美国家的时间观念很强，参加宴会要准时到达，不能太早到，也不能迟到，否则会被认为是无礼的行为。

二、西餐宴请的就座礼仪

西餐宴请活动中，宾客的桌次、座次会在请柬中注明，只需要按说明就座即可。如果没有注明，则需要听从主人安排，或根据自己的身份和地位选择合适的位置就座。

西餐的餐桌是长条形的，男女主人分坐两头，宾客坐在两边。主宾的夫人坐在男主人的右手边，主宾坐在女主人的右手边。男女相邻而坐，一般不会将熟悉的人安排在一起就座。在宴请活动中，应注意座位卡与本人是否相符。

客人入座时，应注意由椅子的左侧入座，服务人员要将座椅拉开，男士也需为女士拉开座椅，女士落座后只需微笑点头即可。

用餐时，背部要靠在椅背上，但不得紧靠椅背，要身正、背直，坐于椅子的四分之三处，腹部与桌子之间的距离为一拳左右，双膝自然并拢，双腿正放或者侧放，不可将两腿交叉放置。男士的腿不可张开过大，会显得粗俗。不可伸腿，交谈时将胳膊肘全部放于餐桌上并无大碍，但用餐过程中最好不要如此放置。

三、西餐餐具的摆放和使用礼仪

西餐的餐具种类丰富多样，摆放位置考究，不同的食材得用不同的餐具，不同的餐具，其用途也大为不同。一般家庭中都会采购比较高档的餐具用来招待宾客，这能很好地体现主人的品位。

(一)餐具的摆放

西餐餐具的种类主要有刀、叉、匙、盘、酒杯、餐巾等。其中刀又有奶油刀、水果刀等；叉有鱼叉、肉叉、龙虾叉等；匙有汤匙、茶匙等；盘有菜盘、汤盘、面包盘等；酒杯有啤酒杯、葡萄酒杯、香槟杯、烈性酒杯等。

餐具多、摆放讲究是西餐的特色之一，摆放时，正前方为垫盘，其右侧为刀、匙，较大的勺子为汤匙，放在右边最外侧；左侧为叉。按使用顺序，由外往里（内）摆放。桌上的刀叉以三副为限，三道菜上完后，便会撤去，再摆上新的刀叉。餐具会按照开胃菜、汤、海鲜、肉类、冷饮、烘烤食物、沙拉、餐后甜食的顺序依次摆出。

西餐正式宴请中，可能用到的杯子有雪莉酒杯、白葡萄酒杯、红葡萄酒杯、水杯和香槟杯。因不同的食品配以不同的酒类，酒杯也应以食物的先后顺序，由右侧外部开始，依次向中心方向摆放。

餐巾可以折叠成任何形状，放在桌子的不同位置，如空的水杯或酒杯中、盘子中心，也可以放在叉子的左边。黄油盘放在餐具的左前方，叉子的正上方，黄油刀水平放在黄油盘上。西餐餐具的摆放，可参照图6-6。

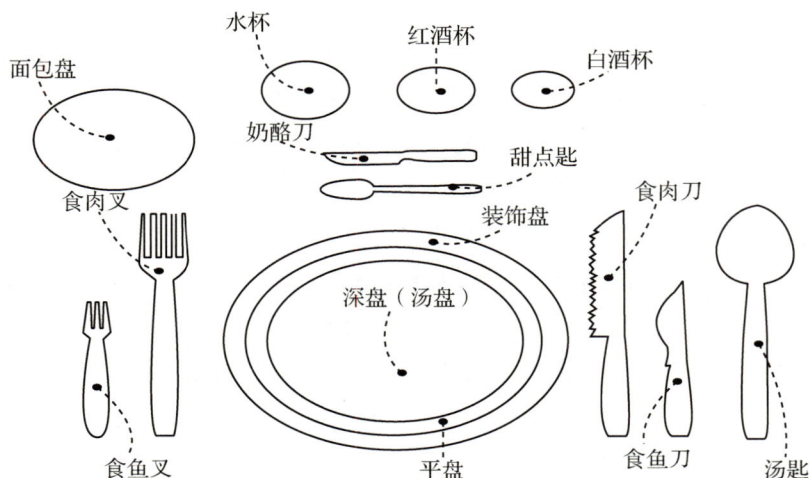

图 6-6　西餐餐具摆放示意图①

(二)餐具的使用礼仪

1. 刀的使用礼仪

刀是用来切割食物的,应右手持刀。带锯齿的刀是用来切割牛排和猪排的,中等大小的刀是用来切割蔬菜的,刀尖呈圆形、顶部有些上翘的刀是用来切割面包的,另外还有黄油刀和水果刀,较大的刀为公刀。切割食物时,需用叉子将食物固定,一次只切一口的量,刀不可与餐盘碰撞发出声响。

2. 叉的使用礼仪

叉分为食用叉、鱼叉、虾叉、肉叉等。应左手持叉,叉起食物送往口中,动作要轻,要一次性放完,而且叉齿不能碰到嘴唇,更不能将整个叉子放入口中。不能使刀叉碰到盘子而发出较大声响,使用刀叉时,尽量让胳膊贴近自己的身体。

用餐过程中,刀叉的摆放有一定的讲究,应根据自身情况,按照一定规则摆放刀叉。在美国,暂停用餐时,应将刀子刀口向内放在叉子的右侧,用餐完毕时,刀叉也应如此放置。据说在欧美国家,暂停用餐时,应将刀叉在餐盘内摆成"八"字状,而且刀锋应朝内,刀柄应露出餐盘,叉尖应向下,这样放置表示回来接着吃;用餐结束时,则应像美国那样,把刀和叉依次在盘子中摆放整齐,叉齿一般朝下(如图6-7所示)。

---

① 图片来自"百度图片"。

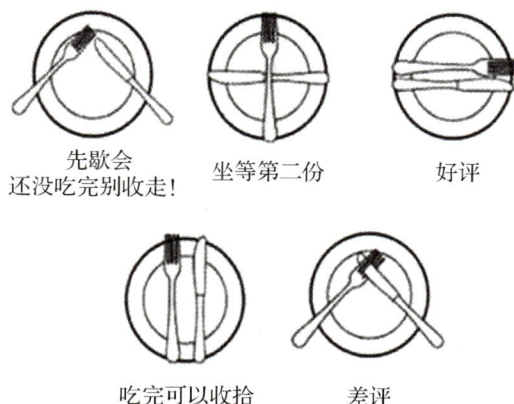

先歇会
还没吃完别收走！　　坐等第二份　　好评

吃完可以收拾　　差评

图 6-7　刀叉摆放示意图①

3. 匙的使用礼仪

西餐中匙的种类很多，小匙是用来搅拌咖啡和食用甜点的，扁平的匙是用来涂抹黄油和分食蛋糕的，较大的匙是用来喝汤或食用较碎的食物的，最大的匙用来分食食物的公匙。右手持匙，用握笔的方式拿匙。

喝汤时，只将匙的三分之一放入口中，不可将匙全部放入口中；喝完汤以后，应将匙放在盘子里，匙心向上，匙柄放在盘子右侧的边缘。

4. 餐巾的使用礼仪

西餐餐巾以布为原料，色彩素雅，方正平整，主要用来擦嘴或手的。点餐结束后，可将餐巾打开并对折，将折痕向着自己的一边，然后放在双膝之上，轻松的场合可以放在桌上。擦嘴或手时，应用餐巾的内侧来擦，擦完后叠成原来的形状，从外表看，依然干净如初。当食用有骨头、鱼刺或者果核的食物时，可用餐巾遮住口部，用手或者叉取出残渣放在餐盘里，当不小心将食物弄在餐桌上时，应用餐巾内侧擦取，并将餐巾卷起来。如果餐巾太脏，可以请服务人员更换。女士不可将口红沾在餐巾上，应在用餐之前处理好。如果要暂时离开，回来接着吃，则应将餐巾放在自己的座椅上，而不能放在桌面上，更不能搭在椅背上。不能在离开时，将餐巾丢在地上。当所有人都离开餐桌时，要将餐巾叠好放在餐桌的左侧，不一定要很整齐，但不能张开或者揉成一团。

5. 酒杯的使用礼仪

西方不仅酒的品类多，而且不同的酒，其盛放的器皿也不尽相同。盛放红葡萄酒的要用大高脚酒杯，白葡萄酒用小的高脚酒杯，口小肚小的酒杯用来盛放香槟，身长

---

① 图片来自"百度图片"。

底平的杯子用来盛放果汁和汽水等不含酒精的饮料，口大底小的浅口杯用来盛放冰激凌，小酒杯用来盛放白酒。斟酒时，酒瓶不可触及杯口。

四、西餐宴请的上菜顺序

在正式的西餐宴请中，其菜品一道道、一份份地摆在宾客面前，等宾客吃完一道菜品，接着上下一道菜品。作为用餐者，吃完一道菜品后，应将所用餐具摆放在餐盘里，服务人员会将用过的餐具收走。

西餐的上菜顺序如下。

(一)头盘

即第一道菜，也称为开胃菜，一般有冷头盘和热头盘之分，常见的有鹅肝酱、鱼子酱、焗蜗牛等，味道以咸和酸为主。量较少，质量较高。配以鸡尾酒。

(二)汤

第二道菜，主要有奶油汤、蔬菜汤、海鲜汤和冷汤等，其品种较多，各国各有特色，如法式焗葱头汤、俄式罗宋汤、美式蛤蜊汤、意式蔬菜汤等。配以雪莉酒。

(三)副菜

第三道菜，通常称为冷盘，主要是鱼类、贝类、蛋类等，这类食品较好消化，因此安排在主菜之前。配以烈性酒。

(四)主菜

第四道菜，主要为肉类、禽类，取自牛、羊、猪等各个部位的肉，代表性的为牛肉和牛排，配有各类调味酱。禽类菜肴以鸡为主，还有鸭、鹅等。配以红葡萄酒。如果辅菜不是鱼类，主菜有时也为鱼类。配以白葡萄酒。

(五)蔬菜类菜肴

蔬菜类菜肴一般安排在肉、禽类之后，也可与肉禽类菜肴同时上桌，作为配菜，通常与主菜一起摆在餐盘中。有时为生蔬菜沙拉，主要以生菜、番茄、黄瓜、芦笋等为原料。

(六)甜品

甜品是主食之后食用的，有布丁、煎饼、奶酪、冰激凌等冷冻食品。配以香槟酒。

(七)咖啡和茶

西餐最后上咖啡或茶，咖啡一般要加糖或淡奶油，茶一般要加香桃片和糖。可在餐桌上饮用，也可随着主人在客厅饮用。

(八)面包

西餐大多以面包为主食。面包可以和任何一道菜一起上桌，也可在进餐前就摆放在餐桌上。

并不是所有的西餐宴请都要全套全点，前菜、主菜、甜点是最常见的搭配。点菜时，一般先点主菜，根据主菜配上合适的前菜、汤、甜点等。

🔍 **案例**

2009 年 11 月 17 日，胡锦涛宴请美国总统奥巴马，宴会菜单中西合璧，正餐包括一道冷盘、一份汤和三道热菜，汤和热菜分别为：翠汁鸡豆花汤、中式牛排、清炒茭白芦笋、烤红星石斑鱼。餐后甜品为一道点心和一道水果冰激凌。宴会上配餐的红葡萄酒和白葡萄酒分别是中国河北 2002 年出产的长城干红和长城干白。

五、西餐进餐礼仪

西餐十分讲究进餐礼仪。当看到女主人拿起餐巾时，意味着宴会正式开始，宾客即可跟着主人拿起餐巾，准备用餐。如果没有女主人，坐在男主人右侧的女性应承担这一责任。用餐过程中，要一小口一小口地细嚼慢咽，不可发出声响，当口中有食物时，不可交谈；当菜品太烫时，不可用嘴去吹；对自己喜欢的食物，不能站起身去夹，也不能主动要求主人添加；对自己不喜欢的食物，不可拒绝，应少量夹取，当主人礼让客人时，应说："我已经吃了一点了，够了，谢谢"；当不想饮酒或不能继续饮酒时，不可用手捂住酒杯口或干脆将酒杯倒扣在桌子上；弄脏嘴巴时，用餐巾内侧的一角来擦拭。当看到女主人将餐巾放在桌子上并站起来后，宾客可放下餐巾离开座位，根据主人安排移步其他地方去喝咖啡、茶，或者结束宴会。

宴请中，男女主人的责任是使席间的谈话轻松愉快，每个客人不受冷落。当有人的谈话不恰当时，主人需要用巧妙的方式转换话题、化解尴尬。如果客人将餐具掉在地上，或者将汤汁滴在桌布上，主人应礼貌地为其更换，如有客人打碎餐具，女主人应安慰客人，不可露出不悦之色。

(一)喝汤的礼仪

在欧美国家，喝汤的汤盘有两种。一种是不带把手的汤盘，这时应用汤匙由里往外舀起，汤匙的底部放在下嘴唇的位置，上嘴唇轻轻触碰勺子内侧。喝汤时不能吸着喝汤，应将汤匙中的汤倒入嘴中，汤匙与嘴形成 45 度角，身体的上半部分略微前倾。当碗中的汤不多时，应用左手将汤盘内侧略微抬高，右手舀取。另一种是带一对把手的汤杯，如果是肉煮清汤，这时应用小汤匙试试温度，不烫的情况下可以直接用两手握住把手端起来喝。如果汤中有食物，则要先用汤匙将配料吃完再喝汤。不可将面包泡在汤里吃。

(二)吃意大利面的礼仪

吃意大利面时，可以同时使用叉子与匙，用叉子将意大利面轻轻卷起，使之缠绕在叉子上，并借助匙挡住叉子使面不掉下来，每次最多四五根；面不能吸入嘴中，容易造成汤汁飞溅，不雅观也不礼貌。当然，意大利面最纯正的吃法是只用叉子，将面一圈一圈卷起直到全部面条不再掉下来，然后送往嘴里。不可将意大利面切割成小段吃，也不能发出声响，更不能吧唧嘴。

(三)吃鱼的礼仪

吃鱼时，如果是整鱼，需要用刀在鱼鳃附近刺一条线，注意刀不要刺得过深，将鱼的上半身剔开之后，从鱼头开始，将刀放在鱼骨的下方，往鱼尾的方向划开，把鱼骨剔掉，再把鱼尾切掉，并将鱼骨、鱼尾、鱼皮等移入另一个盘子中，便可以享用鱼肉了，注意不可给鱼翻身。吐刺的时候应用餐巾挡住嘴，轻轻吐在叉上，或者用拇指和食指拿出鱼骨，然后放在盘子里，吐的过程中不可发出声响，不可直接吐在桌子上。

(四)吃面包的礼仪

面包放置在主食的左上方，食用时应将面包撕成小块再涂抹调味酱和奶油，如果能将调味酱和奶油全部吃完，则是对厨师厨艺的极大肯定。面包应用专门的面包叉来食用，不可将全部面包都涂满黄油然后掰食，应是先掰一小块，在上面涂上黄油，再享用。如果是硬面包，可用刀切成较大的块，然后再用手拿取食用。

(五)吃肉类的礼仪

吃肉类食物时，应用刀叉边切边吃，不可将所有肉都切成小块再吃。如果肉有脂肪，则需要一次性全部剔除后再吃。

鸡肉、火腿等禽类的吃法基本一致，在非正式宴会中可以用手直接拿起来吃，但在正式宴会中必须使用刀叉。服务人员上肉类食物时，如果一同上的还有洗手水，则表示必须用手拿起来食用，食用前后，应将手洗干净。

（六）吃水果和沙拉的礼仪

西餐的水果有两种吃法，一种是水果沙拉，另一种是水果拼盘。如果有果皮和果核，可以用刀叉将其剔除，也可以用手将果核从嘴里拿出来，不可直接用嘴吐出。水果依然要用叉子食用，在欧美国家，不同的水果有不同的食用方法。

在西餐中，沙拉是一种食用较广的菜，可以用主菜叉食用。

西餐的每种食材都有不同的吃法，如蜗牛、虾蟹、生蚝、龙虾等，这里不再赘述。

（七）喝茶和咖啡的礼仪

西餐的餐后饮品通常是茶和咖啡，其餐具的材质是骨质的瓷，是由带把手的杯子和小托盘组成的，杯子和托盘是配套的。喝茶或咖啡时，会配一个小汤匙，这是用来搅拌茶或咖啡中的糖和牛奶的，不可用它来舀取茶或咖啡喝。

（八）饮酒的礼仪

饮酒亦是西餐宴请活动中的重要内容，主人会为宾客敬酒，饮酒之人应回敬一杯。敬酒时，应站稳并上身挺直，双手举起酒杯，态度应热情大方，先与主宾碰杯，碰杯时，应双目注视对方。人多时，不一定要碰杯，可举杯示意，不可交叉碰杯。

在正式宴会上，一般只上一种酒，考究的话，会用几种酒，如 2019 年英国女王宴请特朗普的晚宴，用了 7 种葡萄酒供赴宴者享用。酒和菜搭配而用，如牛羊肉搭配红葡萄酒，鱼类和海鲜搭配白葡萄酒等。如果菜品与酒差距很大，会被认为是不懂礼节的做法。因此，点餐时，可委托调酒师来配酒。服务人员会在打开酒瓶后，先倒一点请主人品尝，主人品鉴之后，没有问题便可示意服务人员为宾客们斟酒，斟酒的顺序应从主宾开始，顺时针服务，最后给主人斟酒。饮酒前，应一看、二闻、三晃、四品，即看看酒的颜色，闻闻酒的香味，轻轻晃动酒杯，然后再呷一小口细细品味。西餐宴请活动中，饮酒的量一般不可超过自己酒量的三分之一，以免酒后失态。举起酒杯一饮而尽、酒顺着嘴角往下滴、一边抽烟一边饮酒都是失礼的行为。

（九）交谈礼仪

西餐宴请活动中，交际是非常重要的内容。因此，在座次安排中，会将陌生人安排在一起，要求每个人都参与交谈，特别是邻座。谈话的内容要做到轻松、幽默，并让每个人都能参与进来，如体育、旅游等，切不可谈宗教、政治，更不可谈一些低俗的话题。

谈话时，应注意不可边咀嚼食物边交谈，不可声音过大，或者隔着几个人与另一个人说话，也不可只与其中几个人交谈，要照顾其他人。交谈一般从主人或者主宾开始。

当有东西塞进牙缝时，在西餐的餐桌上千万不可剔牙，可暂时离席退到洗手间去处理。

在用餐过程中，如果不会使用某一餐具，或者对西餐的礼仪规范掌握得不够全面，则可以向本章案例中的外国公使学习，多注意别人的行为举止，并效仿他们的做法。

六、用餐结束后的礼仪

用餐结束后，其他宾客应与主宾离开的时间大致一致，最好在其离开之时，一起离开。一般不可先行离开，确因事需要中途离席时，要向主人说明情况并致歉，不可占用主人太多的时间，简单说明即可。不可不道别就直接走人。

第四节
自助餐礼仪

自助餐是现在比较流行的较为简易的宴请方式，在商务活动中比较多见。自助餐相对桌餐来说，有很多优势，具体如下。

首先，可以解决人数较多、众口难调的问题。自助餐的菜品较多，用餐者可以根据自己的喜好，取食相应的菜品和饮品。其次，开支较小，避免浪费。自助餐一般不上高档的菜品和饮品，这会大大减少开支，对于经费较紧张的商务活动，自助餐是不错的选择。最后，自助餐没有那么多的规矩和要求，相对比较自由。用餐者可以与其他宾客一起享用，也可独自享用。吃好吃饱就可以自行离开，无须向主办方或者主人说明。

自助餐的时间一般安排在商务活动结束后，在吃自助餐的过程中应注意以下礼仪要求。

一、就座礼仪

自助餐没有固定的或者提前安排好的桌次和座次，甚至有些自助餐是站着吃的。吃自助餐的一个基本要求是先落座再取餐，不可端着盘子到处找座位。进入自助餐场所，服务人员依然会引导宾客就座，就座后先稍观察后再去取餐。

无论是坐着还是站着，用餐者应保持良好的姿势，需要走动时，注意谦让他人，不要快速行走或横冲直撞。

二、取餐礼仪

自助餐在用餐取菜时，往往会出现成群结队的情况，这样就会显得有些拥挤，这时应排队等候，讲究先来后到，不可推搡、插队。如果取餐的人不多，应先转一圈，先大致了解整体菜品和饮品。轮到自己取菜时，应跟着其他用餐者按顺时针方向取餐，不可逆向取餐。应用公用餐具取餐，并从菜品的边缘取餐，不可用自己的餐具夹取公共餐盘中的食品。取餐结束后应立即离去，以免妨碍他人。再次取餐时，若有人正在取你想要的菜品或饮品，应先等待，不可强取，也不可加塞。作为男士，应注意礼让女士，让女士先取餐。取餐应坚持少量多次、分盘取食的原则，不能因为自己喜欢某种食物，就放满一整盘，或者将所取的菜品全部堆放在盘子里，这样不仅容易串味、不好吃，也非常不雅观。一次只取一两种食物即可，吃完后，可再次取餐。不可一手端着菜盘一手拿着饮料穿梭在人群中，也不可边取餐边品尝。

三、用餐礼仪

用餐过程中，应保持良好的吃相，用餐者应将自己所取的食物尽量吃完，如果有少量食物剩下，应放到适当的位置。不可将食物残渣弄得到处都是，也不可将自己不喜欢的食物移到他人盘中，或者堆放在餐桌上。不可自作主张为熟悉的人取餐。

交际依然是自助餐的主要内容，特别是商务活动中的自助餐更是如此，因此，应适时地寻找机会，主动与其他用餐者一起交谈、交流。

四、离开礼仪

用餐开始前，需要用餐者自行拿取餐具。用餐结束后，一般要求用餐者将自己的餐具整理好后送回指定位置，即使不要求送回餐具，也需要用餐者整理好自己所用过的餐具后再离开。离开时，不可将食物打包带走。

自助餐一般持续时间为两小时左右，当达到用餐和交际的目的后，即可离开。离开时，只需向邻座的人说明即可，无须向主办者或主人说明。

第五节
赴宴礼仪

　　人际交往中最频繁、最高效的社交活动是参加各种宴请活动，秘书人员在宴请活动中承担着重要任务。作为宴请活动的承办者，需协助领导做好准备和服务工作；应邀参加宴请，应对本次宴请活动高度重视并有所准备，主要有心理上的准备，如确定身份，是主宾还是普通宾客；服装的准备，根据宴请的性质，提醒领导选择适当的服装；必要的社交活动准备，如在宴会中会结识哪些新朋友等。同时，应遵守赴宴礼仪。

一、赴宴前礼仪

　　接到请柬后，不论能否赴宴，都应该尽早答复主人，因故不能赴宴，应实话实说，或者婉言谢绝。一旦接受邀请，则不随意改动。同时，需要做一番准备工作。赴宴前应适当地打扮自己，女士要妆面干净，不可素面朝天，也不可浓妆艳抹；男士需修面，不可邋里邋遢。应根据宴请活动的性质，选择恰当的服装和鞋子。应遵守时间，准时到达，提前 10 分钟到场较为适中，一般情况下不得迟到，确因事耽搁，迟到的时间不可超过 15 分钟。中餐宴请活动可以提前到达，以便和其他宾客交谈、交流；西餐宴请活动应准时到达，不可太早，如果提前到达，则应在餐厅附近转转，等待最佳时间进入宴会厅。

二、宴会中礼仪

　　到达宴会厅后，不要急于找座位，而是应先与主人握手，简单寒暄，然后根据主人的安排，在有自己名签的位置坐下来，不可坐错。落座时，应与其他客人礼让，并从椅子的左端入座。

　　在宴会没有正式开始前，可与邻座客人交谈，但应注意不可托腮，不可玩弄餐具，不可将两条胳膊搭在椅背或者放在桌子上，不可左顾右盼。当主人递过菜单礼让宾客点菜时，如果对菜品较为熟悉，则不推脱，应点一道比较符合大众口味的、价格适中的菜品，不可多点，点好后将菜单递给下一位宾客；如果对菜品不熟悉，说明原因，将菜单递给下一位宾客。菜品上桌时，要等主人、主宾招呼并动筷后，方可动筷。

进餐过程中，要保持良好的吃相，温文尔雅，细嚼慢咽。取菜舀汤应用公筷公勺。不可紧盯着菜品大口快速咀嚼，咀嚼时应闭口并且不可发出声响。应照顾其他宾客，与邻座相互礼让。不可边吃东西边交谈，以免唾沫四溅，更不可用筷子、刀叉等餐具指指点点。如果饭菜太烫，不可用嘴去吹凉，吃进嘴中的食物不可再吐出来。如确实需要剔牙，应用一只手遮挡另一只手剔除，不可用指甲去剔牙，也不可毫无遮挡当众剔牙。如需要的物品放置在较远的地方，则应请他人帮忙传递，不可伸长胳膊去取，不要站起来夹菜，不要在菜盘里挑来挑去。餐桌之上，不可打喷嚏、打哈欠，如确实需要，应用手或餐巾掩住口部，将头转向后方。不可伸懒腰、打饱嗝。

饮酒时，应小口慢品，不可饮酒太快或一饮而尽。当有人致祝酒词时，应停下所有动作，仔细倾听，响应讲话者的号召，举杯与同桌宾客碰杯或示意。当有人敬酒时，应起身回敬。不可勉强他人饮酒，不可猜拳，不可饮酒过量而导致失言、失态。

餐巾用来防止汤汁滴到衣服上或者用来擦嘴，不可用其擦餐具或者擦桌子，女士不可解开衣扣，男士不可松开领带。

谈话是宴请活动中的重要内容，作为客人，应当与同桌人员主动交谈，不可闭口不谈。所谈论的话题应该是高雅的、有趣的、轻松的，不应涉及宗教的、政治的、专业的、敏感的话题。不得对菜品妄加评论。

宴会中有时可能出现意外情况，如餐具掉落在地上、打碎餐具、汤汁或饮品洒在他人身上等。这时应沉着冷静地去处理，餐具掉落在地上可以请服务人员更换一副新的餐具。打碎餐具时，作为主人应控制情绪，安慰客人不必在意；作为客人也不必惊恐，可巧用语言化解尴尬。不小心将汤汁等洒在他人身上，表示歉意即可，不必大声嚷嚷或沉浸在自责中。当菜肴中出现异物时，不要出声，尽快用餐巾把它挑出来，然后处理到较远的地方，不可邀请大家一起观赏。

三、宴会后礼仪

当主人宣布宴会结束，主宾起身离席后，其他宾客方可离席。离席时应向主人招呼，道谢告辞，并与其他宾客相互告辞，一般不第一个告辞。一旦告辞则尽快离开。

如果领导是宴请活动的主宾，秘书人员应在宴请结束后的第二天，代表领导向主办者或主人致电，感谢对方的款待。

思考题

1. 秘书在宴请活动中，应做哪些准备工作？

2. 中餐宴请活动与西餐宴请活动的用餐礼仪分别有哪些？

3. 餐具使用中有哪些礼仪要求？

4. 吃自助餐应注意哪些礼仪规范？

5. 参加宴请活动应注意哪些礼仪要求？

接待、馈赠、拜访、送花礼仪

结构图

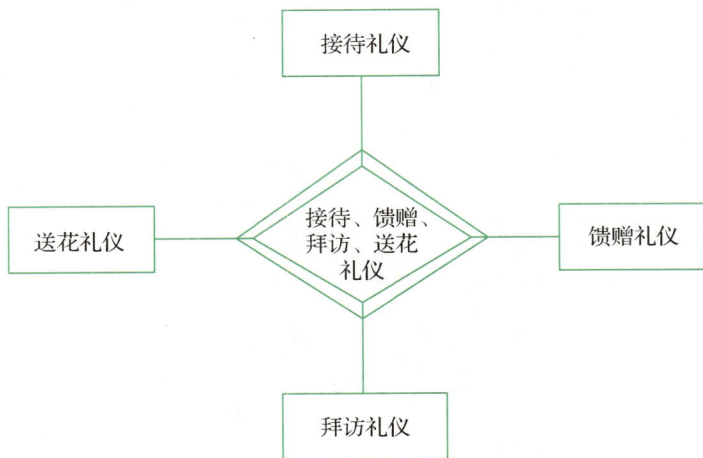

【本章学习目标】

1. 了解接待、馈赠、拜访、送花的基本要求。

2. 掌握制订接待计划、安排迎送仪式、确定礼宾次序等接待工作礼仪，掌握馈赠、拜访、送花的知识要点及礼仪细节。

3. 运用基础理论分析接待、馈赠、拜访、送花等工作中的正误曲直，展现做好接待、馈赠、拜访、送花等相关工作的礼仪。

4. 掌握接待、馈赠、拜访、送花礼仪并正确运用到秘书工作中。

【案例导入】

　　叶秘书在公司大门口迎接来访的青云公司王总一行，与他们一一握手，而后走在客人中间，边说边引领客人来到二楼会客室。叶秘书说："我们严总很忙，这会儿正在接待一位重要客人。你们需要在这里稍等片刻。"

　　叶秘书引领王总坐在正对门的上座，回头对其他客人说："你们随便就座吧，我去给你们拿点水果过来。"

　　隔了一会儿，叶秘书来到会客室，手里拿了些水果，同时还拎了一些公司定制的小礼物说："各位好，这是我们公司昨天会议赠送给参会代表的纪念品，有些参会代表说行李太多未领取，还剩下这些，如果你们喜欢的话，可以挑几个带走。"

　　王总说："我们这次来，除了与严总谈一谈合作的事，我们还准备今晚去拜访一位老客户，不知严总几点能够过来和我们谈?"

　　叶秘书说："也不知几点能结束呢，这样吧，如果比较晚的话，到时候您可以和客户说明天再去拜访。"

王总身边的小罗问："叶秘书，你们这边的人最喜欢什么花呀？我们等会去拜访客户的时候，准备给他送束花。"

叶秘书说："是女客户吗？送玫瑰吧，保准她喜欢。"

讨论：在接待、馈赠工作中，叶秘书的礼仪是否得体？在拜访、送花等方面，叶秘书所掌握的礼仪知识是否存在不足之处？

在秘书工作中，不管是接待、馈赠，还是拜访、送花，开展其中的任何一项工作，抑或联合开展其中的数项工作，都需要格外注重礼仪。

第一节
接待礼仪

案例

Z 省 L 市的一个村子，由于地处穷乡僻壤，村里不少人只能外出务工或经商，村里还有些人家散居海外。早些年，由于政策等各方面原因，散居海外者与故乡亲友莫说走动，甚至连书信或电话往来都很少。

2019 年春天，村里的梨花、桃花又竞相绽放了，一位于 20 世纪 80 年代离开家乡到意大利的侨胞回到了小山村。看到村里仍有不少乡亲生活贫困，这位侨胞准备投资为家乡兴建加工厂以改变村民们的生活窘境。

获知此消息后，村干部很高兴，连忙向乡里汇报。乡党委书记听说后，也是十分开心，表示由乡里出钱来好好款待这位侨胞。雷秘书制订了一份接待方案。这天傍晚，乡干部、村干部一行 15 人把侨胞接到 L 市最高级的酒店——开元名都大酒店。雷秘书点了满满的一桌菜：清蒸螃蟹、酱香肘子、酒糟肥肠、红烧牛蹄、清炖甲鱼……雷秘书请侨胞坐上席，请乡党委书记和乡长两边陪坐，15 个人轮番敬酒夹菜，一个个喝得酩酊大醉方才罢休。

侨胞心想只是打算回报桑梓做点贡献，未想竟惊动乡政府大搞招待。下午乡干部来请他进城赴宴时，他一再强调只需在村里吃点家乡菜就好，免得铺张浪费。面对满桌山珍海味，侨胞没有丝毫愉悦。大家轮番给他敬酒时，他只是礼貌性地举杯。雷秘书用自己筷子拼命给他夹菜，他只是接来放在碗里或盘中，并没有大快朵颐。

当乡干部和村干部酒足饭饱时，侨胞借故上洗手间，然后回到包间里，他说："今

121

晚这桌饭菜一共是 1868 元，这些钱可为村里办不少实事了。我已经埋单，谢谢你们一起陪我用餐。关于投资办厂的事，以后再说吧。"说完，侨胞径直离开了包间，大家追到酒店门口极力挽留，他声称去拜访一个多年未见的老朋友，就挥手离去了。乡干部、村干部面面相觑，不知个中原委。

讨论：乡干部、村干部的"多情"和"有礼"，与侨胞的"无情"和"无礼"形成了鲜明的对比和强烈的反差。在开展接待工作时，应该注意些什么？如何让客人乘兴而来、满意而归？

接待工作，是指在公务、商务等活动中，以单位名义为来访客人所开展的包括迎接、招待、洽谈、送行等一系列活动，属秘书机构的一项经常性事务工作。从一定程度上说，接待工作处理的好坏，直接决定着事务的成败与效果。秘书在开展接待工作时，务必以礼待人，体现秘书人员的礼仪素养和接待单位的精神风貌。

一、接待工作中注重礼仪的重要意义

秘书在接待工作中注重礼仪，不仅展示着秘书个人的素质和修养，而且体现着组织单位的整体形象。在接待工作中注重礼仪的重要意义，具体体现在以下几个方面。

（一）增进信任，加强友谊

秘书接待工作是组织与社会公众及其他组织发生联系的开端，来访者可以小见大，感受到一个组织的管理水平、领导工作作风和工作水平。在接待工作中注重礼仪，不仅可以让客人有宾至如归的感觉，而且可以给客人留下深刻的印象，达到增进信任、加强友谊的目的，可为双方的进一步合作打下基础。

（二）传递信息，提升效率

秘书在接待活动中的一言一行无不在传递着信息，如果言行举止得当，能够准确清晰地传递信息，不仅可以为客人提供服务，而且能够为顺利完成工作提供诸多便利。在工作中，大多数公务来访都是指向特定的问题，来访者所要解决的事务大多与单位或个人的利益息息相关，秘书在接待中营造一种亲切、愉悦的氛围，自然有助于事务的处理。

（三）展示形象，传播文化

秘书接待工作是展示组织形象的一面"镜子"。从开始见面到最后告别，秘书在接待过程中的一言一行、一举一动，都在无声地诉说和呈现着所在组织的整体形象。同时，秘书在开展接待工作时，也是传播组织文化的一种有效渠道。对于一个组织来说，接待工作看似是"被动"招待来访客人，实则可以将其转化为主动的公关行为，借助接待工作，可以展示组织实力、树立组织形象、积累关系资源，可谓一举多得。

二、接待工作各流程对秘书的礼仪要求

(一)做好来访准备

1. 制订接待计划

在秘书工作中，接待来访者，尤其是接待团队来访时，必须事先制订详细周密的接待计划。在制订接待计划的过程中，涉及不少礼仪方面的问题，具体如下。

(1)发出来访邀请

来访邀请一般采用书面形式，即"邀请函"。切忌采取口头通知的方式，以免显得不够正式，应以函件形式发送，而且需要提前发出。在来访邀请中，可向接待对象温馨提示当地天气、温度、建议着装、接送联系人及手机号码、车辆牌号等。

案例

随着老百姓生活质量的提高，空调的销售日益火爆起来。某电器公司也加入投资生产空调的行列中。但是薄弱的技术使其研制开发的单冷型分体空调的质量始终难以让人满意。最近，陈秘书从网络新闻获知北京某大学的一批博士生"三下乡"服务团来到该市开展科技下乡活动，心想何不让他们帮忙解决一下技术难题，于是向诸葛总经理提了自己的想法，总经理认为可以一试，于是陈秘书向北京某大学的"三下乡"服务团的带队人员发出了热情的邀请。

北京某大学博士生"三下乡"服务团收到邀请函后，决定于7月18日来公司给予指导，陈秘书制订了一份详细的接待方案，将当天的日程及用餐等做了安排。

按照礼仪惯例，接待客人的时间，通常根据工作需要和领导是否方便为前提，但同时也要征询客人的意见，待对方考虑确定之后，再共同把来访时间确定下来。如果是客人先行表达了要来本单位拜访的愿望，则一般不宜直接回绝。当然，如果对方提出的来访时间不太方便，可表示欢迎其来访，再提出一些可选择的空档时间供对方参考，让对方选择合适的时间段来访，并向其说明如此安排的原因。

(2)明确工作要点

首先，充分了解接待对象。秘书要了解来访团队的背景资料和来访意图。包括所在国籍或地区、单位全称、此行目的、业务范围、发展态势、来访天数、来访人数以

及姓名、性别、年龄、身份、职务、级别、民族、宗教信仰、生活习惯等。有时还要对主宾的个人爱好、性格、特长等方面有一定的了解。

其次，合理确定接待规格。接待规格决定了其他的人员、日程安排及经费开支等。包括由谁迎接、陪同和送别；住宿的宾馆等级、房间标准、数量等，这些都要在计划中写清楚。如果接待规格不当，则会直接影响其接待工作的具体操作。秘书首先要了解客人的身份和来访目的来草拟接待规格供上司参考。当接待规格定下来以后，秘书应当把己方主要陪同人员的姓名、身份以及日程安排征求对方意见。

最后，及时进行工作沟通。秘书要与来访方进行沟通协商，同时与本单位相关部门进行沟通，并报请领导审批、修订，征得上司同意后拟订具体的接待计划。

（3）接待计划内容

通常来说，接待计划的主要内容包括接待规格、日程安排、经费预算等。

第一，接待规格。接待规格是接待一方给来访者提供的各种待遇的总合，具体包括主陪人、其他陪同者的人数以及餐饮、住宿、用车等标准。接待规格的确定，主要是以主陪人相对于主宾的职务高低来反映的。接待规格的高低，在企业，主要取决于来访者的来访事由、职位、与公司的关系、知名度、年龄、性别等；在党政机关、事业单位，则主要取决于双方的地位、关系。秘书应该根据这些因素确定对应的接待规格。

接待规格有以下三种。其一，高规格接待。接待方的主要陪同者比主要来宾的职位、级别要高，此种接待表明对接待方对来宾的重视和友好，例如，迎接重要的外国代表团等，应该采用高规格接待。其二，对等接待。接待方的主要陪同人员与主要来宾的职位、级别相当，这是常用的接待规格。例如，来访的带队人是总裁，则接待方也应由总裁或董事长出面接待，如果主方总裁或董事长生病或出差，由副职出面接待时，必须向客方说明并致歉。其三，低规格接待。接待方的主要陪同人员比主要来宾的职位、级别要低，此种接待常用于基层单位。需要注意的是，低规格接待本身并无问题，千万不要因为本单位只能低规格接待而不好意思，更不能为了弥补不足而故意提高接待规格而造成铺张浪费，量力而行即可。

🔍 **案例**

2019年5月8日，十年前在方山乡任副书记，而后另赴他乡任党委书记的刘×，来到了方山乡。

由于还没有公开宣布刘×同志此行的目的，也没有明确他接下来提任的职务，都不知道如何称呼他合适；虽有传闻说他是来考察革命老区工作的，但他自称是以个人名义回当年工作过的地方走走看看，因此，在接待规格上不好定夺。由于接待规格不好定下来，整个接待计划也就不好制订。

刘×同志到方山乡的消息，一下子传遍了山乡，人们纷纷在他经过的路线等候，纷纷挥手和他打招呼，刘×同志便不断伸出手去和他们握手致意。

到了南明门遗址时，刘×同志提出要上大门楼去看看。这时，负责接待的党政办秘书张×慌了，因为乡里的接待计划中没有这项流程，而且也来不及安排人员陪同上楼。他伸出手准备扶刘×上楼，刘×见张×也近 50 岁了，摆了摆手说："我自己上去就可以了，你在楼下等我就好。"

张秘书只好默默地看着刘×独自一人走上南明大门楼的台阶。

由于接待规格直接决定了陪同人员数量、日程安排及经费开支等，包括谁到站迎送、谁全程陪同、宴请活动的规格和地点、住宿宾馆等级、房间标准等。而接待计划又是根据接待规格来制订的。本案例中，因当时刘×同志拟提任职务尚不明了，接待规格不好定，接待工作开展起来也就有难度，以致出现"陪同人员未选好，领导独自上高楼"的尴尬场面。

第二，日程安排。日程安排通常包括活动的起止时间、活动地点、活动内容、主要陪同人员、主要工作人员等内容，通常以表格的形式列出，以便一目了然。秘书在安排接待工作日程时，一定要做到具体细致，特别是涉及具体议程等细节时，要注意先后顺序的合理性。

🔍 案例

2019 年的某一天，S 高校举行建校 60 周年庆典，该校众多校友应邀回校参加庆典。教育部发来贺电，省委书记寄来贺信，省教育厅厅长亲自到会祝贺，学校所在地的市长也到会致辞。主席台上，校领导和嘉宾坐了长长的两排。

庆典开始，主持人介绍嘉宾，副校长宣读教育部贺电，再读省委书记贺信，接下来依次是校长致辞、教师代表讲话、学生代表讲话、校友代表讲话、学校所在地市长讲话，最后是省教育厅厅长讲话。

庆典结束后，校友们议论纷纷。

校友 A："那位教育厅厅长算是上级领导吧！把人家安排在学生讲话后面的最后一个讲话，母校真不会办事。"

校友 B："那可是母校的顶头上司呀！以后不给学校小鞋穿才怪呢！"

校友 C：……

在本案例中，从庆典仪式的具体议程来看，安排也是失当的，该校居然把主管单位——省教育厅厅长的讲话安排到学生代表讲话的后面，这明显违背了接待工作中"嘉宾为先"的原则。对学校而言，市领导是嘉宾，应该安排在校领导前面讲话；省教育厅领导是学校和市里的嘉宾，应该安排在市领导前面讲话。该校如此"颠倒"的安排，也许想要别出心裁，不断掀起"高潮"，但其实是不合礼节的。

在日程安排中，诸如安排接站、用餐、住宿、会谈、参观、送行等事宜，每个环节都要周密考虑，不得出现疏漏；与此同时，要注意时间、地点上的紧凑，前一项活动与后一项活动之间不能间隔太长，地理位置也不宜相距过远，每项活动的安排切忌出现冲突或重复，要注意科学合理。

第三，经费预算。经费预算一般是根据接待规格、参与人数等来进行预算。接待经费主要包括场地费（如租借会议室等）、住宿费、餐饮费、劳务费（如讲课费和加班费等）、交通费、参观费、娱乐费、礼品费、宣传费、资料费以及其他费用。

🔍 案例

冯秘书将刚刚撰写好的接待方案送给彭总审阅时说："彭总，这是接待方案，请您过目。"

彭总仔细地看了一会，问道："小冯，接待经费预算表在哪儿？"

冯秘书有些不好意思地说："接待经费预算表还没做完，下午我再给您送过来。"

彭总又问："我先前跟你说过，除了2个套间，另外预订4个商务间、4个标准间，怎么全部改成高级商务间了？"

冯秘书解释说："关于酒店订房的事，我联系得有点晚，已经没有套间了，我昨天下午去实地看了一下，元立酒店的普通商务间就是标准间，房间比较小，显得很局促，综合一下，我就都订成高级商务间了。"

彭总有些生气地说："这样一调整，你知道费用会增加多少吗？"

冯秘书说："我问了价格，几天下来大概2000元吧。"

彭总叮嘱道："你赶紧把经费细目表做出来，看一看这次接待总费用是否超出了预算，如果超出了，马上把订的高级商务间改回标准间。"

接待工作属于"消费型"的事务活动，当一个单位在开展团体性接待时，不仅要投入一定的人力，还需要投入一定的财力和物力。在本案例中，秘书在预订房间时未考虑到可能会超出预算，如果在每次接待工作中都不注重预算及其可行性、合理性，就会在一定程度上增加单位的负担。常言道："没有规矩，不成方圆。"许多单位在接待方面通常都设有规章制度，秘书人员在开展接待工作时必须严格遵照执行，涉及费用等重要问题应及时向领导请示汇报，不得擅作主张，随意提高或降低接待标准。

在有些接待工作中，并不是所有费用均由接待方支付，如住宿费、交通费、参观考察费等，有时需要由客方自行支付，在此情况下，秘书就要把需要客方支付的项目及费用，连日接待方案、日程安排表等一并提前寄给对方，以便对方心中有数。另外，有些接待工作是由两个以上单位联合开展的，这就需要在开始筹划时就说明经费来源及具体使用方式，以免到时候发生不愉快而影响彼此的关系。

在本节开头的案例中，实际上还涉及接待工作中如何体现节俭办事的原则问题，接待工作绝非大操大办、铺张浪费，侨胞之所以放弃投资兴建加工厂的想法，主要是对乡干部和村干部的工作作风不放心。如果在安排接待时，讲究勤俭节约的原则，在体现对侨胞的热情周到之时，应该让人感受到办事的真诚度、可靠度。在关于接待费用的使用上，应该注意遵守党和国家的有关规定，注意反腐倡廉，本着勤俭节约的原则，做到精打细算，抵制腐化奢靡。

2. 做好物质准备

接待工作的物质准备包括环境准备、用品准备、材料准备等。

在环境方面，会客厅、会客室等接待环境要明亮、整洁、舒适、美观，如果室内出现异味或者墙体、桌面、地面有脏乱、污渍、水渍等情况，都是非常失礼的。可在窗台、墙角、桌面摆放花束、绿植等增添生气，也可在墙上张挂能展现组织形象的照片或与环境谐调的艺术画等。会客室的室内温度可提前调至比较舒适的温度。

在用品方面，如果需要接站，而如果双方互不相识，则需要准备一块醒目的接站牌，在牌子上写清来访团体的名称或主宾的姓名，必要时可准备欢迎条幅。会客室内的茶具、茶叶等要备齐，泡茶的杯子尽可能用瓷质的，杜绝使用一次性纸杯。文件、资料、文具等物要各归其位，摆放整齐，取用方便。如果要给来访客人献花，一定要用鲜花。有关送花礼仪，将在本章第四节进行详细介绍。

在材料方面，桌上可摆放诸如公司简介、产品工艺说明、纪念宣传手册等材料。对于重要的接待活动，秘书人员还应准备发言材料、汇报材料、欢迎词、祝酒词、答谢词、欢送词等其他材料。这些书面材料有的要在接待之前完成，有的要在接待过程中拟写，有的要在接待结束后形成。

3. 做好心理准备

秘书人员在开展接待工作时，需要适当酝酿情绪，不要因其他工作中的困扰或烦琐问题等而影响良好的情绪态度。在与客人进行交流时，要表现出足够的诚恳心情与合作精神。无论来访的客人是否预约，无论来访的客人是否尊贵，秘书都要想方设法让对方感觉到自己是受欢迎、受重视的。

由于不同国家和民族在文化上、风俗习惯上存在着各种各样的差异，在涉外接待准备中，秘书要高度予以重视，不能以自己国家的标准、习惯、礼俗去对待其他国家和地区的来访客人，要事先了解他们的风俗习惯、宗教信仰，掌握一些他们的禁忌，尽量尊重他们的风俗习惯，避免在接待工作中出现误解或尴尬。

(二)迎接来访客人

秘书人员在接待活动中，一个热情的微笑，一个亲切的表情，一句真诚的问候，都会使来访者产生一种如春风拂面般温暖而愉快的感觉。

在开展来访接待中，秘书需要采取主动的方式向客人做自我介绍，例如说："您好！我是××集团的总经理秘书××，很高兴见到您。"以此引起对方的呼应。也可以婉转地询问对方："先生，您好！请问怎么称呼您?"在此时，为了了解清楚对方的情况，措辞要得体，尽可能用一些谦辞或敬语。对于秘书来说，在接待客人时，要主随客便，考虑周全，讲究礼仪，关怀备至，尽自己最大努力接待好客人，给客人宾至如归的感觉，从而促使双方的关系得到进一步的发展。

🔍 案例

一客商到 Y 市罗浪公司商谈合资开发事宜。罗浪公司林经理在会客室专候，并准备了茶水、果品。客商一进公司大门，前台的秦秘书迎上前去，主动和客商握过手，告诉他说："我们经理在上面(指三楼会客室)，他叫你直接上去就是了。"客商一听，当即愣住了，心想我又不是他的下属，凭什么"叫"我? 于是客商立即转身离去，秦秘书有些不解，跟了上去挽留，客商头也不回，甩下一句话："贵公司若有合作诚意，叫你们经理到我住的宾馆去谈吧。"秦秘书怔住了，茫然不知所措。

在本案例中，秘书见客人进门，往前走几步迎上去招呼客人，是合适的，如果客人主动伸手，秘书应与其握手，反之，秘书不能急于伸手去握。在与客人对话中，应注意用语的礼貌、谦虚、自然，此处因为一个"叫"字，让客人觉得非常不爽。

如果是团体接待，通常还需要做好以下几方面工作来体现迎宾礼仪。

1. 安排迎候人员

秘书应该本着身份对等的原则，根据来访客人选择的交通工具、抵达时间等，安排与主宾身份相当的主人以及一定数量的随从人员参加迎候仪式，如果是接待外宾，还需要安排翻译人员。参加迎候仪式的所有人员均须着正装。接站要注意准时，尽可能提前等候，防止因其他意外因素而导致客人已到但接站人员未到的情况发生。

2. 注重见面礼节

接待方与客人见面时，负责接待工作的秘书应先把己方的主要人员介绍给主宾，然后由主宾或他的秘书把客方的主要成员介绍给主方，双方握手互致敬意。有些国家的来宾按其习俗会行拥抱礼、合十礼、鞠躬礼等，接待方应采用与之相应的礼节进行回应。必要的时候可以向客人献花。有时还需要安排人员专门进行拜访。

3. 讲究平等原则

无论是接待来自本国其他单位或来自其他国家单位的来访客人，在接待工作中均应注意平等与尊重。不论来访客人所在的国家是否强大、所在的企业是否有实力，均应以礼相待。在此过程中，切忌对强者献媚、对弱者歧视，而应不卑不亢，开创互利互惠、共同发展的美好前景。

(三)甄别来访客人

秘书的工作职责之一就是要甄别来访客人。来访的客人，按照是否事先有预约，分为有约来访和未约来访两类。

有约来访，是指来访者事先已经通过电话、邮件等方式进行预约。对于有约来访，秘书和相关接待人员要做好接待准备，应按时接待，不宜让客人长时间等待；未约来访，是指来访者事先未曾约定，属于临时来访。虽然来访者由于种种原因没能事先预约，但他们的事情不见得就不重要，因而也要予以妥善处理。

按照我国礼仪惯例，当看到客人进门时，应该迅速起立，以示对客人的尊重，秘书人员起身迎接来访者是非常必要的。当然，依照习惯，秘书可不必主动伸手与客人相握，但如果客人主动先伸手，那么秘书必须与其握手表示礼貌。

对于已预约的客人，秘书应及时向领导通报，不仅使客人感到受重视，也可以提醒领导暂时放下手头的工作去准备接待客人。如果来访客人的身份很尊贵，可请领导亲自迎接。在获得领导的肯定性回答后，秘书应将客人引领至指定的会客室，引领时需注意动作、手势、走路姿势的礼仪。在引领来访者见领导时，若彼此之间不熟悉，秘书须对双方进行介绍，介绍的顺序是先介绍领导，后介绍客人。待宾主双方问候致意落座后，秘书应在征询客人的喜好之后及时给来访者提供茶、咖啡或其他饮料。

在办公过程中，秘书也经常会遇见没有预约、不期而至的来访者，出于礼貌，秘书人员不管自己正在忙什么，都应把手里的事情先停下来，起身去接待客人。通常情况下，来访者会以出示名片、介绍信等方式介绍自己并说明来访事由，秘书在未弄清对方身份之前，切忌根据客人的样貌主观臆断客人的身份，不要因事先未曾预约而随意怠慢客人，或面露悻悻之色或冷眼相待而让客人感觉难堪。当然，秘书也不可轻易答应并向领导引见。秘书通常有一定的权限，如果来访者的事由在秘书权限内，秘书可以根据相关规定进行处理，不必一一麻烦领导；对于领导不愿意见到的客人，如保险业务员、商品推销员、滋事者等，秘书就得想办法为领导挡驾。当秘书无法确定来访者所谈事由是否符合本单位利益、是否受领导欢迎之时，秘书应向领导请示，若领导表示乐意，则依据领导的时间和意愿来安排会见。此时秘书不宜当着客人的面给领导打电话，免得领导拒绝接见时不好向客人说明；如果客人要找的领导恰巧不在或忙于其他事务，秘书应对客人进行适当说明；如果领导不愿或不能见来访者，秘书可以领导不在单位或领导工作繁忙为理由委婉拒绝来访者提出的要求，也可以让其留下联系方式日后再约见，或者请其留下便条以便转交领导。

🔍 案例

飞龙公司秘书办公室内，徐秘书正在电脑前打字。

来自宇翔公司的莫先生敲门。徐秘书顾自忙碌，没好气地问："有事吗？"

莫先生："我来找贵公司的陈总。"莫先生双手递过自己的名片。

徐秘书伸出手接过名片，没看一眼就置于桌上。她拿出工作计划本，问："你跟陈总约过吗？"

莫先生："没有，但今天有要紧事要谈。"

徐秘书："你没约好。我不能安排他见你！"

莫先生："帮帮忙吧！我今天确实有事要找陈总谈。"

徐秘书："那你等会吧。我给你联系一下。"

徐秘书当着莫先生的面打电话："陈总吗？宇翔公司的莫先生要找您……"放下电话后，徐秘书对客人说："莫先生，陈总现在可以接见你。你先在'来客登记表'上登记一下吧。下次来的话，记得提前预约！"

面对不同类型的客人，秘书在接待过程中的具体处理方式也稍有不同。

有时，秘书可能会接待来上访的对象，在这种情况下，秘书应该注意聆听礼仪，既从中了解对方的难处或苦处，也从中了解本单位在工作中的难点或不足之处，适当的情况下，可以向对方说明政策和单位的处事原则与方法等。当发现对方情绪低落或情绪激动等，秘书人员应给予安抚或劝慰，引导他们放松身心、有话好好说。

有时，会同时来好几批客人，秘书在接待时，要做到一视同仁，不要有意区分亲疏。即使秘书人员知道不同客人与单位、与领导的关系有所不同，但不宜当着众多客人的面而对某个或某些客人表现得格外亲切而对其他客人表现得有些冷淡，要时刻考虑到所有客人的感受。

有时，在接待来访客人时恰巧有电话打进来，秘书此时可对来访客人说："对不起，我先处理电话，麻烦您稍等片刻。"如果秘书正在接打电话时有来访客人进门，应先向客人微笑点头致意，请客人先坐下等候，并尽快结束通话去接待客人。

(四)引领来访客人

根据预约登记情况，或者在了解临时来访客人的意图且经领导同意后，秘书引领来访客人至会客室时，秘书要走在客人左前侧或右前侧1～1.5米，与客人保持合适的距离，走路步伐与客人保持一致，要记得在出门、转弯、上下楼梯时提醒客人注意。

当出入电梯时，如果是无人控制的电梯，秘书须先入后出，若是有人控制的电梯，秘书则应后入后出，以示对来访客人的礼貌。在行走过程中或乘电梯时要和客人适当聊几句，给客人以亲切感，有利于消除来访客人初来乍到的陌生感。

秘书引领来访客人到会客室时，进入会客室前需先敲门，以免打扰可能因时间延滞仍在交谈的其他客人，只有确认会客室内无人后方可领客人进入。如果会客室门朝外开，秘书应该拉开门请客人先进，如朝里开，秘书应该开门先进入，护住门后，再请客人入内。进入会客室后，秘书应根据客人身份、职级等引导客人入座，并及时为客人提供茶水。如果要让来访客人等候一段时间，应续茶并介绍客人看报刊或公司简介材料等，但不宜为客人提供香烟或含酒精的饮料。当领导与客人开始交谈以后，秘书可自行去忙其他事，也可以根据需要留下来提供会谈所需的诸如记录等服务。

秘书在接待客人过程中，秘书与客人进行交谈时，不能毫无顾忌，交谈的内容和方式应尽可能地合乎对方的心理需要，以求取得令人愉快的效果。不宜在客人面前随便谈单位内部的事，也不宜随意评价领导或同事，否则容易损害领导或单位的形象，也不要随意打听客人隐私及其单位的内部信息，不要涉及令人不愉快的内容，遇到不便谈论的话题不要轻易表态，应当转移话题以缓和气氛。

在涉外接待中，要注意依法而行，不仅要遵守本国法律，也要遵守对方国家法律，还要遵守国际法等。秘书在开展涉外接待时，一定要遵章守法，以免使自己陷于被动，避免给所在组织甚至国家造成无法挽回的损失。在接待国外来宾时，要比接待国内来宾有更强的保密意识，既要保守国家机密，也要保守本组织的机密，在强调热情友好、以礼待人之时，不可随意答应外宾的一切要求，假如外宾利用我们的好客态度提出一些过分的要求，必须态度坚决、语气友好地予以拒绝。

（五）恭送来访客人

送别客人与迎接客人同等重要，在开展接待工作中，秘书要做到善始善终，让送别成为完美的"结束曲"和"压轴戏"，力求给来访客人留下美好回忆和良好印象。

1. 选择送客时机

有时来访的客人停留的时间会比较久，有时客人可能因事先未预约而坚持等候与上司面谈有关事宜，秘书人员不要因此而显出厌倦或不耐烦的样子，不要长时间冷场，不要频繁地看表，不要打着哈欠与人聊天，以免让客人觉得不适或尴尬。

负责接待的秘书人员应在来访客人提出告辞并起身后再站起来相送，不宜未等客人开口说告辞就提前起身送客。当来访客人起身告辞之时，负责接待的秘书应立马起身相送，并主动为来访客人取过衣帽等物品。

2. 表达送别话语

当来访客人离别之时，秘书在送别客人时需要使用恰当的言辞，如"谢谢您的来访，欢迎您下次再来""希望再次合作""请慢走，路上注意安全"等。在前台工作的秘书，也许没有直接参与接待工作，当来访客人出门的时候，也应点头微笑，礼貌地向客人道别。

3. 讲究送客方法

秘书在送别来访客人时，要注意提醒客人有无落下物品，以免来访客人出门之后想起遗忘物品回头来找而耽误时间。一般情况下，秘书应将来访客人送到电梯前或楼梯口，若来访客人乘电梯下楼，秘书应帮忙按电梯按钮，待客人进入电梯后，微笑着与来访客人挥手作别，如果是重要的来访客人则要送到单位大门口。如果来访客人自己没车，可帮助来访客人提供叫车服务。在来访客人上车时，秘书应帮助客人打开车门，要请身份最高的客人坐在轿车后排靠右的位置，关上车门后，要挥手告别，等车开出视野后再转身离去。

送别来访客人之后，秘书应及时整理好会客室，以便迎接后面的来访客人。在送别客人之后，切忌与同事议论客人的长短，毕竟背后议论他人是不礼貌的，尤其是当客人发现遗落物品而返回来取时正好听到议论内容时，这对双方来说都极为尴尬。

对于重要的接待对象，有时还需视情况安排送行仪式。秘书可以适当提前到来访客人下榻的宾馆、酒店送行，并协助来访客人结算住宿费等，以节省客人的时间。如需去车站、机场、码头为来访客人送行，还应安排好送行人员及车辆，秘书可帮助办理行李托运手续等。需要注意的是，既然为来访客人安排了送行仪式，则送行者抵达的时间须酌情提前，要有一刻钟左右的"提前量"①，若迟迟未到而让送行对象苦等则是非常失礼的，送行人员也可前往来宾住处陪同对方一同乘车抵达返程出发处。应尽量确保宾主双方在来访客人乘坐的交通工具停止检票或者临行前的半小时抵达来宾的返程之处。同外宾告别后，要等他们走出视线之外或火车、轮船启动后再离开。

总体来说，秘书在接待工作中的礼仪要求，可概括为三大方面：第一，在仪容仪表方面，秘书人员要面容清洁，衣着得体，和蔼可亲；第二，在言语谈吐方面，秘书人员要做到音量适度，语气温和，礼貌文雅；第三，在行为举止方面，秘书人员应稳重端庄，风度自然，从容大方。

三、秘书开展不同类型接待的礼仪区分

面对各种不同类型的接待，秘书礼仪在大致相同的基础上，又有一些重点环节或细节上的差异。在各种不同的接待中，秘书礼仪的工作重点及具体礼仪要求会有所不同。

---

① 金正昆：《政务礼仪教程》，302 页，北京，中国人民大学出版社，1999。

针对上级检查开展的接待工作，要求做到庄重、周全、细致。秘书礼仪主要体现在单位领导汇报材料的准备，现场情况的恰当处理，生活服务方面的体贴周到，经费使用方面的节俭有度。

针对会议的接待工作，要求执行标准，热情服务。秘书礼仪分别体现在会前的周密安排，会中的精心服务，会后的善后落实。相关内容详见第九章会务工作礼仪。

针对外宾的接待工作，要求严格遵守外事有关规定。重点做好制订外事接待方案并报批（注意对等原则），接待安排要注意隆重得体、讲求实效。

关于涉外接待，此处补充介绍礼宾次序。常见的排列方法有以下几种。

第一，依照外宾的具体身份和职务高低顺序排列。

这是礼宾排列的最主要依据。因每个国家体制不同，部门与部门间的职务高低亦不尽一致，秘书需要按照各国规定，根据相应级别和官衔进行合理排列。

第二，依照外宾所在国家或地区名称的字母顺序排列。

属于多边活动的涉外接待，其礼宾次序常按参加国的国名字母顺序来排列，一般以英语字母排列为多，偶尔也用其他语种的字母顺序来排列。

第三，依照通知代表团组成的日期先后排列。

根据通知代表团组成的日期先后进行排列，也是常见的方法之一。在具体操作中，是按照来访国家通知代表团组成的日期排列还是来访国决定应邀派遣代表团的答复日期先后排列，可在给各国发出来访邀请函时加以注明。关于来访代表团长的礼宾次序，当两者级别相同时，通常按通知代表团组成的日期先后确定，设若时间正好在同一天，则结合上述第二种方法依字母顺序排列。

如果上述排列方法都难以妥当应用时，可采取不排列方法。在实际工作中，以上方法可交叉使用。但要注意的是，无论选用哪种排列方法，都需要事先向来访外宾进行通报，以消除不必要的误会或麻烦。

针对随机访客的接待，要求秘书能够随机应变、灵活处理。

🔍 **案例**

D市顺飞科技有限公司於秘书在电脑前根据正在J市谈判的王总指示，草拟一份与德国MR公司的合作协议。突然，与王总关系很好的金星医疗器械有限公司的陶总到办公室找王总，平时王总与他几乎无话不谈。不过听说金星医疗器械有限公司也有意要与德国MR公司合作。

讨论：於秘书应该如何接待陶总？如果陶总问於秘书在写什么、王总去了哪里，於秘书该如何应答？

本案例涉及在接待工作中要注意保密的问题。秘书在接待中要做到热情周到地接待来访者。秘书在看到客人来访时，应该停下手头的工作，起身礼貌地招呼客人。由于金星医疗器械有限公司的陶总与本公司王总关系友好，秘书对他并不陌生，秘书在接待过程中，对于客人提出的问题要尽可能地回答，并让客人感到满意。然而，虽然分在两家公司的两人平时无话不谈，但是"商场如战场"，从两家公司都在力争与德国MR公司合作就可看出他们之间有竞争关系。因此，秘书在回答陶总的问话时，应尽量不要告诉实情，以免泄露公司秘密。

第二节
馈赠礼仪

案例

　　林秘书："张总，这次咱们给香港来的客人送点儿什么礼物？"

　　张总："最好能体现咱们本土特色的，具体你参照以往惯例吧。"

　　林秘书："那就买些青瓷、宝剑之类特产送给他们如何？"

　　张总："你具体看看，这件事你来负责。"

　　林秘书结束与张总的电话后，立即给前台肖秘书打电话："肖×，辛苦你去买一些青瓷，准备送给这次来参观考察的客人。"

　　肖秘书："好的。买什么样的呢？"

　　林秘书："你就看着办吧。"

　　肖秘书："那可不行，我可不敢做主。上次买礼物回来，结果张总说包装盒不好看，让我又跑了一趟。"

　　林秘书："这样吧，你还是先去买。毕竟是香港来的客人，馈赠的礼品档次一定要高一些，就买那种比较贵的吧。礼盒也要最好的那种，显得大气。"

　　肖秘书："那我就照你说的意思去买了。"

　　讨论：如何选择礼物？价格越贵越好吗？是否应该讲究包装？

　　在人际交往中，适当、合理的馈赠，是表情达意的重要形式，有利于保持良好的联系与沟通。在公务、商务活动中，馈赠礼品也日渐成为联络组织之间情感的重要公关手段。

一、要明确赠礼性质

毋庸置疑，馈赠礼品是有一定目的的，应该根据不同目的选择不同的礼品。例如，初次见面赠送的纪念性礼品，为企业开张或组织周年庆典赠送的礼品，为组织内部员工赠送的鼓励性或慰问性礼品。

秘书人员在馈赠礼品之前首先应考虑的是赠礼的性质，只有明确领导或组织送礼的目的和意图，做到心中有数，才能代组织选购到合适的馈赠佳品，从而合理地表达赠礼者的一番心意。根据常规，向来宾赠送的礼品，应具有宣传性、荣誉性、独特性等特征。

秘书在选择馈赠礼品时，应适时征求领导的意见，并根据领导的意见进行准备，要注重体现礼品的企业文化、地方特色，富有纪念意义和象征意义；在选择礼品时，既要注意价格的合理性，又要根据来宾的职位区别对待。

在本节开头的案例中，秘书在给客人选购礼物时先征求领导的建议，有意识地选择具有本土特色的礼物，有其可取之处。

二、要了解馈赠对象

在社交活动中，礼物馈赠的对象有个人和单位之分，秘书在为领导或单位选择馈赠礼品时，如果是赠送给个人，应该对馈赠对象的身份、地位、性别、年龄、职业、性格、爱好和习惯等有比较清晰而深入的了解；如果是赠送给单位，则要考虑单位的性质、主营项目、组织规模、活动主题等因素。

同样一份礼品，馈赠给不同的对象，会有不同的反应或效果。例如，有的受礼者具有较强的鉴赏力，会比较注重礼品的质地；有的受礼者个性随和，对所受礼品的品质和包装都不太注重，只在乎彼此的情谊。又如，在与外国来宾交往时，应尊重对方的信仰和习惯。例如，当赠送给俄罗斯人一瓶名酒时，他会十分欣喜；而有些国家和民族的信仰要求不饮酒，赠送名酒就很不礼貌。因此，只有充分了解馈赠对象，充分考虑其性格特点、兴趣爱好、风俗习惯等，"投其所好"，才能使馈赠的礼物真正受到欢迎。

🔍 案例

LYR 食品公司张经理正在与游秘书讨论如何给参加此次交易会的顾客送点小礼品。张经理认为，要尽量争取潜在的顾客，因此对每位来到本公司展位品尝或询问过的顾客，公司都将赠送具有纪念意义的小礼品。

张经理让游秘书想一想该选择一些什么礼物赠送给顾客，游秘书向张经理阐述了自己的看法。

在案例中，向顾客赠送具有纪念意义的礼品，除了显示该公司的礼仪，更重要的是为了向潜在客户进行宣传。在选择时，最好选择一些有特色、新颖、实用、体积小、价钱又不贵的礼品进行赠送，尤其要注意实用性，如果选择的礼品能让客户经常看到并经常去使用，这样广告宣传作用便产生了。

三、要注重礼品价值

一份特别昂贵的礼品，其实不一定是最好的礼品，如果由于一掷千金给他人赠礼，馈赠对象可能会感觉礼品过于贵重而心生不安，甚至有受贿的感觉而增加心理负担，拒绝接纳。当然，一份价值过于低廉的礼品，也常因不够有诚意而不可能成为合适的礼品。在本节开头的案例中，在关于馈赠礼品的选择上，秘书根据领导的意见，提出了选购礼品的类型，强调赠送的礼品既要有地方特色又不失档次，注重礼品的包装，都是可取的，但在关于礼品的价格方面，一味强调贵并不可取。

常言道："礼轻情意重。"礼品好坏，并非以金钱的价值作为衡量的标准，礼物应寓意深刻、耐人寻味。一般来说，一份有意义的礼品，通常是有保存价值的，如果对方收到礼品后不愿珍藏而弃置，礼品则失去了馈赠的意义。

礼品的价值，主要考虑其思想性、艺术性、趣味性、实用性、纪念性和针对性等各个方面。[1] 此外，礼品，要有一定的新奇性、创造性，要让馈赠对象喜欢，即能令馈赠对象钟爱，使之产生受重视的感觉。

在我国，无论是政府机构还是企事业单位，在馈赠礼品时，通常会选择既能当装饰品又能表达祝贺之意的具有鲜明特色、突出标志，并能使馈赠对象喜爱的东西作为礼品。例如，青瓷花瓶、竹编花篮、精美字画等。从实际上看，如果馈赠对象将所收到的礼品放在办公室作为装饰，每当其看到该礼物时，就会自然而然想起馈赠者，有利于增进双方的感情。在与外商交往时，选择的礼品最好是有着浓郁的地方文化特色和富有纪念意义的物品，或者在其国家特别受欢迎的礼品，如中国的手工艺品、优质茶叶、精美字画、瓷器、丝绸等，都是外国朋友非常喜爱的礼物。

在此需要特别强调的是，无论是馈赠礼品还是收受礼品，应该提倡"赠有度，受有节"[2]，在西方国家，也是强调不送重礼。因此，在馈赠礼品时，一定要把握好"度"的问题。除了物质上的礼品，有时也可以赠送诸如明信片、礼仪电报等"精神礼品"。

---

① 王军：《公关礼仪》，104 页，武汉，华中科技大学出版社，1996。
② 王水华：《公关与商务礼仪》，194 页，南京，东南大学出版社，2001。

四、要掌握好赠礼时机

馈赠礼物时机的恰当性也是不可忽视的一个方面，如果把握不准馈赠时机，则会显得自作多情，会令人误解，甚至引起双方的不快。在此必须强调的是，如果在公务活动中，对方组织的政策规定不允许收受任何礼物，则应无条件地遵守此规定，以免给对方及其工作带来不必要的麻烦，否则，不仅表示不懂礼节，而且会危害和客人的友谊，使其处于不利的、被动的、尴尬的境地，甚至可能引起对方组织对相关受礼者的严厉惩处。

馈赠礼品时间，通常在刚见面或临分别时比较适宜。不管礼轻礼重，都代表自己真诚的心意，在送礼时，要落落大方，恭恭敬敬地用双手呈送给受赠者，同时说上几句表示问候、欢迎、祝贺之类的话，必要的话，还需要对礼品的含义、特色和用途等进行适当说明。

🔍 **案例**

飞达公司与日本某公司的会谈结束，秘书陪同领导前往送别。

陈秘书："杨总，日本客人即将返程，我们一会儿去给日本客人送行吧。"

杨总："好的。给日本客人送的礼品准备好了吗？"

陈秘书："准备好了。每人一盒文房四宝。"

在本案例中，飞达公司的会谈对象是日本人。在送别客人之时奉上礼品，时机选择是恰当的。秘书准备了日本人喜欢的文房四宝，在礼品的选择上也是值得肯定的。

对于一些企业来说，每逢节假日，为表示对公众的谢意，或为了赢得公众更多的友情，常常需要赠送公众以不同的礼品。随着组织或企业业务的扩大，对外交往日趋频繁，与外国商界朋友打交道的机会也随之增多。因此，作为一名秘书，有必要了解有关赠送礼品的礼仪规范。

五、要选好包装及赠礼方式

选购好一件称心如意的礼品以后，还需要注意的是，精心包装后的礼品无疑可以使受赠者感受到自己所受到的重视，有时，美观大方的礼品包装会给礼物增加美感而令人印象深刻。在西方国家，人们在馈赠礼品时，用于包装的花费常达送礼总支出的三分之一，可见礼品包装在西方人眼中的重要性。从一定程度上来讲，礼品不包装或包装不合适，会被看作是无礼的表现。

通常情况下，礼品可用专用的彩色或花色的礼品纸包装，然后再用彩色的丝带系上梅花结或蝴蝶结。礼品上如果有价格标签，务必记得将标签取下。

馈赠礼品有亲自赠送、托人转送、邮寄赠送等方式，一般以亲自送达为好。亲自面赠礼品时，可以更加充分表达赠礼者的诚心诚意，在赠送礼品时，切忌表现得鬼鬼祟祟唯恐他人知晓，而应表现得自然坦率。在馈赠时，如果是托人转送礼品，可在礼品上附上一张小小的签名片，让馈赠对象能够清楚地知道赠礼者姓甚名谁。若以邮寄方式馈赠礼品，应尽可能亲笔撰写一份致辞或礼笺来更好地表情达意。

六、了解其他国家赠礼仪俗

正如前文曾提及，不同的国家和民族对于礼物的喜好及具体赠送礼仪是有区别的。

🔍 案例

山水公司与阿拉伯 MG 公司的合作谈判落下了帷幕。

叶秘书正在筹办签字仪式，她将一块墨绿色台布铺在桌上。在会议室的一角，摆放着准备在签字仪式结束后送给阿拉伯客人的五粮液酒，为了体现喜庆，叶秘书选用了红色包装盒。

在本案例中，山水公司的会谈对象是阿拉伯人。因为阿拉伯人信奉伊斯兰教而禁酒，因此不宜给阿拉伯人送酒。阿拉伯人比较喜欢绿色而不喜欢红色，所以在礼品的包装上不宜选用红色。给阿拉伯人馈赠礼品，首先应尊重其宗教习俗，但凡带有熊、猪、猫、六角星图案或女性形象的礼品都不宜赠送，中国传统工艺品如瓷器、银器、漆器等，是阿拉伯人喜欢的礼物。此外，与阿拉伯人初次见面时请勿馈赠礼品，以免引起误会。而且，向阿拉伯人送礼的时候，一定要当着众人的面赠送，而不要悄悄地私下赠送。

接下来，对其他国家的赠礼仪俗做一些补充介绍。

美国人重情轻礼，给美国人的馈赠礼品，可以是书籍、糖果、针织品、工艺品等，美国人对有本公司标志的物品或格外贵重的礼品会表示介意。赠送礼物不宜在最初见面时，可在会谈结束、宴会开始前赠送。

英国人的送礼方式非常丰富，请客用餐、喝咖啡、看演出等均属于送礼范畴。英国人喜欢带有公司标志的礼品，对我国的工艺品、鲜花等也非常喜欢，但对过于昂贵的礼品比较介意，也不宜将服饰、带人像的物品以及香水、肥皂等生活用品当作礼品赠送。此外，不宜当着太多人的面赠送，可选择在用完晚餐或看完戏之后馈赠礼品。

德国人对于礼品的价格并不看重，德国曾明文规定，礼品价格超过 30 马克，无论送礼者还是受礼者都必须主动纳税。德国人十分重视礼品包装，因此给德国人馈赠礼物时要讲究包装的完美，不宜选用黑、棕、白等颜色的包装纸和丝带。忌向德国人赠送刀剑类物品甚至刀叉类餐具。

法国人比较注重礼品的艺术特质和浪漫气息，诸如唱片、磁带、画册、名人传记、回忆录、历史书籍等都是他们喜欢的物品。法国人对于初次见面送礼比较介意，故首次见面无须准备礼物，可等第二次见面时再送。

意大利人比较喜欢能够给人以快乐感的礼品，诸如高雅的书画、精美的手工艺品等都是他们喜欢的。不宜给意大利人送手绢、丝织品、亚麻织品以及带有十字花和美人图案的礼品，同时要注意回避"3"这个数目的礼品。在礼品包装色彩上，除紫色之外，宜选择比较淡雅的色调。

日本人比较注重礼品的价格，喜欢名牌货，比较喜欢的中国物品有名酒、丝绸、工艺品、名人字画等，不喜欢有狐狸形象或菊花、荷花图案的物品。与日本人初次见面，即需互赠礼品。礼品包装可用花色纸，忌用绿色包装纸，且不要系蝴蝶结，日本人忌讳"4""9"两个数字，故不宜送这些数目的礼品。此外，给日本人馈赠礼品时，不适合在大庭广众下赠送，而应该选择人数不多的时候赠送。

韩国人比较注重在节日时候送礼，工艺品、烟、酒、糖果等都是韩国人喜欢的，但最好不要送日本货，同时忌讳送与"4"这个数目相关的礼物。

俄罗斯人非常喜欢其他国家的物品，诸如糖果、鲜花、烟酒、服饰、书籍、磁带等都是他们喜欢的。

澳大利亚人对玉佩、鲜花、工艺品、丝织品等礼品都非常喜欢。

在向国外宾朋馈赠物品时，秘书人员要充分考虑到每个国家都有自己独特的送礼和受礼规则，要了解宜忌，确保通过合理的礼仪，来增进情感、加强合作。

第三节
拜访礼仪

🔍 **案例**

在金钢公司总经理办公室中，张总向林秘书了解有关拜访的安排事宜。

张总："台湾考察团过来之后，我方去客人下榻宾馆拜访的环节，怎么没看到安排？"

林秘书："不好意思，我忘记写进去了。我考虑在他们入住后当天晚上九点左右，安排领导前往拜访。"

张总："这个拜访时间有没有和对方确认？安排哪几位领导前往拜访？"

林秘书："还没有和对方联系。要不，等他们到了再说？"

张总："一定要和对方先通气，否则人家会觉得我们不够礼貌。"

讨论：为什么需要提前征询拜访对象的意见？拜访需要注意哪些礼仪？

秘书陪同领导或根据领导授权开展的拜访活动，属于人际交往中不可或缺的应酬。作为秘书人员，除了在办公室里接待到访的客人，有时也要到其他单位、办公室或住所去拜访他人。在拜访时，要注重自身的言行举止，即使在细节方面也绝不能含糊，如果出现失礼则会破坏了他人对自己的良好印象，甚至还会影响到单位的声誉。

一、拜访前要做好充分准备

拜访，是向拜访对象表达看望、送上祝福、介绍情况、以示关照等过程。一旦决定去拜访他人，必须提前做好充分准备。

首先，为了向拜访对象表示敬重和对拜访活动的重视，要选择合适的着装，既不要穿得过于正统，也不要过于随便，所选着装应该是显得高雅、大方、庄重、得体，而又不失亲切、随和、自然。

其次，要为拜访对象选择一份具有纪念意义和实用价值的礼品。关于拜访时礼品的选择，可参照上一节"馈赠礼仪"的有关内容。当秘书在挑选礼品时，要避开价格过于昂贵或过于低廉的东西，以免使拜访对象感到承受不起或产生被轻视的感觉。如果是初次拜访，而拜访对象及其所在国家忌讳初次见面送礼，则可以不准备礼物，可以在下次拜访时再带礼物。

再次，前往拜访的人数不宜过多。在政务、商务活动中，拜访人数尽可能控制在一定的范围内，秘书不宜安排太多的人结伴前往拜访。要特别注意的是，未经约定，或未征得拜访对象的同意，切忌带拜访对象不了解或不熟悉的其他人前往，否则会被认为不礼貌、不尊重。

最后，切记提前预约拜访时间。需要特别注意的是，当主动提出去拜访他人时，切忌一厢情愿地冒昧行事，切忌措辞强硬，语气要缓和，让对方客气而热情地欢迎我们前往。只有有约在先，才能保证在宾主双方都方便的情况下进行拜访活动。尤其是涉外交往中，在外国人看来，未曾预约而到访，是非常失礼而不受欢迎的，可能会让上门拜访者劳而无功。如果约定了时间，就应如期前往，不得随意改变双方已经约定的时间，不能迟到，但也不必太早到达，早到和迟到其实都属于失礼的行为。

二、要注意拜访时间的选择

拜访外地来的客人，通常安排在客人抵达的当天晚上进行。如果是在当地拜访官员、客户、亲友等，最好选择在拜访对象相对比较空闲的时间段。

🔍 **案例**

> 瓯江大酒店客房外，身穿职业装的王秘书来到 8628 贵宾室门口，敲了敲门。
>
> 门开了，客人身着睡袍、头裹毛巾开门出来。
>
> 王秘书："您好。"
>
> 客人："您好。"脸上似乎有些不悦。
>
> 王秘书有些尴尬，赶忙说："我是滨海山水公司秘书王×，高总让我来接您。"
>
> 客人："噢，那不好意思，你得稍等一下，我先去把头发吹干。"

拜访不能搞"突然袭击"。[1] 拜访前，秘书应先联系对方的秘书或随员商定时间，而后安排主方领导带领随从人员前往客人住地，到达后应先在大堂里打电话通知对方，不宜径直上楼去敲房间门或按门铃。在本案例中，秘书没有事先打电话预约，就贸然拜访客人，是不合礼节的。到了酒店直接到客房敲门，让客人一脸不悦，说明是不受客人欢迎的。

当准备去拜访他人时，一定要记得提前预约，不能做不速之客。在选择拜访时间时，通过预约，可以与拜访对象共同商定合适的拜访时间与拜访地点。之所以强调拜访前要进行预约，是因为考虑到每个人都有自己的日程安排，不约而至往往会打扰他人的计划，给他人的工作、生活带来不便。一般来说，对于公事而言，最好选择在办公时间内进行，切忌在周末或休息时间前往拜访。如果要前往住处拜访，在具体拜访时间上，最好不要选择在一日三餐的用餐时间，可考虑在晚餐过后的时间，绝不能在凌晨或深夜拜访。在预约时，要尽可能考虑拜访对象是否方便，可通过电话、短信、邮件等方式提前与对方联系。进行外事访问，一般以上午 10 时或下午 4 时左右为宜。

如果是面向外地来访客人的拜访，拜访时间有时也会安排在送行前。拜访前秘书应该打电话给对方秘书，告知将去拜访的时间以及上门拜访人员的身份，提醒对方做好准备。由于是送行的拜访，秘书还要关照客人的行李，提醒客人不要遗忘物品。如果出现客人行李或其他物品不慎丢失等意外情况，可让客人先行，秘书或其他随从人

---

[1]　史晟：《公务员礼仪读本》，200 页，北京，中国和平出版社，2003。

员留下来帮助与有关方面交涉解决。

三、拜访过程中需注意的礼仪

（一）拜访时的举止礼仪

当根据事先约定时间到达指定地点时，拜访人员在进门之前，应按门铃或敲门，按门铃不要太重，也不要持续不停地按，敲门的声音也不宜过大、过频，要注意有节奏地轻声敲门两下或轻按门铃为宜。在敲门或按门铃后，如果未听到拜访对象的邀请，或未经拜访对象开门相让，即使房门虚掩也不宜自行入内，否则容易导致双方尴尬。

等拜访对象开门迎接时，秘书应该始终保持礼貌的姿态，等对方伸手相握时，与其握手致意。如果拜访对象所在的国家习惯先行拥抱礼、合十礼、鞠躬礼等，前往拜访的人员也应有相应表示。经拜访对象允许入室后，前往拜访的人员也不必过分谦让，应表现得自然从容。有时尽管拜访所要谈论的事情所需时间很短，也应进入室内后再谈，不宜在走廊或门口谈。[①]

🔍 案例

晚上 8 点，长虹大酒店客房门外，罗秘书受领导之托来拜访下午抵达的日本客人，她按了两下门铃。

门开了，罗秘书伸出右手欲与对方握手。日本客人没伸手，仅是弯了弯腰，行了个鞠躬礼。

秘书去拜访的对象是日本客人，没有按照日本人的习俗行鞠躬礼，而是直接伸手行握手礼。从这个细节上，说明秘书不懂得日本文化与中国文化的差异，因而在拜访之初就出现了尴尬的场面。

如果是到他人住所去拜访时，还有一些细节需要注意。前往拜访的人员在入室之前，应在房外门垫上擦干鞋底，以免踩脏室内地面或将尘土泥水等带入室内，如果发现拜访对象家中铺了瓷砖或地毯之类，应根据拜访对象及其家人的提示自觉换上指定的拖鞋或穿上鞋套。当拜访对象向前往拜访人员逐一介绍其家人时，前往拜访者应与他们每个人都一一问好，无论长幼均应平等对待。如果遇到拜访对象家中还有其他客人，应主动微笑问候，被介绍相互认识后，要适当寒暄几句。如果坐定后，拜访对象或其家人递上茶水或水果之类时，应微微起身，双手接过，并致谢意，食用剩下的果

---

① 王军：《公关礼仪》，33 页，武汉，华中科技大学出版社，1996。

皮、果核等要放在专用的果皮盒内或垃圾桶内，不要随意弃置。西方家庭习惯备有小吃或饮料招待客人，前往拜访的人员不要简单拒绝，应在品尝后表示赞赏，当有多种饮料供选择时，应挑选自己相对喜欢的一种，不能习惯性地说"随便"而给拜访对象造成不便。如果在拜访过程中，又有其他客人到访，作为先到的拜访人员，应主动起身相迎，如果觉察到后来的其他客人与拜访对象有要事相商，则不宜在座旁听，应适当回避，或者提前告辞方为有礼。辞行时应果断自然，不能迟疑犹豫，要记得感谢拜访对象及其家人的热情款待。

(二)拜访时的谈吐礼仪

与拜访对象进行交谈，态度一定要诚恳，讲话要彬彬有礼，充分流露出对拜访对象的尊重。要始终记住自己的身份是"访客"，应该客随主便，自觉地约束自己，始终注意自己说话的语气和内容。

在拜访过程中，谈话的内容尽可能直接明了，不宜东拉西扯，长时间不入正题。如果是到拜访对象家中做客，不可喧宾夺主，尤其是拜访对象家中客人较多，千万不要抢话头，竭力表现自己。在交谈过程中，要避开拜访对象忌讳的话题，如果无意中触犯，应马上把话题引开。[1] 如果在交谈的过程中，觉察到拜访对象准备休息或将要出门，应尽可能及时结束话题，并为打搅对方而和其表示歉意。要注意，拜访时以不妨碍对方的正常工作和生活为原则，在单次拜访的时间上要控制得当，不宜停留太久，一次拜访做客的时间，如果没有要事相商，一般以15分钟[2]到半小时左右为宜，如果为了一些琐碎小事而无谓地消磨时间是非常失礼的。

🔍 **案例**

蔚蓝公司李秘书前往拜访碧湖公司销售部俞经理。

李秘书说："俞经理，你今天穿的衣服真漂亮，很贵吧？"

俞经理笑了笑说："我哪天穿得不漂亮了呀？价格嘛，我忘了。"

李秘书又问："你们公司这几年生意好，像你们部门经理的月薪应该很高吧？"

俞经理笑着说："和你们差不多吧。"

李秘书又问："听说你是回族的，中午我想请你吃个饭，但我不想去清真餐厅，想吃点什么呢？"

俞经理说："不好意思，我今天中午已经有安排了，谢谢！"

---

[1] 史晟：《公务员礼仪读本》，199页，北京，中国和平出版社，2003。
[2] 王水华：《公关与商务礼仪》，178页，南京，东南大学出版社，2001。

在拜访时，与拜访对象进行交流的过程中，问及他人衣服的价格、个人收入和民族习俗等，都是不得宜的。如果是去拜访国外来的客人，在进行交流时，秘书人员应该遵守涉外交往中"八不问"的原则，尤其是有关民俗方面的内容，秘书不宜直截了当地问，而应该事先去了解，以防在交谈过程中触犯禁忌而失礼。

第四节
送花礼仪

🔍 **案例**

梦庭公司为了迎接德国来的客人，方秘书提前去花卉市场选购了一些鲜花。

方秘书挑选的鲜花有玫瑰、扶兰、莲花、郁金香、石竹花等，让店家用不同颜色的包装纸包成花束。

这天正好下雨，花上面沾了些雨水，有几束不小心沾了点泥巴。

当客人到达公司门口时，由礼仪小姐给他们一一送上鲜花。

讨论：秘书所选送的花是否合适？在送花之时，应注意哪些问题？

鲜花，素来被视作一种美好的事物。在社交礼仪中，经常会以送花来表情达意。送花礼仪，充分展现着人际交往中的文明、高雅、情调、品位。

在秘书工作中，当需要送花时，要注意让鲜花既表达自己的一番情意，又能为对方所理解和接纳，秘书需要了解有关赠花的礼仪，特别需要在鲜花品种、花色、数目、包装、赠送方式等几方面来体现礼仪规范。

一、了解鲜花象征意义

送花，首先要了解花的象征意义。花有"花语"[①]，送花就等于表达相应的语言。例如，牡丹表示荣华富贵，报喜花表示幸运早来，月季花表示幸福持久，金达莱表示昌盛繁荣，吉祥草表示鸿运祥达，都有着美好的花语。

我国在送花时非常注意花名的谐音。例如，在香港，对谐音的意义十分看重，探

---

① 花语，即花所代表的含义。不同国家和民族，有不同的花语。关于不同鲜花所表达的"花语"，可参见史晟：《公务员礼仪读本》，137～138页，北京，中国和平出版社，2003。

望病人时忌送剑兰与扶桑花，因为它们分别与"见难""服丧"谐音，病人对此非常忌讳。又如，给中国南方的生意人送桃花，对方一定会很高兴，因为桃花暗含红红火火之意，而如果送梅花、茉莉花，则会被认为是不吉利的，因为梅与"霉"、茉莉与"没利"谐音，生意人不愿走霉运、没收益。

秘书人员选择鲜花作为礼品时，应明白相关的鲜花所具有的象征意义，并了解该象征意义是否符合人际交往中想要表达的意思，是否符合对方的特点和恰当的场景。所以，秘书人员在选择鲜花作为礼品时一定要慎重，不可随意选择不恰当的鲜花品种来送人，避免因未搞清楚花的含义而弄巧成拙。

二、注重花束组合意义

在赠花之时，除了选择单色花之外，还经常会选用几种不同的花卉组成花束。在社交活动中，相比赠以单一的一枝花来说，赠以花束更为常见。在搭配的时候，除考虑鲜花的大小、色彩外，还可利用花语组成祝词，这样表示的含义会更加丰富多彩。

例如，当要拜会朋友表达鼓励之情的时候，可将红丁香、鸟不宿、菟丝组成花束，表示"愿你努力，祝你成功"；当要送别客人表达依依惜别的深情时，可将杉枝、香罗勒、胭脂花组成花束，表示"愿你一切美好顺利，请君勿忘我"；当要参加公司一位年轻人的婚礼时，可以送五爪龙、麦蘽组成的花束，表达"永结同心，幸福一生"的美好祝福；当要参加一位中年的老客户生日派对时，可送唐菖蒲、美留兰、茶花等；当迎接外国来的客人时，可选用玫瑰、兰花等编织成的花环。如果是参加开业庆典、就职仪式等比较正式或重大的场合，则可以选择送花篮、盆花、襟花等，那样显得更隆重。要把花束组成的意义与具体的情境联系起来，根据秘书工作中相关情境，结合送花的对象和场合，挑选不同组合的花束来表情达意。

至于花束的大小，并不要求越大越好。一般情况下，完全没有必要赠送大束的鲜花。[1] 只要花语组合恰当，只要赠者诚心诚意，送上一小束鲜花也未尝不可，不必担心或顾虑受赠者是否会嫌弃。

三、注意区分送花喜忌

了解花的象征意义，就知道并非任何品种的花都可以随便送人的，需要有区别地选择合适的花送给对应的人。当然，需要注意的是，以上所举例子仅是常用的花语，因国度不同，有些花所表示的意思依然存在一定的差异性，甚至可能相反，有的还属

---

[1]　王水华：《公关与商务礼仪》，198 页，南京，东南大学出版社，2001。

于禁忌范畴。例如，在中国，荷花是普遍受人喜欢的一种花，但在日本却是专门用于祭奠的，在与日本人进行交往时，荷花属于忌送之花。

在送花的时候，一定要注意场合，选择与相关场合对应的花，一旦触犯禁忌，就容易出现令人不悦的情形。例如，当探望单位因生病住院的员工时，不宜送菊花、白色花和香味较浓的花。又如，在涉外交往中，一定要注意选择整洁、鲜艳的花束，在本节开头的案例中，鲜花上面沾了雨水和泥巴，是失礼的，所选鲜花中的郁金香，就是德国人所不喜欢的，因为他们认为郁金香是一种表示无情的花。

下面，补充介绍不同国家对花的喜忌[①]，在送花时选择合适的，避开不该选的鲜花。

对于花的品种，不同的国家在喜忌上各有不同。法国人虽然喜欢花，但菊花、牡丹、康乃馨以及纸花都是忌送的。英国人、加拿大人对白百合花比较忌讳，不宜相赠。西班牙人忌送大丽花和菊花。意大利、比利时等国家的人，忌送菊花，因为在这些国家菊花代表着死亡和灾难，属于非常不吉利的花。例如，郁金香，德国人认为是无情的花而不喜欢，但土耳其人却将其视作爱情的象征。百合花，英国人不喜欢，但罗马人却将其视作美与希望的象征。

对于花的颜色，不同的国家在喜忌上各有不同。大体来说，一般人认为深色的鲜花象征着坚毅，浅色的鲜花则象征着温柔。但具体到某一种颜色，其寓意又各有不同。例如，红色的鲜花象征着炽热的爱情和旺盛的生命力，粉红色的鲜花象征着友谊、好感和浪漫忠诚的爱情，黄色的鲜花象征着妒忌和轻蔑，橙黄色的鲜花象征着朝气蓬勃和充满希望，紫色的鲜花象征着充满敬意和良好的祝愿，白色的鲜花象征着纯真与死亡等。虽然每种颜色都有其特定的寓意，但不同文化背景下的人们对其理解、欣赏程度会有很大不同。在我国，喜庆的场合多用红色鲜花，而在国外，红色鲜花多用于恋人之间表达爱情。在西方国家，人们忌讳将百合花、白山楂花带入室内，但在生日派对上，白色鲜花则是常见的礼品，在婚礼上，向新娘赠送成束的白色鲜花，更成为一种惯例。在俄罗斯、埃及，忌讳送黄色的花。在墨西哥，鲜花不常作为礼品，不宜送黄色、红色的花，人们最喜欢的花是白色的花。印度人忌讳白色的花，伊拉克人忌讳蓝色的花，乌拉圭人讨厌青色的花，泰国人忌讳红色的花，巴西人忌讳棕黄色的花，欧美国家的人大多忌讳黑色的花。

对于花的数目，不同的国家在喜忌上各有不同。在我国，对于花的数目，比较喜欢偶数。在俄罗斯，送花的数目最好是奇数。西方一些国家通常采用单数同时又要避开数字"13"。

---

① 此处所介绍各国关于送花的喜忌内容，参见王水华：《公关与商务礼仪》，197～198页，南京，东南大学出版社，2001。

　　以鲜花赠人，一定要注重包装，好的包装才能与美丽的鲜花相配，所以在花店买花的同时，最好请人以专用包装纸将修剪过的鲜花包好，并结以丝带，以示对赠送礼品的认真和正式。赠送鲜花时，赠受方式也不宜忽视。一般来说，不宜请人匿名送花。在赠送鲜花时，可在包装上附上自己的名片，或者在上面写上受赠者的姓名，还可以亲笔写上几句表示问候或祝福的话语，让人充分感受到送花者的真诚。

思考题

　　1. 在接待工作中，秘书在礼仪方面需要遵守哪些原则？

　　2. 当秘书在拜访客人时，需要注意哪些方面礼仪？在交谈过程方面，需要避免谈及哪些话题？

　　3. 为什么说馈赠礼品并非越贵越好？

　　4. 在送花礼仪中，最应注重的是哪几个方面？

第八章

以茶待客礼仪

结构图

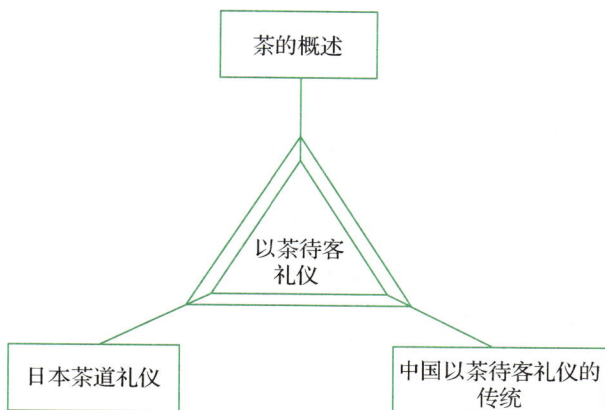

【本章学习目标】

1. 掌握六大茶类的名称、分类方法以及各茶类的代表性茶。
2. 认识中国茶具的主泡器、辅泡器的名称、用法。
3. 认识日本茶道的茶室、主要茶具。
4. 重点掌握中国茶礼仪、日本茶道礼仪的要领。

【案例导入】

　　小王刚毕业就入职了一家公司的行政部门，作为秘书承担公司的内部和外部服务、接待等工作。这家公司里有浓郁的茶文化氛围，在风景最好的区域专门开辟了一间茶室。有一天，公司来了一位重要的客人，总经理李明让小王先到茶室招待客人，他随后就到。小王领客人到了茶室之后，就赶紧准备泡茶，但是面对种类繁多的茶叶突然有点茫然，最后拿出一盒红茶，打开包装后用手从锡纸袋中抓出一把茶叶投入玻璃杯中，直接冲了热水端到客人面前，并频频劝客人喝茶，客人端起茶杯喝了一小口又放下。

　　讨论：在这个案例中，小王有什么需要改进的地方？

第一节
茶的概述

在当今秘书工作中，有很多场合需要为客人泡茶、奉茶，有些活动直接在茶室进行，有的公司或部门甚至专门辟出一处地方用来以茶待客，所以对从事秘书工作的人员而言，了解一些茶艺、茶道知识就显得很重要。中国是茶和茶文化的发源地，茶在人们的生活中占有重要的地位，所谓"开门七件事，柴米油盐酱醋茶"。茶不仅是日常生活的重要组成部分，而且也是人际交往的有效桥梁，因此，以茶待客的礼仪越发重要。

一、茶的简史

唐代陆羽《茶经》称："茶之饮，发乎神农。"传说人类尝试茶叶的第一步就是从"神农尝百草，日遇七十二毒，得茶而解之"开始的。及至三国饮茶的风俗开始萌芽，兴于唐，盛于宋，并日渐成为日常饮品。世界上第一部有关茶的专著是唐代陆羽的《茶经》，完整地介绍了茶叶的历史、源流、生产技术，以及品水和饮茶的技艺。茶道第一次出现在唐代诗人皎然《饮茶歌·诮崔石使君》中："一饮涤昏寐，情思朗爽满天地；再饮清我神，忽如飞雨洒轻尘；三饮便得道，何须苦心破烦恼……崔侯啜之意不已，狂歌一曲惊人耳。孰知茶道全尔真，唯有丹丘得如此。"北宋改唐代的煎茶法为点茶法，南宋则为泡茶法，宋太祖赵匡胤时期茶仪已成礼制，宋徽宗赵佶的《大观茶论》广谈制茶之法与点茶真韵；元明清三代，茶文化进一步发展并推广至民间，城市茶馆兴起，客来敬茶已成为寻常百姓的礼仪美德；殆至今日，茶不仅是最普遍的天然饮料之一，也是人际交往中非常重要的媒介。正如《茶经》所说："茶之为饮，发乎神农氏，闻于鲁周公，齐有晏婴，汉有扬雄、司马相如，吴有韦曜，晋有刘琨、张载、远祖纳、谢安、左思之徒，皆饮焉。滂时浸俗，盛于国朝两都并荆俞间，以为比屋之饮。"①

二、茶叶简介

根据《中国茶经》的表述，一般将茶分为基本茶类和再加工茶。在 2014 年实施的国

---

① 张芳赐：《茶经译释》，48 页，昆明，云南科技出版社，2004。

家标准《GB/T 30766—2014 茶叶分类》里，将茶叶做了如下分类。

（一）绿茶

绿茶是以鲜叶为原料，经杀青、揉捻、干燥等加工工艺制成的产品。绿茶为不发酵茶，如龙井、碧螺春、黄山毛峰、信阳毛尖、峨眉竹叶青、恩施玉露、安吉白茶、南京雨花茶、太平猴魁、开化龙须、庐山云雾、安化松针、六安瓜片、金坛雀舌、花果山云雾茶等一百余种。需要注意的是安吉白茶虽冠以"白茶"的名字，但其实属于绿茶的一种。

（二）黄茶

黄茶是以鲜叶为原料，经杀青、揉捻、闷黄、干燥等生产工艺制成的产品。黄茶经轻微发酵，如君山银针、蒙顶黄芽、霍山黄芽、皖西黄大茶等。

（三）白茶

白茶是以特定茶树品种的鲜叶为原料，经萎凋、干燥等生产工艺制成的产品。白毫银针、白牡丹、贡眉、寿眉等都是经轻度发酵的白茶。

（四）乌龙茶

乌龙茶是以特定茶树品种的鲜叶为原料，经萎凋、做青、杀青、揉捻、干燥等特定工艺制成的产品。有时也被称为青茶，半发酵，武夷岩茶、武夷肉桂、闽北水仙、铁观音、白毛猴、凤凰水仙、台湾乌龙、台湾包种、铁罗汉、白冠鸡、水金龟等均属此类。

（五）红茶

红茶是以鲜叶为原料，经萎凋、揉捻、发酵、干燥等加工工艺制成的产品。红茶是全发酵茶，祁门工夫、滇红工夫、政和工夫、正山小种等均是红茶。

（六）黑茶

黑茶是以鲜叶为原料，经杀青、揉捻、渥堆、干燥等加工工艺制成的产品。黑茶属于后发酵茶，包括六堡茶、云南普洱茶、湖南黑茶、黑砖茶等。

再加工茶包括花茶、紧压茶、萃取茶、果味茶、药用保健茶和含茶饮料。

三、茶器简介

《茶经》中记载了二十四种茶器，包括风炉、筥、炭挝、火筴、鍑、交床、夹、纸囊、碾/拂末、罗合/则、水方、漉水囊、瓢、竹夹、鹾簋/揭、熟盂、碗、畚、扎、涤方、滓方、巾、具列、都篮。但上述茶器在现代茶艺和茶道中已发生很多改变，具体内容在后续第二、第三节中有详细介绍。

由于本章内容集中在以茶待客礼仪上，故而不会像《茶经》那样详细论述茶的起源、茶树的品种、种植、产区、茶叶的采制，而是主要集中于茶叶的冲泡、品饮、与之相关的器具以及最重要的以茶待客礼仪。在介绍礼仪时，主要从泡茶主人的角度出发，一并涉及被招待的客人的礼仪注意事项，以期尽量勾连全局。

第二节
中国以茶待客礼仪的传统与现代

礼仪是一个社会的典章制度和道德规范，作为典章制度是社会政治制度的体现，作为道德规范则是行为的标准和要求。饮茶在我国，不仅是一种生活习惯，更是一种源远流长的文化传统。客来宾至，清茶一杯，可以表敬意、洗风尘、叙友情、示情意。重俭朴、弃虚华，成为人们日常生活中的一种高尚礼节和纯洁美德。俗语说，开门七件事"柴米油盐酱醋茶"，虽然茶排在最后，但"以茶待客"历来是我国最普及、最具平民性的日常生活礼仪，如果上升到艺术的高度，可以称为茶艺，及至哲学层面则可称为茶道。

所谓茶艺是在泡茶技艺的基础上，对泡茶的各道程序进行艺术加工，将生活中的泡茶技艺上升到艺术的高度，使客人得到美的享受和艺术的熏陶。在品茶的同时，可以增进与客人的友谊，是一种日趋流行且有效的社交方式。泡茶偏重于生活，而茶艺则偏重于艺术，因而要求更高，影响也更大。以茶待客是生活的一部分，但同时因其在礼仪方面颇有要求，故而对技艺有一定要求，对茶艺有所了解将有助于更加礼貌得体地以茶待客。

茶艺可以分为四大类，分别是：第一类宫廷茶艺，包括三清茶茶艺、太子茶茶艺以及太后三道茶茶艺；第二类民俗茶艺，包括擂茶茶艺、油茶茶艺、奶茶茶艺以及三道茶茶艺；第三类宗教茶艺，包括禅茶茶艺、武夷留春茶茶艺以及五台山礼佛茶茶艺；第四类文士茶艺，包括乌龙茶茶艺、绿茶茶艺以及花茶茶艺。

宫廷茶艺具有深厚的历史文化底蕴，如唐代宫廷茶艺，除了讲究唐代宫廷服装、精美饮茶器具外，还要注重宫廷礼仪，并有一定的历史文化内容，服装以及流程烦琐。民俗茶艺展现了我国各民族多姿多彩的饮茶艺术。除了独特的泡茶方式外，民族风俗、民族服饰是特色之一。宗教茶艺的形成与我国佛道与茶结缘甚深是密切相关的，重视

"静省序净""修心养性"，认为茶与禅相通，可以茶悟道。禅茶茶艺是佛门的品茶艺术，"太极茶艺"与道教有关。宗教茶艺要求环境俭朴、茶器古朴典雅、不求豪华贵重，礼仪特殊、气氛庄严肃穆。文士茶艺追求"精俭清和"，尤其流行于江南文人雅士集中地区，经一批文人倡导，对茶叶、茶具、用水、火候、品茗环境及参与人员有严格要求。品茗时，以书、花、香、石、文具为摆设，并有诗词歌赋、琴棋书画、清言漫谈。现代文士茶艺更多与清淡、赏花、玩月、抚琴、吟诗、联句相结合，追求意境，反而不过于注重茶、水、火、器。

以上四类茶艺适合专门的茶艺活动，但是不适合日常待客，尤其是商务待客之道。以茶待客之礼是在以上茶艺基础上做出一定简化的，结合现代生活和社交场合礼仪的特点形成的，适合日常生活和商务活动的茶艺待客礼仪。现代以茶待客礼仪虽然没有专门的服装、动作、姿态以及器具等一系列的严格规定，但是也有一定的礼仪规范。以下将从人、茶、礼三大方面进行介绍和分析，具体而言包括仪表、姿态、气质、茶具的摆放、器具的拿取手法、茶台的布置礼仪、茶具演示要领、行茶手法、行茶要领和礼仪等方面。对待客的主人和访客，分别有不同的礼仪要求。

一、人

"茶"字拆开来看就是"人在草木间"，作为现代生活和社交礼仪的主体，人是非常重要的一环，在仪表、姿态、气质方面都有不同的要求。

(一)仪表

首先是着装要得体。在泡茶过程中，如果服装颜色、样式与茶具环境不协调，会大大影响品茗环境。泡茶的人服装不应太过鲜艳，要与待客的环境以及茶具相匹配。服装样式以中式民族服装为宜，如果是商务活动，则按照商务礼仪服装要求也可以，但总体上袖口不宜过宽，否则容易碰到茶具或茶水，不仅会打翻器具造成不必要的尴尬，而且会给人一种不卫生的感觉。

其次是整齐的发型。泡茶者的发型应该适应自己的脸形和气质，要按泡茶的要求进行梳理，如果是短发，要求低头时头发不要落下挡住视线，如果是长发，泡茶时应将头发盘起，否则将影响操作，而且要简单大方，避免过于复杂以及过多头饰，且与服装相适应。

再次是干净的双手。在泡茶过程中，客人的视线始终停留在泡茶者的手上，因此，不管泡茶者性别是男是女，其手和动作是相当重要的。指甲要及时修剪整齐，不宜留长指甲，更不宜涂指甲油，手上不要带链、戒指等饰物，容易喧宾夺主，也会碰击茶具，发出不协调的声音。

最后是优雅的举止。主要指的是人的动作和表情，体现在举手投足、一颦一笑之间，是一种不说话的语言，表露着人的思想及情感，它包括动作、手势、体态、姿态的和谐美观及表情、眼神、服装、佩饰的自然统一。行茶时，动作宜舒缓流畅，表情自然大方，彬彬有礼。

（二）姿态

1. 站姿

站姿的基本要求是：站立时双脚呈"V"字形或"丁"字形，身体要端正，应抬头、挺胸、收腹、提臀、眼睛平视、下巴微收、嘴巴微闭、面带微笑、平和自然。双手自然下垂或在体前丹田处交叉，右手放在左手上，因为右手为阳，左手为阴，在泡茶过程中要把右手放在左手上。男士也可双手交叉放在背后。注意不要耸肩歪脑，不要双手叉腰或抱在胸前，更不要将手插入衣袋。

2. 坐姿

泡茶和喝茶过程中，坐姿是一种静态造型，坐姿不正确会显得懒散无礼。端庄优美的坐姿，给人以文雅、稳重、大方、自然、亲切的感觉。正确的坐姿是坐在椅子或凳子上，必须端坐中央，使身体重心居中，否则会因坐在边沿使椅（凳）子翻倒而失态；双腿膝盖至脚踝并拢，上身挺直，双肩放松；挺胸、收腹、下巴微收；双手不操作时，平放在操作台上。女士双手也可搭放在右腿根部，右手放在左手上；男士双手可分搭于左右两腿侧上方。全身放松，思想安定、集中，姿态自然、美观，面部表情轻松愉快，自始至终面带微笑。切忌两腿分开或跷二郎腿还不停抖动、双手搓动或交叉放于胸前、弯腰弓背、低头等。如果是作为客人，也应采取上述坐姿。

（1）正式坐姿

入座时，略轻而缓，但不失朝气，走到座位前面转身，右脚后退半步，左脚跟上，然后轻稳地坐下。最好坐椅子的一半或三分之二处，穿长裙女士要用手把裙向前拢一下。坐下后上身正直，头正目平，嘴巴微闭，下巴微收，脸带微笑，小腿与地面基本垂直，两脚自然平落地面，两膝间的距离，男士以松开一拳为宜，女士双脚并拢，与身体垂直放置，或者左脚在前右脚在后交叉呈直线。注意两手搭放在右腿根部，右手放在左手上，且两手臂尽量向两侧打开，不要夹住，腋下留有空间，显得优雅大方。

注意身体离茶桌不要太近，避免显得不自然。

（2）侧位坐姿

分左侧位式和右侧位式，也是很好的动作造型。根据茶椅和茶桌的高矮和造型不同，无法采取正式坐姿，可用侧位坐姿。左侧位坐姿要求双膝并拢，两小腿向左斜伸出，注意膝盖与脚间的距离尽量拉远，以使小腿显得修长。

（3）跪式坐姿（即日本人称的"正坐"）

坐下时将衣裙放在膝盖底下，显得整洁端庄，手臂腋下留有空间，两臂似抱圆木，五指并拢，手背朝上，重叠放在膝盖上，双脚的拇指重叠，臀部坐在双脚上，臀部下面像有一纸之隔之感，上身如站立姿势，头顶有上拔之感，坐姿安稳。

3. 蹲姿

取低处物品或拾起落在地上的东西时，不要弯下身体翘臀部，有失雅观。要利用下蹲和屈膝动作。具体做法如下。

（1）交叉式蹲姿

下蹲时右脚在前，左脚在后，右小腿垂直于地面，全脚着地，左腿在后与右腿交叉重叠，左膝由后面伸向右侧，左脚跟抬起脚掌着地，两腿前后靠紧，合力支撑身体。

（2）高低式蹲姿

下蹲时左脚在前，右脚稍后，左脚全脚着地，小腿垂直于地面，右脚脚跟提起，脚掌着地，右膝接近地面，臀部向下靠近右脚跟，基本上以右腿支撑身体，形成左膝高右膝低的姿态。

男士可选用高低式蹲姿，女士无论选用哪种蹲姿，都要注意将腿靠紧，臀部向下。如果头、胸和膝关节不在同一角度上，这种蹲姿就更典雅优美。

4. 走姿

人的走姿体现动态美，以茶待客时，在入场和出场、鉴赏佳茗、敬奉香茶等过程中都处于行走状态中，因此必须掌握优美的走姿。

（1）走姿的基本方法和要求

上身正直，目光平视，面带笑容，肩部放松，男士手臂自然前后摆动，手指自然弯曲；女士双手可交叉放在腹部一侧；行走时身体重心稍向前倾，腹部和臀部要向上提，由大腿带动小腿向前迈进。行走轨迹为直线。抬脚与脚落地的顺序都是先脚跟后脚掌（平底鞋尤其如此）。步履要轻盈，步幅不要过大（一般30厘米），步速不能过急，否则给人不安静、急躁的感觉。

（2）变向走姿

后退步：奉茶结束后，扭头就走是不礼貌的，应该先退一至两步，再转身离去。后退步子要小，转体时要身先转，头稍后再转。如向右转身走，先左脚后退一步，再右脚向后转身步，再向右迈左脚走直行步；如向左转身走，脚步相反。

侧行步：当走在客人前面引领时、向客人们展示干茶时，应走侧行步。引领客人时，尽量走在客人的左边，因为右边为大。上身稍向右转体，需要做手势时尽量用左手。

转身步：在行进过程中如果向左转体，要在右脚落地时以右脚掌为轴向左转90度；向右转体时相反；转体时都要身体先转、头随后转，以示礼貌。

(3)各种着装和鞋跟的走姿

着旗袍走姿：身体挺拔、胸微含、下颌微收，步幅要小，髋部可随脚步和身体重心的转移，稍左右摆动。

着长裙的走姿：着长裙使人显得修长，穿长裙走路要平稳，步幅可稍大些，转动时注意头和身体协调配合，尽量不使头快速地左右转动。走动时可一手提裙。

着短裙的走姿：裙长在膝盖以上，行走要表现得轻盈、敏捷、活泼一些，步幅不宜大，可走得稍快些。

着平底鞋的走姿：穿平底鞋走路，要脚跟先着地，注意由脚跟到脚掌的过渡。用力要均匀适度，身体重心平稳推送，步幅可略大些。

穿高跟鞋的走姿：由于重心前移，所以为了保持身体的平衡，需要直膝立腰，收腹收臀，昂头挺胸，上身正直。行走步幅略小，膝盖不要太弯，两腿并拢，不强调脚跟到脚掌的推送过程。最好走柳叶步，即两脚跟前后踩在一条线上，脚尖略外开，走出来的脚印像柳叶一样。

（三）内在气质

泡茶和喝茶是技术和艺术的结合，是茶人在茶事过程中以茶为媒介去沟通自然、内省自性、完善自我的艺术追求。内在气质的养成不在一时的工夫，需要增加自身的文化修养，不断加深对茶道精神的理解，才能由形似到神似，真正表现出茶艺之真谛。

首先是自然和谐。以茶待客的环境、服装、配饰、动作、表情都要自然和谐，不做作、不夸张，全身心投入泡茶过程，体会茶"宁静淡泊、和敬清寂"的高远境界。

其次是从容优雅。从容，不等于缓慢，而是熟悉了冲泡步骤后的温文尔雅、井井有条；优雅，不是故作姿态，而是了解茶性、熟悉冲泡，千百次训练后的艺术再现。

最后是清神稳重。稳定镇静不出差错地冲泡一道茶是茶艺的基本要求。每一个握杯、提壶的动作都要自信、准确、流畅、轻柔，切忌手忙脚乱。表情则要坦诚、亲和、自然。

二、茶具及其使用礼仪

以较为复杂的乌龙茶茶艺为例，一套完整的茶具包括主泡器和辅泡器两大类。

（一）主泡器

通常包括茶盘、壶承、茶壶或盖碗、公道杯、闻香杯和杯托（如图 8-1～图 8-7 所示）。

图 8-1　茶盘①

图 8-2　壶承及茶壶

图 8-3　壶承②

图 8-4　盖碗

图 8-5　公道杯

图 8-6　品茗杯和闻香杯③

图 8-7　杯托

1. 茶盘

在湿泡法泡茶时用来装盛摆放茶壶、茶杯等，通常为长方形，大小可根据所处空间面积以及主人喜好而定，在底部有出水口接软管连接水桶以方便自动排出洗壶、洗茶的废水（如图 8-1 所示）。

2. 壶承

在干泡法中使用，仅用来摆放茶壶（如图 8-2 所示），可以收集少量废水，需另外手动倾倒（如图 8-3 所示）。

3. 茶壶

泡茶的主要工具之一，容积通常 50 毫升或 100 毫升不等。使用时拇指、中指和无名指握壶，食指抵住壶盖的壶纽，但要注意不能堵住壶纽上的气孔，否则因气压原因将导致壶内的茶水无法流出。提壶的方式可分为以下几种。

（1）后提壶

以右手拇指、中指从提的上方提起，无名指和小指顶住提的下方，用食指点住茶壶盖纽。

（2）横提壶

拇指点住壶盖，其余四指抓住提把，或用右手抓壶把，以左手食指、中指压住盖纽。

（3）提梁壶

以右手抓提的上方，左手食指、中指压住盖纽。

---

① 图片来自"百度图片。"其他未做标注的图片为作者拍摄，下同。

② 图片来自"新茶网"。

③ 图片来自"淘宝网"。

（4）环提壶

根据提的宽度，较宽的以食指点住盖纽，拇指在环的左侧，其余三指在右侧抓起。较窄的以食指点住盖纽，拇指在环的左侧，中指在环的右侧，无名指和小指离开。

4. 盖碗

盖碗与茶壶一样，也是泡茶的主要工具之一，通常分为碗盖、碗和碗托三个部分，正所谓"三才者，天地人"，盖碗的这三个部分分别对应天、地、人。因为盖碗在使用时容易烫手，故而使用较之茶壶为少。用法：左手持碗托和碗身，右手拇指和食指持碗盖纽，闻香时，碗盖后沿下压，前沿翘起，从掀开的缝中闻香；品茶时，则前沿下压，后沿翘起，从茶碗开缝中品茶（如图 8-4 所示）。

5. 公道杯

这里的公道杯并非传统意义上的只能浅平不能过满，否则漏净的酒器，而是茶汤在出汤之后、入杯之前短暂停留的容器，可以观茶色、闻茶香，并且可以均匀茶汤（如图 8-5 所示）。

6. 茶杯

茶杯也叫品茗杯，顾名思义是用来装茶水的杯子，可大可小，容量在 10～15 毫升。可以分三小口喝完的小杯子叫品茗杯，材质多为白瓷、紫砂或者玻璃，以便于品茶及观赏茶的汤色（如图 8-6 所示）。茶杯按大小分为小杯和大杯，具体的拿握姿势如下。

（1）小杯

以右手的拇指、食指拿住杯缘，中指顶住杯底，饮用时，向口边环转，在空出的一面饮用，饮茶时，可用左手中指部位抵住杯底，双手举杯饮用。

（2）大杯

以右手握杯，左手托住杯底，冬天可双手捧住杯身。奉茶时，可双手捧住杯身。

7. 闻香杯

闻香杯主要做闻香之用（如图 8-6 所示），外形比品茗杯细长，通常与品茗杯成套使用。使用它的好处：一是保温效果好，可以让茶的热量多留存一段时间；二是茶香的味散发慢，可以让饮者更从容地玩赏品味。用法：双手掌夹住闻香杯，置于鼻前，左右搓转，细闻幽香。

8. 杯托

杯托是用于盛载茶杯的茶具（如图 8-7 所示），用法如下。

（1）双手奉茶法

双手拇指和食指从上向下拿起杯托连同上面的茶杯和品茗杯，注意手指拿在杯托靠近中间的地方，留出杯托两端，奉茶时，客人用双手的拇指和食指从杯托两端由下向上接住杯托。

（2）单手奉茶法

右手拇指在上，四指在下连同杯子拿起杯托，横放在左手掌心，左手拇指放在杯托的边缘上，四指伸直放在托底。奉茶时，客人用双手的拇指和食指从杯托两端由上向下接住杯托。

（二）辅泡器

主要包括茶巾、茶针、茶罐、茶滤、茶夹、茶则、注水器（如图 8-8～图 8-14 所示）。

图 8-8　茶巾　　　图 8-9　茶针　　　图8-10　茶罐　　　图 8-11　茶滤①

图 8-12　茶夹　　　图 8-13　茶则　　　图 8-14　注水器②

1. 茶巾

以麻、棉等纤维为主要材质，主要功用是保持壶的干燥，泡茶前将茶壶或茶海底部的水擦干，以防止壶底沾上茶盘里的水滴入杯中，造成不洁之感。滴落在桌面的茶水也可以用折好的茶巾擦干。在娴熟的茶人手里，茶巾不仅是一种工具，也是道具，每一次揩抹都像是对茶具的抚摩，赋予泡茶、喝茶以审美意义（如图 8-8 所示）。

用法：茶巾多用于茶叶冲泡过程中用来擦拭茶汁和水渍，尤其是茶壶、茶杯壁和底部的水渍。置于茶盘之上，但出于礼仪考虑多将不同的茶巾分别放置。

第一，一般将干的茶巾放于客人面前的桌上，便于客人用来擦拭桌上或杯底的水渍。

第二，半湿的茶巾应放在主人手边，用来擦拭茶桌或茶具中溢出的水渍。

第三，全湿的茶巾一般用来擦拭清洁过后的茶具。

---

① 图片来自"百度图片"。
② 图片来自"百度图片"。

在使用时注意避免将茶巾盖在茶具上，因为茶巾易附着灰尘，在揭去时可能有杂物落入杯中。禁止用茶巾擦拭油腻污垢，否则将二次污染茶具，尤其紫砂茶具，沾染油污后极难清洗。茶巾暴晒后会变硬，所以要避免暴晒。

2. 茶针

茶针又名茶通，用于疏通茶壶的内网（蜂巢），以保持水流畅通，或在放入茶叶后把茶叶拨匀，使得碎茶在底、整茶在上。茶针的材质可以是金属、竹子、木头甚至是名贵的骨质（如图 8-9 所示）。

3. 茶罐

茶罐也叫储茶罐，盛放茶叶的容器（如图 8-10 所示），外形大小不一，材质有金属、紫砂、陶泥、陶瓷、木头等不一而足。如果是绿茶等未发酵茶，最好分开茶罐盛放并放置在冰箱中，每次取出后放置到常温再打开，防止冷冻的茶叶骤然打开后吸收冷凝水，影响口感和保存期限。

（1）入茶

三种取茶方法具体如下：第一种，右手取茶罐，放在茶巾盘下方，以右手打开或以双手食指顶开茶罐盖，放在茶罐的左边，如果朝着茶则倒茶叶，就用右手持茶罐向左边倒下；第二种，如拨茶入则，以右手取茶罐交左手，右手持茶匙靠近茶则拨进茶则；第三种，如果用茶则入罐取茶，则左手持茶罐向右倾斜，右手持茶则入茶。

（2）收茶罐

入茶后，用右手将罐盖盖上，茶罐仍交给右手放回原处。

（3）赏茶罐

右手持茶罐，左手掌托住罐底，正面向客人展示。

4. 茶滤

通过中间的滤网来过滤茶汤中的茶叶碎渣，使茶汤更清透明亮。既提升茶汤的美感，也提升品饮时的口感。材质可以是陶、瓷、玻璃、动物如贝壳、植物如葫芦、金属如不锈钢或者银等（如图 8-11 所示）。

5. 茶夹

茶夹又称茶筷，与茶匙、茶针、茶漏、茶则、茶筒被称为茶道六君子。其功用与茶匙相同，可将茶渣从壶中夹出。也可用茶夹夹着茶杯洗杯，既防烫又卫生。可用竹子、各种木头如紫檀、金属等制作（如图 8-12 所示）。

6. 茶则

陆羽在《茶经·四之器》中指出："则，以海贝、蛎蛤之茶则之属，或以铜、铁、竹、匕、策之类。则者，量也，准也，度也。"汉族茶道六用之一，量取茶末入汤的量具（如图 8-13 所示）。

（1）入茶

入茶方法在介绍茶罐时已详细说明，此处不再赘述。

（2）赏茶

右手握把，左手托住则底，转向自己，赏茶；再以右手将则口转向客人（或置于茶盘前面放好），请客人赏茶。

（3）置茶

赏茶后，以右手拿起茶则交到左手，向壶口上方倒入茶叶。若无赏茶过程，则用右手持茶则置茶；若茶量较多，可将茶漏放在壶或杯口上，便于倒入。用不完的茶叶，倒回茶罐。

（4）清则

右手拿茶巾，左手持茶则往水盂上方擦拭，把茶末倾倒在水盂内，茶则交给右手放回茶巾盘的前面。

7. 注水器

以软管连接生水，烧水时可以控制自动出水注入烧水壶的设备，卫生洁净又方便（如图 8-14 所示）。

（1）随手泡

右手拇指在提的上方顶住盖钮，其余四指握住壶提，先垂直向上拿起，离开底座，再移往茶壶上方，用左手拿茶巾垫住壶底。放回随手泡时，先移向底座上方，对准后再入座，切忌连续放不准。

（2）提梁壶

以右手五指握住壶提的上方，左手食指和中指压住壶盖。

（三）茶具的摆放

茶具的摆放主要遵循两条原则：一是摆设的位置要恰当，高大的茶具摆设在茶盘的里面，细小的摆设在外边，不要相互遮挡，不仅让客人能看得清楚，而且兼顾审美效果；二是摆设位置要便于使用，左手用的茶具摆设在左面，右手用的茶具摆设在右面，双手共用的茶具摆设在中央，常用的茶具摆在茶盘里边，用得少的茶具摆在外边。

可适当向客人介绍茶具，介绍的顺序要有规律，习惯顺序是：首先演示及介绍茶盘或茶台，接着是茶壶、茶杯、杯托、茶滤、茶海、杯洗、煮水壶，然后是茶荷、茶罐、奉茶盘，最后是用具组，即茶则、杯夹、茶漏、茶签和茶巾等。

演示的姿态要尽量优雅。茶盘、杯洗、煮水壶等大件茶具不必拿起来展示，双手或单手示意即可；方便拿起的茶具则应拿起来演示，一般用右手的拇指、食指和中指执拿，无名指和小指可以相应地半弯曲外露形成优美姿态作为衬托；左手的全部手指伸直，食指和中指稍挺托着茶具配合，这也是出于安全考虑，防止茶具掉落。对于那

161

些较轻小的茶具，如茶则、杯夹、茶漏、茶刮、茶签等，宜用单手执拿。

根据茶具的不同，其摆放也有所变化，以下示例展现的是常见茶具的摆放顺序以及名称。

1. 乌龙茶茶具（紫砂）摆设（如图 8-15 所示）

主泡器：茶盘、紫砂壶、茶海、闻香杯、品茗杯。

备水器：随手泡。

辅助用具：奉茶盘、杯托、茶荷、茶滤、茶则、茶匙、茶针、茶漏、茶夹、茶巾、储茶罐。

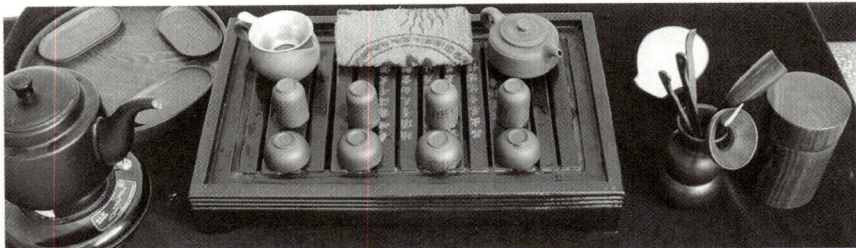

图 8-15　乌龙茶茶具（紫砂）摆设

2. 乌龙茶茶具（瓷器）摆设 1（如图 8-16 所示）

主泡器：茶盘、茶壶、茶海、闻香杯、品茗杯。

备水器：随手泡。

辅助用具：奉茶盘、杯托、茶滤、茶则、茶匙、茶针、茶漏、茶夹、茶巾、储茶罐。

图 8-16　乌龙茶茶具（瓷器）摆设 1

3. 乌龙茶茶具（瓷器）摆设 2（如图 8-17 所示）

主泡器：茶船、茶盏、茶杯。

备水器：随手泡。

辅助用具：奉茶盘、茶荷、茶海、茶则、茶匙、茶针、茶漏、茶夹、茶巾、储茶罐。

图 8-17　乌龙茶茶具(瓷器)摆设 2

4. 玻璃杯茶具(绿茶)摆设(如图 8-18 所示)

主泡器：茶船、玻璃杯。

备水器：随手泡。

辅助用具：茶荷、茶则、茶匙、茶针、茶漏、茶夹、茶巾、储茶罐。

图 8-18　玻璃杯茶具(绿茶)摆设

5. 玻璃杯茶具(调饮茶)摆设(如图 8-19 所示)

主泡器：茶盘、茶壶、茶海、玻璃杯。

备水器：随手泡。

辅助用具：茶荷、茶滤、茶则、茶匙、茶针、茶漏、茶夹、茶巾、茶罐。

6. 盖碗茶具(花茶)摆设(如图 8-20 所示)

主泡器：茶盘、盖碗。

图 8-19　玻璃杯茶具(调饮茶)摆设

备水器：随手泡。

辅助用具：茶荷、茶则、茶匙、茶针、茶夹、茶巾、茶罐。

图 8-20　盖碗茶具(花茶)摆设

7. 瓷壶茶具(红茶)摆设(如图 8-21 所示)

主泡器：茶盘、瓷壶(带茶滤)、茶杯。

备水器：随手泡。

辅助用具：茶则、茶匙、茶针、茶夹、茶巾、储茶罐。

图 8-21 瓷壶茶具(红茶)摆设

8.特色茶具摆设(如图 8-22 所示)

主泡器:茶盘、瓷壶、品茗杯、茶碗。

备水器:随手泡。

辅助用具:牛角茶荷、茶则、茶匙、茶针、茶漏、茶夹、茶巾。

图 8-22 特色茶具摆设

(四)茶台的布置

1.茶桌椅简介

立式礼和坐式礼茶艺的茶桌高度一般是 68～70 厘米，长度为 88 厘米，宽度为 60 厘米；席地式茶艺的茶桌高度是 48 厘米，长度为 88 厘米，宽度为 60 厘米；茶椅靠背有无视情况而定，高度为 40～42 厘米；茶垫巾的长度为 60 厘米，宽度为 48 厘米，铺放在茶桌中间。但以上介绍的尺寸并非固定值，有的茶室也会根据室内空间大小对桌椅尺寸进行调整。摆放方式如图 8-23 所示。

图 8-23　茶桌椅

2. 茶具的摆放位置

图 8-24 是茶具摆放位置的参考，主泡器包括：茶盘（或茶船）、茶壶（或茶盏）、茶海、茶滤、品茗杯、闻香杯。

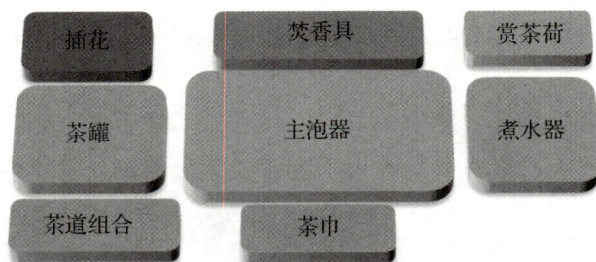

图 8-24　茶具的摆放位置示意图

3. 其他装饰

焚香、插花、挂画、点茶为茶道四艺。焚香重嗅觉之美，插花挂画重视觉之美，茶具古玩的触觉之美，点茶品茶重味觉之美。这四个方面的审美都包含了丰富厚重的文化，如插花挂画就与中国传统绘画、书法艺术有着密切的联系。

此外，茶台或旁边可摆放符合时节的瓶花或常绿植物；茶台背景挂有与茶文化有关的字画；茶台上可以焚香或摆放相应的古玩雅饰。总体来说，以上装饰不需过于隆重，以免喧宾夺主。

(五)行茶手法

1. 温杯洁具

用开水将茶壶、品茗杯、闻香杯烫洗一遍，以提高壶杯温度，乌龙茶特别需要温杯和温壶，在冬天尤其必要，一是为了照顾客人的感受，二是为了用温热的壶可以充分激发茶叶的香气。温壶可用开水内外浇淋，然后提起摇晃几下倒出。

温杯(洗杯)方法有以下几种。潮汕泡法是用拇指食指捏住杯口，中指托底，将杯侧立，浸入另一只装满沸水的杯子中，用食指轻拨杯身，使杯向内转三周，均匀受热，并洁净杯子，最后一只杯在手中晃动数下，将开水倒掉即可。台式泡法是用杯夹将闻香杯中的水倒入品茗杯中，再用杯夹将杯中开水倒入茶盘中。如用无盖茶船烫杯，也可在茶船中"船内温杯"。

盖碗的温热方法是先将杯盖倒置杯中，倒入少量开水(三分之一)，用茶针压杯盖一边使之翻正并稍微斜露缝，然后右手拇指、中指夹住杯身，食指压住杯盖，逆时针轻轻旋转三圈，将水倒出，放回杯托上，用右手揭开杯盖斜搁在杯托右侧。

玻璃杯的温热方法：将玻璃杯一字排开，倾入三分之一开水，然后从左边开始，右手捏住杯身，左手托杯底，逆时针轻轻旋转杯身，将杯中开水倒入茶盘。

2. 投茶入壶

茶叶入壶，有两种方法：一是茶叶置于茶荷，茶荷本身有引口，将引口贴近壶嘴，用茶匙拨入壶中；二是利用茶漏。如果壶口过窄，就将茶漏置于壶口之上，用茶则将茶叶从盛茶器中舀出，直接通过茶漏入壶。

3. 温润泡

置茶后，根据冲泡水温，右手持开水壶倾入开水，用水量为茶杯容量的 1/4 或 1/5；右手握住玻璃杯上端，杯底不离茶盘，提杯向逆时针方向缓慢转动数圈，目的在于使茶叶浸润，吸水膨胀，便于内含物质浸出，时间约掌握在 15 秒钟以内；如用茶壶冲泡，冲水淋盖后，也可提起茶壶逆时针方向缓慢转动数圈后再倒茶。

4. 单手回转冲泡

右手提开水壶，手腕逆时针回转，令水流沿茶壶口(茶杯口)内壁冲入茶壶(杯)内。逆时针回转，寓意招手"来！来！来！"，表示欢迎客人；若相反方向操作，则表示挥手"去！去！去！"，有拒绝客人之意。

5. 双手回转冲泡

如果开水壶比较沉，可用双手回转手法冲泡。双手取茶巾置于左手手指部位，右手提壶左手垫茶巾部位托在壶底，右手手腕逆时针回转，令水流沿茶壶口(茶杯口)内壁冲入茶壶(杯)内。

6．"内外夹攻"泡茶手法

温润泡（洗茶）后，再次注水入壶，盖好后，再用第一泡的茶汤淋壶身。这时如使用无盖的茶船，茶船内积水涨到壶的中部，正所谓"内外夹攻"。如果用紫砂壶泡茶，那么以茶汤淋壶可以养壶，壶身经过茶汤的润泽，会展现出紫砂特有的光泽和神韵。

7．"凤凰三点头"泡茶手法

用手提水壶高冲低斟反复三次，寓意向来宾鞠躬三次以示欢迎。这种手法注重高冲低斟，指右手提壶靠近茶壶（茶碗）口注水（低斟），再提腕使开水壶提升15厘米左右注水（高冲），接着仍压腕将开水靠近茶杯继续注水，如此反复三次，恰好注入所需水量即提腕断流收水。

8．回转高冲低斟手法

乌龙茶冲泡时常用此法：先用单手回转法，右手提开水壶注水令水流沿茶壶口（茶杯口）内壁冲入茶壶（杯）内；逆时针绕圈，然后提高水壶令水流在茶壶中心处持续注水，直至七分满时压低手腕低斟（仍同单手回转法）；水满后提腕令开水壶壶流上翘断水，淋壶时也用此法，水流从茶壶壶肩、壶盖、盖纽，逆时针打圈浇淋。

9．"关公巡城"冲泡手法

因乌龙茶的冲泡对时间要求较高，几秒之差也会使得茶汤口味发生改变。所以即使是将茶汤从壶中倒出的短短十几秒时间，前后出来的茶汤浓淡也不同。此时为避免浓淡不均，分茶采取巡回式，从茶壶倒入茶杯，不要一次倒满，开始每杯先倒一点，然后巡回均匀加满，使每杯茶汤浓度一致。如用茶瓯泡茶，具体手法是：用拇指、中指挟住茶瓯口沿，食指抵住瓯盖的纽，在茶瓯的口沿与盖之间露出一条水缝，把茶水从左到右，再从右到左，反复巡回注入弧形排开的各个茶杯中，俗称"关公巡城"，有的也叫"观音出海"。这样做的目的在于使茶汤浓度均匀一致，避免先倒为淡，后倒为浓的现象。

10．"韩信点兵"冲泡手法

采用点斟的手法，把茶壶或茶瓯中的最后几滴茶水点斟各杯。要一滴一滴地分别点到各个茶杯中，尽量使各个茶杯的茶汤浓度达到一致。这道程序叫"韩信点兵"，有的又叫"点水流香"。台式泡法采用公道杯（茶海），用茶海分杯时，不能一次倒满，如有四杯可分成四次倒，每次倒入四分之一，来回倒入，此法也称为"韩信点兵"。

11．"龙凤呈祥""鲤鱼翻身"冲泡手法

闻香杯中斟满茶后，用右手拇指、食指、中指将描有龙的品茗杯提起倒扣过来，盖在描有凤的闻香杯上，这称为"龙凤呈祥"。用食指和中指夹住闻香杯，拇指压住倒扣的品茗杯，移至茶巾上印干水渍，再从胸前把杯举到眼高处，突然翻转，把扣合的杯子翻转过来，再下移，称为"鲤鱼翻身"，这与中国古代神话传说中鲤鱼翻身跃过龙门可化龙升天而去的说法相呼应，借助这道程序寓意祝客人家庭和睦，事业发达。

12. "三龙护鼎"品茗手法

三龙护鼎的手法是请客人用拇指、食指扶杯，用中指托住杯底，这样拿杯既稳当又雅观。三根手指头喻为三龙，茶杯如鼎，故这样的端杯姿势称为"三龙护鼎"。

13. 奉茶手法

端茶时，右手持杯，左手托杯底，双手奉出为敬；持杯时不能抓杯口；不要边奉茶边说话，以防唾沫溅入杯中。奉茶时注意先后顺序，先长后幼、先客后主，应依身份的高低顺序奉茶；放置茶壶时壶嘴不能正对他人，那样表示请人赶快离开；从客人的右方奉上茶，在奉有柄茶杯时，注意杯柄要朝向客人的顺手面，如右面，这样有便于客人拿取，并礼貌地请客人喝茶；如果房间里在开会或很安静，奉茶时不要出声，放下瓷杯子的同时要用小指垫在杯底以防瓷杯发出响声。及时注意是否需要为客人的杯子里添茶，且先给客人添茶，最后再轮到自己。

三、中国茶礼概说

除了以上具体的器具等方面的礼仪，在以茶待客的过程中仍有其他一些礼仪需加以注意，表示尊敬的言语和动作应贯穿于整个以茶待客的活动中，宾主之间互敬互重，欢美和谐。

（一）伸掌礼

这是茶事中用得最多的礼节。当主泡需请助泡协同配合时，当请客人帮助传递茶杯或其他物品时都简用此礼，表示的意思为："请"和"谢谢"。当两人相对时，可伸右手掌；若侧对时，右侧方伸右掌，左侧方伸左掌。伸掌姿势应是：四指并拢，虎口分开，手掌略向内凹，手心向上，自然向某一方向伸出，侧斜之掌伸于敬奉的物品旁，同时欠身、点头，动作要一气呵成。

（二）寓意礼

茶事活动中，自古以来逐步形成了不少带有寓意的礼节。如最常见的"凤凰三点头"，即手提水壶高冲低斟反复三次，寓意是向客人三鞠躬以示欢迎。茶壶放置时壶嘴不能正对客人，否则表示请客人离开；回转斟水、斟茶、烫壶等动作，右手必须逆时针方向回转，左手则以顺时针方向回转，表示招手"来！来！来！"的意思。另外，有时请客人选茶，有"主随客愿"之敬意；有杯柄的茶杯在奉茶时要将杯柄放置在客人的右手边，所敬茶点要考虑取食方便。总之，应处处从方便别人的角度考虑，这一方面的礼仪有待于进一步地发掘和提高。

（三）注目礼和点头礼

注目礼是用眼睛庄重而专注地看着对方；点头礼即点头示意。这两个礼节是在向客人敬茶或奉上某物品时用。另外，泡茶、奉茶时与观众的目光交流和点头示意也是一种礼节。

（四）置茶礼

在茶事活动中，手拿杯具不能沾杯口，而应拿杯具三分之二以下的地方（包括茶艺用具），移动杯具不能碰出声音，茶盘茶具随时保持整洁整齐。

（五）奉茶礼

关于奉茶时的礼仪，在上文"行茶手法"中已论及，此处不再赘述，注意在奉茶时双手敬上，以表示对客人的尊敬，对茶的尊敬和对自然的尊敬。

中国茶道的历史传承久远，且因地域不同而呈现出不同的形式和内容，以茶待客时不需拘泥于一招一式的动作，以诚待客是根本，需要在日复一日的练习和品饮过程中加深对茶的认识、对茶礼仪的理解。

第三节
日本茶道礼仪[①]

茶道在唐朝随着佛教一起传入日本，晚唐虽中断了一段时间，但是在随后的中日文化交流中茶道又重新兴起，成为中日文化交流非常重要的一环，并且与花道、香道一起成为日本文化的重要部分，在日本文化中，"茶道是温文尔雅的款待，是以行入心的修行"[②]。

中国儒学思想中"仁义礼智"被看作道德规范，贵贱、尊卑、长幼、亲疏有别，要求人们的生活方式和行为符合在家族内的身份以及在社会中的地位。不同的身份有不同的社会规范，即所谓"礼"。南宋朱熹的《家礼》中对伦理纲常、礼节礼仪进行了规范，这也深刻影响了江户时代的日本武家礼法，出现一批专门研究该儒学经典的学者，即

---

① 本节内容受到张南揽老师的课程"一碗茶的款待：日本茶道的形与心"的启发；在编写过程中得到在日本修习里千家茶道多年的彭程女士的详细中肯的建议，本节所有日文资料全部来自她，特此感谢。
② 张南揽的"一碗茶的款待：日本茶道的形与心"课程中的原话。

朱子学。在镰仓幕府、室町幕府走向江户幕府的过程中，武士文化从无到有并发展壮大。武士道吸收了禅宗冥想、打坐修行的实践，到江户时代又吸收了朱子理学，形成了名、忠、勇、义、礼、诚、克、仁的精神。在以将军为首的武士阶层的推动下，茶道、香道、花道、能乐等逐渐兴起。茶道最初被称为茶汤，后被称为茶礼，实现了最后被普遍叫作茶道的变化。

茶道的"和敬清寂"精神通过茶具等器物实现，并通过茶勺、茶巾等特殊手法点茶实现，详尽到细枝末节，使得茶道早已超越了礼法的范围成为一种行为艺术。礼仪涵养了内心，通过不断学习正确的动作，使得身体的所有部位与机能井然有序。斯宾塞把优雅定义为最经济的动作方式，不断练习优雅的举止也会带来力量的保存，因此优雅的举止也意味着在修习中蕴含着力量。19世纪日本教育家新渡户稻造曾写下《武士道》，认为温文尔雅的情感有助于对他人苦难的体认，而尊重他人情感产生的谦虚温和正是礼的根源。对他人的尊重谦和体贴也构成茶道礼仪基础，在茶道进行过程中，有添炭礼法、浓茶礼法、薄茶礼法等，通过以茶为媒介的实践完善人格，强调宾主之间的精神连接、典雅的仪态和双方彼此融洽的关系。

中国的饮茶方式在日本最早由遣唐使传播。12世纪初（1191年）入宋的荣西禅师，呈奉给当时的将军源赖朝的《吃茶养生记》一书，成为日本第一部茶书。之后茶叶开始在梅尾山高山寺一带栽培，有了最早的茶园。镰仓时代（1192—1333），武士阶级第一次从平安时代的贵族手中夺得政权，建立幕府并掌权。武士阶层掌控了大量舶来的唐物①，该阶层的推动大大促进了茶道的发展。武士阶级吸收了从中国传来的禅宗作为行为的原动力，因此禅宗寺院行茶普茶的礼仪成为日本茶道最初的仪轨。

日本茶道从最初的唐物为最，到后来以"侘寂"为美，归功于16世纪村田珠光、武野绍鸥、千利休等一批茶人。村田珠光（1423—1502）是草庵茶道创始人，被誉为日本茶道的开山之祖，珠光的茶法经由武野绍鸥（1502—1555）传至千利休（1522—1591），然后由千利休集其大成。

日本茶道的茶室、器具讲究极简，但规矩却繁复，一整套品茶流程从进入茶庭开始大约需要4小时，对茶人的举手投足有严格的规范。茶道强调身心的协调，这与禅宗强调的调身、调息、调心、入定、生智慧有相通之处。另外，日本茶道是从皇室、贵族、武士、僧侣到普罗大众自上而下发生和传播的，有很繁复的仪轨。与封建时代相比，现代茶道的仪轨已经相当精简，但"和敬清寂"的茶道精神却浸润到日常生活中。日本茶道是一个出离的、非日常的世界，很难从形而上的茶道精神细说日本茶道的礼仪，但可以从具体的形而下的器具以及点茶主人依照严格的规矩训

---

① 此处的唐物泛指从中国传到日本的物品，不限于唐朝也包括之后的其他朝代。与"唐物"相对应的还有"和物"，指的是日本自身设计生产的物品。

练后的动作等进入其中。

一、茶庭

　　茶室所在的庭院就是茶庭，由茶道仪式场所演变而来的小型庭园空间，为来客到达茶室之前营造在自然中顿悟的"禅机"。可分为禅院茶庭、书院茶庭和草庵式茶庭三种，其中以草庵式茶庭最具特色。

　　茶庭自院门至茶室间设有一条园路，两侧用植被或白砂敷于地面，栽植树木，配置岩石，沿路设寄付（门口等待室）、中潜、待合（等待室）、雪隐（厕所）、蹲踞、飞石、延段等待客所需的配置（如图 8-25 所示）。

　　飞石是庭园中用于步行、隔一步间距埋入土中的平整的石头，即通常所说的"踏石"。它或呈直线或呈多种曲线，构成了通往茶室及其他建筑物的有一定韵律和美感的小道，使客人不被潮湿的地面打湿木屐。又因客人在茶庭中的活动是被限定的，需要靠飞石指示行进方向。需注意主人用草绳捆绑十字形于圆石上的"关守石"，暗示客人不可越过。

　　手洗钵是天然石或人造石做的水盆，用于进茶室之前洗手漱口，是茶庭茶道仪式中必备的道具，设置在庭院内道路旁。

　　蹲踞在茶庭当中是必不可少的景观元素，客人们在这里洗手、漱口，以示清洁自身。注意使用时必须蹲下。蹲踞包括前石、手烛石、汤桶石、水手钵、镜石、水门等一组石头。

　　水门是用砂石和小石头铺就的地面，用来接水手钵中溢出的和洗手漱口用过的水，可避免水花四溅，下面埋一个排水用的倒置的陶瓷，水滴滴入瓮中会发出如琴之声，也称作"水琴窟"。

　　石灯笼是茶庭中不可或缺的景观元素，据说是源自佛教的献灯仪式。其形状有三角形、四角形、六角形、八角形和圆形，具有照明和添景的双重功能，也寓意正在从尘世的纷繁走向内心的宁静。

　　茶庭使用象征的手法将山川、河流、大地、森林微缩成为精致的道路、树木、小溪、树林，以拙朴的飞石象征崎岖的山间石径，以地上的矮松寓指茂盛的森林，以蹲踞式的洗手钵隐喻清冽的山泉，以沧桑厚重的石灯笼来营造和、寂、清、幽的茶道氛围，整体面积虽小，却处处都是由大自然演变而成的微缩景观，充满智慧的情趣，也是茶室主人的风格的体现。

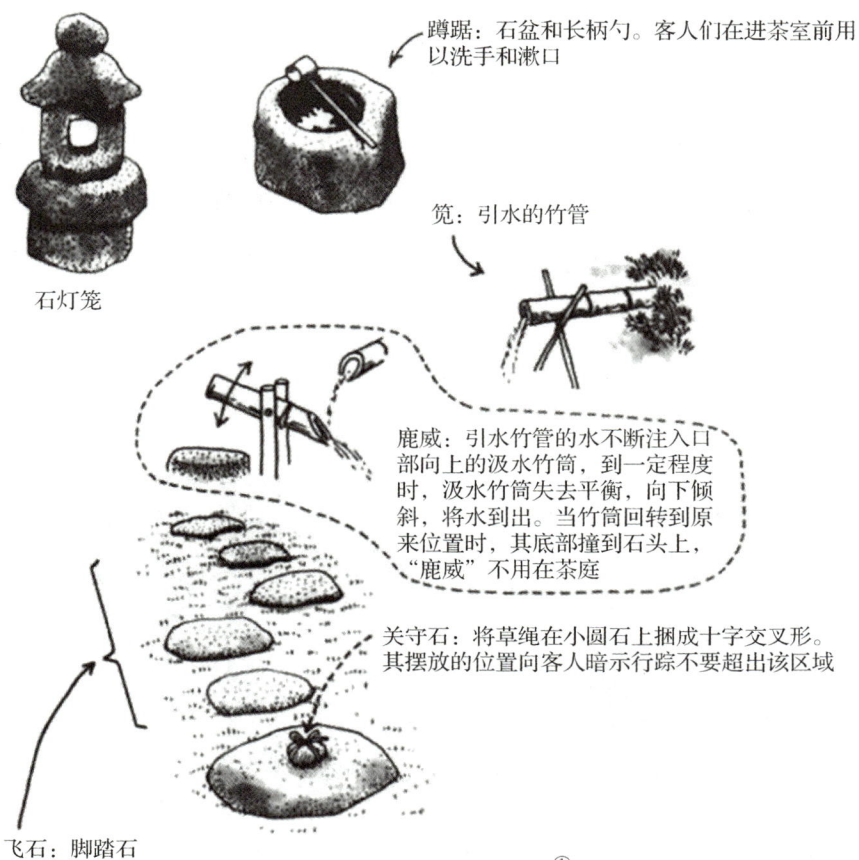

蹲踞：石盆和长柄勺。客人们在进茶室前用以洗手和漱口

笕：引水的竹管

石灯笼

鹿威：引水竹管的水不断注入口部向上的汲水竹筒，到一定程度时，汲水竹筒失去平衡，向下倾斜，将水到出。当竹筒回转到原来位置时，其底部撞到石头上，"鹿威"不用在茶庭

关守石：将草绳在小圆石上捆成十字交叉形。其摆放的位置向客人暗示行踪不要超出该区域

飞石：脚踏石

图 8-25　茶庭主要物品①

二、茶室

　　茶室又是茶道建筑美学的集中代表，茶室为呈现茶道而设，踏着曲径通幽的小径，洗手、漱口，来到别于日常生活隔离的特殊空间。在室町时代，人们把它称作"市中的山居"。与中国哲学的"大隐隐于市"有着异曲同工之妙。茶室设计思想的核心是要让人感到亲切谦和，而非庄严冷漠。一般以四叠半草垫大小即 8.186 平方米为标准茶室，大于四叠半草垫的茶室为"广间"，反之为"小间"。

（一）屋顶

　　屋顶多采用"人"字形结构，在左右两侧形成两道人字形墙壁，光秃秃的两面墙是会产生冷漠感的，因此在墙的一侧设计一道小屋檐，檐下开设茶室的小入口。人字屋

---

① 图片来自"微信公众号—园景人"。

顶的两侧一般对称，但也有独具匠心者，其中一侧只延伸到另一侧半长，在其下层接出一道斜屋顶，结构顿时活泼轻快（如图 8-26 所示）。

（二）蹦口

茶室的蹦口与其他日本建筑大有不同。并非与墙齐高的日式拉门，而是高约 73 厘米、宽约 70 厘米，非跪行不能入内的矮小入口，与茶道的跪式礼仪相配合（如图 8-27 所示）。现在由于人数较多，大茶室通行，入口不能过小，一般设计成纸拉扇门，但客人入内，仍须膝行入小入口，这是基本茶礼。蹦口并非进入茶室的唯一入口，还有一个供客人进入的入口叫"贵人口"，可以全身直立进入；主人的入口是"茶道口"，连接水屋和茶室；有的茶室还设有"给食口"，用来上怀石料理。

图 8-26　草庵茶室屋顶①　　　　　　　　图 8-27　蹦口②

（三）壁龛

壁龛也叫"床之间"，用来悬挂墨迹挂轴，下面摆设花瓶花卉。是茶道具之第一要品，寄托了茶室及其主人的性格。壁龛本是日本建筑之通行之物，宽约 3 米，深约 30 厘米，内悬书画，摆放文房四宝、香炉插花。但茶室中的壁龛却大加简化，宽仅 1.3 米，高约 1.7 米，壁龛中只挂一幅禅语墨迹。壁龛四围有框，与方整、上黑漆的普通壁龛不同，茶室壁龛四棱不齐，而且戒绝漆涂，只以掺有稻秸的墙灰涂抹。图 9-28、图 9-29 正如千利休所说："挂在土墙上的挂轴别有情趣。"

壁龛表现茶室空间的上位，一般茶会的主宾会坐在上位，壁龛的反方向是蹦口，客人从蹦口跪坐膝行进入茶室，抬头正好能望见壁龛中的挂轴或插花。也有下座壁龛，所以壁龛与蹦口的位置并非绝对。

---

①　图片来自"金峻眉官网"。
②　图片来自网络。

图 8-28　壁龛 1：横写挂轴①　　　图 8-29　壁龛 2：竖写挂轴②

（四）茶窗

茶室内部除壁龛外四面皆墙，为避免单调，在其余三面墙上开有小窗。茶窗不为观景之用，主客在行茶事过程中，应专心眼前，戒绝向外张望，因此窗户之设，不在乎窗外景色，而重在采光效果。日本茶道崇尚自然光，除非晚间或拂晓茶事以油灯照明，室内不设照明之物，窗户成为重要的采光手段；而且茶室是封闭的小空间，多开窗户可以增加开阔感。小小茶室往往开八扇以上大小位置形状参差不齐富有变化的窗户，考虑到茶室的布局以及采光，推开蹦口的拉门就可以照进户外的自然光；另外通常在蹦口上方设有"连子窗"，为荫翳的茶室补光；为避免壁龛的逆光，通常在壁龛的侧面设有"墨迹窗"，挂轴在光线半明半掩之中，极尽幽寂之态；主人点茶的位置有墙底窗。

（五）榻榻米

自室町时代开始，日本的茶室中就开始铺满榻榻米，江户时代开始民间百姓家中也开始铺满榻榻米，在此之前还只是在木材铺设的房间中摆上几个榻榻米。因为身份、地位的不同，榻榻米的裹边花纹也不同。这也是至今为止不能踩踏榻榻米裹边的原因。标准茶室铺设四叠半榻榻米，一般蹦口设一张或半张，称"脚踏席"，主人点茶处设一张，称"点茶席"，首席客人跪坐于一张，称"贵人席"或"主客席"③，其余客人坐一张，称"客人席"。另冬天有地炉则设"地炉席"，夏天用以放风炉，余下一张可为"往来席"。榻榻米的铺设有一定之规，随着季节变化，布置随之调整。榻榻米是日本礼法之母，茶人根据榻榻米的纹路画出阴线、阳线，并将所有茶道具区分阴阳属性，根据阴阳五行之道，决定各种道具的位置、每一步的步法，人与器之间的位置关系，即所谓茶道之阴阳五行说。

---

①　［日］千宗室监修、山藤宗山：《茶花の话》，58 页，京都，株式会社淡交新社，1980。

②　［日］千宗室监修、山藤宗山：《茶花の话》，59 页，京都，株式会社淡交新社，1980。

③　在现代茶道中已很少用到"贵人席"，因为通常意义上的"贵人"需要具有皇室血统或者是皇室的分支，在"贵人席"上需要准备专门的"贵人台"并摆放全新的茶具。"主客"是指主要的客人，通常与茶室主人有很好的交往，并且深谙茶道，可以为其他客人做介绍和引导。

（六）地炉和风炉

地炉①由珠光将农家冬季取暖之物引入茶室，做冬季茶会煮茶之用（如图 8-30 所示），绍鸥与利休共同参商，订立了边长 46 厘米的标准尺寸。每年初冬举行专门茶会开炉。地炉的位置原本在茶室正中，称"中炉"，后世茶人加以变化，有"台目炉""墙根炉""角炉"等。但为了遵循不匀称的美学原则，无论何种情况都要避免地炉处于绝对正中。地炉的位置决定室内草垫的铺设方式，客人通常坐在操作者的左手，称为顺手席。

风炉在 5 月到 10 月之间使用，陆羽《茶经》中的二十四器的第一器就是风炉。

图 8-30　地炉②

三、茶用具及其使用规范

茶道礼法用具一般包括釜、水指、柄勺、地炉/风炉、茶碗、薄茶用的茶枣、浓茶用的茶入、茶巾、茶勺、建水等。釜是烧水用的，一般为铁制。水指用来盛放备用的冷水。柄勺是把烧的水倒入茶碗的用具，一般为竹制品。茶碗是饮茶用的，一般为陶瓷制品，是茶道中最重要也是最具代表性的器具。因在茶道艺术里，有一重要内容就是对茶器的欣赏，其中对茶碗的种类、形状、色彩等的欣赏是所有参加茶会的人们所期待的。茶入常见器形为茄子和肩冲，以绢丝小袋包装，茶枣一般为漆器，状如大枣，故名。茶巾是擦拭茶碗用的。茶勺是往"茶碗"里放茶的竹制小勺，建水是盛放洗完茶碗等不要的水的器具。

茶道的情味与自然和季节相关，茶具的搭配也随着季节的转换而有所不同。在日本茶道中，以立春、立夏、立秋、立冬为界，将一年分为四季，每一个季节的茶具有所不同，作为既定礼仪规范，需引起注意。例如，在春天使用的地炉（如图 8-30 所示）、

---

① 标准地炉是约 42.4 平方厘米的方形，大炉约 54.4 平方厘米。使用时间从每年的 11 月到次年的 4 月，大炉只在 2 月份使用。通常在茶室隔壁用大炉烧热水，热气穿过镂空的栏板为主屋增添一些暖意。

② 图片来自"知乎网"。

透木釜①，在夏天使用的以"卯之花"②命名千利休时代的国宝茶碗"志野茶碗卯花墙"③（如图 8-31 所示）。

10 月是风炉季的最后一个月，通常会使用一个五行棚（如图 8-32 所示）的茶棚进行点茶。五行即金、木、水、火、土，五行棚的天板、地板分别代表天地乾坤，风炉茶釜在天地之间完成五行调和的煮水以烹茶。

图 8-31 志野茶碗卯花墙④

图 8-32 五行棚⑤

四、茶道礼法及其礼仪

茶道的流程主要分为更衣、观赏茶庭、初茶、茶食、中立、浓茶、后炭、薄茶、退出、衔接等过程，其中浓茶是最为重要的一环，而具体方式则根据不同的茶道流派而有所不同。茶道的基础是茶会，即人们的聚会，参加茶会的人们希望通过茶道达到自身精神的超脱，在追求"和敬清寂"的精神境界的同时，也追求人与人之间的融洽关系和心灵沟通。

（一）茶道礼法简介

茶道礼法一般分为三种，即炭礼法、浓茶礼法和薄茶礼法。"浓茶礼法"和"薄茶礼法"是主人点茶、宾客品饮的一整套程序。点茶礼法始于礼而终于礼，对主客双方行礼规定、屈伸角度、动作的手势都很详尽。以茶道里千家的点茶动作为例，里千家吸收了小笠原流礼法的规范，十分严格详尽，其核心在于身心修炼，也就是所谓"端其心，正其

---

① 在 4 月使用，此时天气转暖，宽大的羽落正好遮住炉内，可以避免熊熊的炭火带来的视觉的热度，体现对客人的体贴。

② 卯之花是一种初夏时节盛开的开五瓣的小白花，汉语叫溲疏，因其树干中空，也叫空木，颇受历代茶人的偏爱。

③ 茶碗器身的白底上有几道横竖线，让人联想起初夏的卯花篱笆墙，故名。

④ 图片来自"知乎网"。

⑤ 图片来自"知乎网"。

身"。浓茶礼法为茶道中最郑重的礼法，饮茶之前，要请客人先吃怀石料理①，可以避免空腹饮用发酵度很轻的抹茶给肠胃带来的不适感。茶道中的怀石以一汁三菜呈现，量少之外，也力求清淡、凸显食材本身的滋味。一汁指味噌汁(汤)，三菜分别是脍(刺身)、煮物(炖煮菜肴)、烧物(烧烤菜肴)。"添炭礼法"指为点茶烧水准备炭的程序。无论是茶事的初座还是后座都分别设有初炭礼法和后炭礼法，包括准备烧炭工具、打扫风炉和地炉、调整火候、除炭灰、添炭、添香等。用具包括釜、茶炉、香盒、灰器、炭斗等。

在介绍礼法的具体流程前，需要先明确其中用得非常多的"真、行、草"三种行礼方式。这三种行礼方式又分为站式和跪式，在日本茶道中用得比较多的是跪式，不同流派的要求略有不同，以里千家为例，男士两腿之间为一横拳的距离，女士则是一竖拳的距离，具体的行礼上：真礼是其中最正式的一种，跪式鞠躬以跪坐姿为预备，背、颈部保持平直，上半身向前倾斜，同时双手从膝上渐渐滑下，全手掌着地，两手指尖斜相对，身体倾至胸部与膝间只剩一个拳头的空当，稍停顿，后慢慢直起上身。行礼时动作要与呼吸相配，弯腰时吐气，直身时吸气，速度与他人保持一致。切忌只低头不弯腰或只弯腰不低头。行礼的跪式鞠躬方法与真礼相似，但两手仅前半掌着地(第二手指关节以上着地即可)，身体约呈 55 度前倾。行草礼时仅两手手指着地。身体约呈 65 度前倾。"真礼"用于主客之间以及拜赏挂轴时，"行礼"用于客人之间，"草礼"用于说话前后。行礼的时候一般会用一把合上的折扇，这代表了一个边界，一边代表自己，另一边代表别人，一般会让折扇离自己更近一点，给对方更大的空间，这也是尊重对方的一种表现。

还有一种礼法是"有职故实"，也称有识故实，意为正确的古训，即日本历代朝廷公家和武家的法令、仪式、装束、制度、官职、风俗、习惯的先例及其出处的研究。有职故实的研究者叫作"有识者"。江户时代以前的有职故实分为"公家故实"和"武家故实"，公家故实以宫中礼制为主，而武家故实则为武士的馆婚礼祭、居室装点、穿衣戴帽的准则，有识者被认为是知识的源泉。茶道的插花、焚香、挂轴的规格、彼此之间位置的关系，这些陈列的仪轨都要遵循"有职故实"的指导，这部分古礼的学习是茶人的必修课。

(二)浓茶礼法流程及礼仪

日本的茶道礼仪极其繁复讲究，以下只是大致描述其过程，在每个过程中都有许多细微的动作要求和礼仪必须遵守，因为每个茶道流派的要求有所不同，故而不能一一详述，挂一漏万难免疏漏。总之，每个动作和礼仪中都包含了对自然、对饮者、对器物的尊敬和关怀。

---

① "怀石料理"源于"茶禅一味"，禅宗讲究过午不食，为了缓解饥饿带来的不适，通常会揣一块温热的石头在怀里，故名"怀石"。

第一，主客开门跪入，开门分三步：在门前正坐，先拉开一半，然后拉开后一半但是不拉到底，最后再轻轻拉开。挪动双膝分三步进入茶室再站立，一般是拿出扇子放在自己面前，把扇子往前放，以跪坐的姿势前挪，再次移动扇子，再前进，一般三次左右，直到脚尖完全进入茶室的位置。次客在门口跪坐等候。

第二，主客走到壁龛前，行真礼并欣赏挂轴、插花和香盒，再次行真礼后起身走向风炉所在的地方，跪坐行真礼，欣赏茶器。此时，次客重复主客之前的步骤。

第三，主人进入，分三次分别送水指、装有茶巾、茶筅和茶勺的茶碗（左手）和茶入（右手，且与茶碗在同一中心线上）、建水（柄勺挂在建水的边沿）。

第四，制茶之前，主人擦拭所有茶具。首先从腰带里取出帛巾仔细打量一番，用特定手法折小后开始擦拭茶入，擦拭方法是左手拿茶入，右手拿帛巾先绕茶入顶盖一右一左两个半圆擦一圈，再转动帛巾一圈擦拭茶入瓶身，接着用左手快速转动茶入进一步擦拭；茶入擦好放回原位，再擦茶勺，横擦一次，竖擦两次。接下来擦洗茶碗，取出碗中茶巾放固定位置备用，用柄勺从釜中取出热水倒入碗中，用固定手法清洗茶筅，将水倒入建水，取茶巾擦干：先擦三圈半，再擦碗内，最后将茶碗的正面转向自己。

第五，制茶时，取两茶勺茶粉放进茶碗中，加进沸水，用竹筅以用公鸡点头一样的手法搅拌茶水，直到茶汤泛起泡沫。点茶非一日之功可练就，需要长时间练习才可以做出一碗漂亮的抹茶。

在第四、第五两步中都会用到柄勺，柄勺的礼法取法武士道中的拉弓射箭，包括置柄勺、切柄勺、引柄勺。向装有茶粉的茶碗里装过热水再放置柄勺的时候用切柄勺，往茶釜里装冷水之后用的是引柄勺。其他时候用置柄勺。具体的用法可参照图8-33、图8-34。

图 8-33 切柄勺、置柄勺①

① ［日］千宗室监修、淡交新社编辑部编：《初步の茶道》，60～61页，京都，株式会社淡交新社纳屋嘉治，1966。

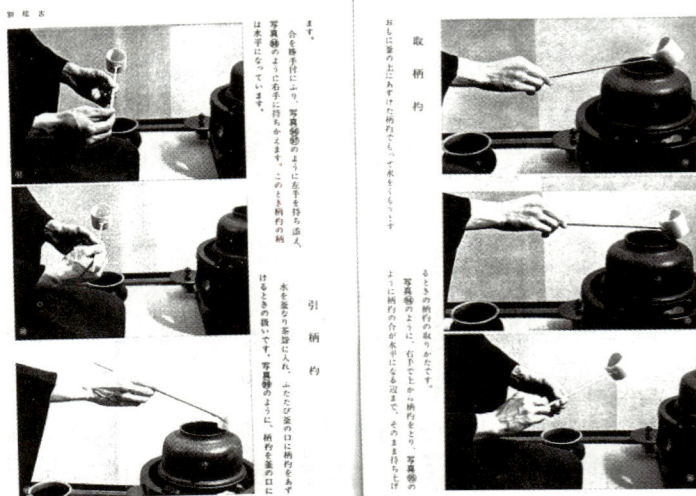

图 8-34　引柄勺、取柄勺①

第六，敬茶时，主人用左手掌托碗，右手五指持碗边转动两圈使茶碗正面正对自己，再将茶碗放到自己的右侧榻榻米上，行真礼；主客跪坐前行取茶碗，退回座位后先转动两圈使得茶碗正面正对自己，再把它放在自己和下一位客人之间，行礼并且向下一位客人道歉表示："对不起，我先喝"；然后放下碗，重新举起饮三口，注意避开茶碗正面，第三口要发出"啧啧"的赞声，表示对主人"好茶"的称赞。喝完后用手指擦一下喝茶的部位，双手肘在膝盖上方拿起茶杯欣赏，如果是轮饮，就将茶碗放在与次客座位之间的榻榻米上，请次客饮用，依次饮用并欣赏茶碗后原路返回主客手里，主客还给主人；如果是单饮，则用双手将茶碗放回原处，请主人收回。

第七，主人再次清洗茶器并依次撤出茶器，客人在此时欣赏茶器，待主人返回后主客就茶入、茶碗等的形状、图案以及茶会主题进行问答。之后主人会拿出一些果子和烟草与客人享用。

第八，最后拿出扇子行礼，主客和次客按照来时路径返回，礼仪要领与进入时相同。

薄茶礼法与浓茶礼法相似，是茶道中最基本的礼法，一般学习茶道都先从薄茶礼法开始。茶道中使用的茶为粉末茶，是将 4 月末 5 月初采集的优质嫩茶，经洗、蒸、干燥后再研磨成粉末状后而成。两者相比，浓茶礼使用的茶叶更好、茶具规格更高，如乐烧和萩的差别；浓茶礼中的茶入是陶器，以绢丝包装，打开和包装茶入又有另外的礼仪，薄茶礼法则直接擦拭茶枣；浓茶对点茶技艺要要求更高，因为要将浓稠的茶打出漂亮的泡沫和光泽更加不易；浓茶礼通常所有客人共饮一碗茶，薄茶礼则主客和

---

① ［日］千宗室监修、淡交新社编辑部编：《初步の茶道》，62～63 页，京都，株式会社淡交新社纳屋嘉治，1966。

次客分别一碗。另外，在薄茶礼法中，主人在送水指等茶器进入前先给客人准备一盘和果子，在随后开始用茶筅点茶之前行草礼请客人用和果子。

(三)客人的茶道礼仪要领

茶道礼仪的历史和要领很难让人在一时之间掌握，但即使只是对日本茶道做浅尝辄止的了解，也需要知道一些实用的礼仪，以便参与这样的活动时不感到尴尬，能更好地享受这种古雅的款待。假如要出席一场茶会，以下基本的礼仪需多加注意。

第一，不要佩戴各种金属饰物和手表。在茶会中会有纤细的竹编制品、光洁无痕的漆器、价值不菲的古老茶具，大多忌讳和坚硬的金属制品接触，所以佩戴手镯等出席茶会会显得失礼，即使不太可能造成碰撞的手表最好也摘下来。欣赏道具也要保持非常低的位置，茶道中要求跪坐，用手肘抵住膝盖，双手拿起道具欣赏，这意味着手中的道具离榻榻米的地面不到10厘米的距离，即使道具滑落也不会造成太严重的破损。

第二，处坐礼文化的榻榻米居室中，要保持榻榻米足够干净。所有的茶道所需用品，如点心、茶碗等都摆放在榻榻米之上，所有人都席地而坐，所以从实用的角度出发，也要求保持榻榻米的干净状态，点茶的主人穿纯白色的足袋，客人穿白色的袜子，其他任何颜色的袜子都会引起不洁净的联想。因为是跪坐礼仪，茶室中是跪坐或者盘膝而坐，所以女性不便于穿过短的裙子，以免自己和同席客人尴尬。

第三，不要使用香味过重的芳香类产品。茶室里通常会焚香，春夏是白檀，秋冬则是合香，这些香的味道淡，容易被香水的味道盖过，此外茶室空间狭小、人员聚集，不使用香氛也是体恤同席客人的表现。

第四，在品饮抹茶时需转动茶碗避开正面品饮。茶道中对茶具的欣赏也是重要的一环，所以避开茶碗的正面也是必要的礼仪。同时，茶点也是非常重要的一部分，通常将茶点切成一口能够吃完大小，避免咬开后再放下。将茶喝完、将茶点吃完可以显示对主人的尊重。即使不合口无法吃完，也要包裹后带出茶室，而不是留在茶室。

第五，茶席中的对话只限于主人和主宾之间，其他客人最好只是倾听。话题也要避免隐私信息以及议论别人的长短。

(四)茶道中的四规七则

茶道"四规"——"和敬清寂"可以具体化为七个规则：点茶要口感好、添炭是为了烧水、"如花在野"、准备茶事要冬暖夏凉、要守时、凡事要未雨绸缪、关怀同席的客人。以下对相关规则做简要介绍。

第一，茶可以分浓茶和淡茶，但都是以让客人品尝为目的。所以应该注意水温、茶汤的颜色和茶具的选用，将茶汤泡到最好的境界。

第二，讲究火候，在不同季节使用不同的风炉，注意倾听水沸的声音，适时添炭。

第三，"如花在野"是关于茶道中的插花规则，这是千利休关于茶室插花的唯一指针，即"花要插得如同在原野中绽放"。《南方录》[①]中记录了关于小座席的插花，旨在表达寂静、自然而内敛的精神，插花不宜热闹喧腾，而以简单质朴为宜。需要注意的是茶席中有些花禁止使用，如沈丁香、深山米、鸡冠花、女郎花、石榴、河骨、金钱花等。这些花或是香气浓重，或是颜色浓艳，或是名字不雅，容易引起不美好的联想，有违茶道的精神。插花和花器可参考图 8-35。图 8-35 中左边的素材为马醉木嫩叶和红花金缕梅，为待春时节作品；右边的素材为粉山茶和木通，所用花器是春日大社中代用来添灯油的油壶[②]。

图 8-35 插花和花器

第四，准备茶事要冬暖夏凉，是指与季节相配，如夏天用莲花、冬天用山茶花作为插花花材。夏天装饰小瀑布等让人感到清凉的物品。

第五，要守时。通常接到邀请后需要提前 5 分钟到达，不能提前太多更不能迟到，因为不论是茶还是怀石料理，每个步骤的最佳时间只有一个，如果因为迟到而受到影响，将是非常不礼貌的事。

第六，凡事要未雨绸缪。即使不下雨也要准备好户外雨伞，以备不时之需。

第七，关心同席的客人。茶主人在邀请时已经对来客做了精心挑选，以期客人之间是熟悉的、有共同话题的。另外，主人会把茶庭打扫得很干净，但同时保留一些落叶、干草，避免过于整洁让客人无从下脚。

日本茶道礼仪细微繁复，没有很长时间的练习无法体悟其中精妙，上文所述不及百一，在学习过程中可以参考相关著作，并且能够身体力行地坚持练习。

茶道和礼仪都包罗万象，二者结合起来更是丰富，其中深刻的文化和思想值得不断挖掘和学习，知礼仪是以茶待客应该做的功课。无论是主人还是客人，知礼仪、懂礼仪才能营造更好的品饮氛围，利于双方的沟通和交往。

---

① 《南方录》是日本茶道大师千利休的弟子记录千利休的言行录的秘传书，书名取自陆羽《茶经》中的"茶者，南方嘉木"。

② ［日］田中昭光：《如花在野》，张南揽译，21～22 页，长沙，湖南美术出版社，2017。

思考题

1. 六大茶类的名称和特点是什么？
2. 在中国茶礼中包括哪些基本礼仪？其中奉茶礼需要注意什么？
3. 中国茶礼中入茶时应注意哪些方面？
4. 日本茶道中茶庭的基本物品包括哪些？
5. 概述日本茶道中的"四规七则"。

第九章

会务工作礼仪

结构图

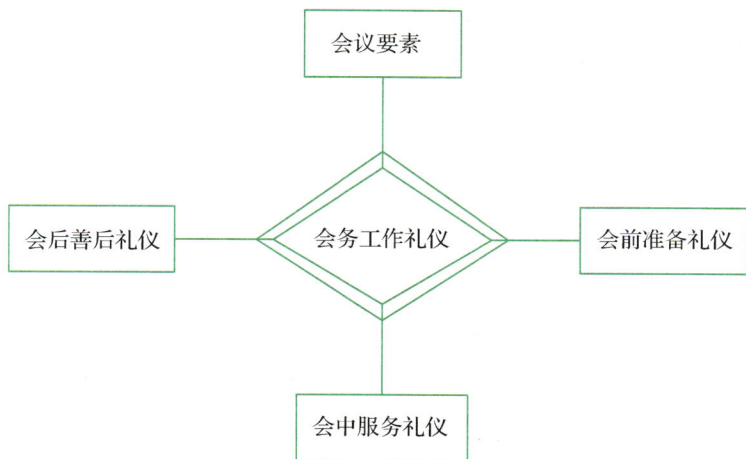

【本章学习目标】

1. 了解会议的基本要素。

2. 掌握会务工作的会前筹备、会中服务、会后善后等各环节的礼仪。

3. 掌握会务工作和与会代表进行交流沟通的礼仪。

4. 掌握会务工作中各种临时突发事件处理的礼仪。

【案例导入】

山水公司大楼内，会议即将开始。会议桌上有几份前一次会议讨论的文件，先前用过的一次性水杯等杂物尚未清理。

叶秘书站在会议室门口等候与会人员。叶秘书引导与会人员进入会议室，她把来自青云公司的客人引领到正对门座位一边，把主方的梁总和销售部关经理等引领到客人对面即背靠门的一边就座。当大家坐定，叶秘书拿起笔准备做记录。

梁总："请介绍一下贵公司的经营项目和经营状况吧。"

客人甲："我们公司是由中日两国合资组建的，成立于 2005 年，目前在全国各地都有营销点……"

梁总："好，贵公司的情况我们基本了解了。接下来，我给你们介绍一下我公司的情况。"

梁总在介绍的时候，发现叶秘书提供给他的文字材料中存在一些表述不得当的地方，只好自由发挥。当讲到具体销售工作时，梁总本想让销售部经理来做补充介绍，但发现销售部经理未到会，原因是叶秘书在口头通知他开会的时候把时间说错了。

梁总："我们先休息一会，稍后继续。"

叶秘书引导参会人员去会议室外休息："大家可以在会议室外走廊上使用糕点，还有咖啡……"

客人丙问："叶秘书，有可乐吗？"

叶秘书有些急躁地回答："可乐？开会怎么可能提供可乐给大家喝呀？"

会议结束，叶秘书陪同梁总等送别客人。客人的车子还未开走，叶秘书立马转身回办公室："我得先把会议记录整理一下。"

叶秘书回到办公室，当她把会议记录信息录入电脑形成会议纪要之后，随即将当天的会议记录放入粉碎机粉碎。

讨论：在这次会议工作中，叶秘书在礼仪方面的表现如何？有哪些方面是正确的？有哪些地方存在不足？

会议是现代社会生活中一种经常而广泛的活动形式，是一项有组织、有目的、有秩序的活动，也是领导者和管理者的重要管理手段和工作方法。"会务"是"会议事务"的简称，包括会议的筹划准备、组织服务和善后落实工作。会务工作礼仪，指的是秘书在办理会议事务过程中应注重的礼仪。

第一节
会议要素

会议要素主要包括会议名称、时间、地点、主持者、参与者、会议议题、会议形式、会议文书、会议结果、会议费用等。只有明确了构成会议的基本要素，才便于从整体上把握整个会议的全面工作，以利于会议的顺利进行。

一个真正意义上的会议，通常需要具备构成会议的十大要素。构成会议的十大要素，如表9-1所示。会议要素的内涵与要求可参见表9-2。

表 9-1　会议要素一览表

序号	会议要素
1	会议名称
2	会议时间
3	会议地点

续表

序号	会议要素
4	会议主持人
5	会议参与者
6	会议议题
7	会议形式
8	会议文书
9	会议结果
10	会议费用

表 9-2　会议要素的内涵与要求

会议要素的内涵与要求
会议名称通常包括会议主办单位或会议范围、会议时间或届别、会议的主题以及会议的类型等。会议的名称应根据会议的议题、性质来确定
会议时间通常包括通知开会的时间、会议开始时间、结束时间、每项议程时间。一般要视会议议题的复杂程度、重要程度、紧急程度而定,力求做到紧凑而有效,避免不必要的拖延和浪费
会议地点的确定需要结合与会人员的人数、范围、会期长短、分布地区,本着精简节约、方便工作的原则选择对大多数与会人员方便的地点。会议地点通常要具体到某个楼层第几会议室或某某门牌号等
会议主持人通常由主办部门、主持会议的领导人担任
会议参与者包括会议的出席者、列席者或者因讨论具体事项而特别要参会的人员
会议议题包括会议主要议题和其他议题。秘书通常需要根据会议议题来编排会议议程和日程。会议议程指对已确定的议题列出讨论的先后顺序,是安排日程的前提和基础。会议日程是结合会议议程对会议期间的所有活动做逐日的、具体的时间安排,以保证会议正常进行。会议议程的拟订是否合理,直接关系到会议能否实现预定的目标、取得预期的效果,也关系到能否高效率地召开会议。会议日程的确定是结合已确定的议程将会议议题的讨论以及会议期间的其他活动按日排列,以便会议中的所有活动能够有条不紊地进行
会议形式是指进行的具体方式方法,如讨论、座谈等
会议文书指与会议有关的一切书面材料,主要包括会议通知、会议日程表、全体参会人员名单、住宿安排、主席台座次、分组名单、大会发言材料、讨论专题和分组讨论场所、作息时间表、会议参阅文件、会议下发材料等
会议结果包括会议形成的结论、具体议题的解决办法、确定的承办部门以及具体落实步骤
会议费用是指用于会务工作所涉及的诸如食宿、车辆、劳务、场地等各种费用。秘书在编制经费预算时要本着节约、节省的原则将会议期间的每一笔开支详细列出,报经有关领导审查后确定

对于秘书人员来说,无论是会前准备、会中服务还是会后善后工作,都需要讲究礼仪。

第二节
会前准备礼仪

会前准备工作可谓千头万绪，但也有章可循。在筹备会议时，要尽量避免举办一些无意义、无目的、空洞乏味、可开可不开的会议，以免让与会者产生抵触情绪而影响会议质量。在会前准备阶段，秘书的主要内容包括拟订会议方案、起草会议文件、发出会议通知、联系会议场地、预订餐饮住宿、制作会议证件、布置会议场地等，根据秘书在会前准备阶段的工作内容，将秘书在此阶段需要注意的礼仪如下。

一、秘书在拟订会议方案时需注意的礼仪

会议方案的内容包括：会议名称、会议内容、会议时间和地点、会议规模、参加人员名单、日程安排、会议分组、参观路线和参观点、会议工作机构和主要工作职责、会议的宣传报道、会议文件印发范围、会议记录和简报工作、会议经费预算、食宿安排、保卫和保密工作等（如图 9-1 所示）。

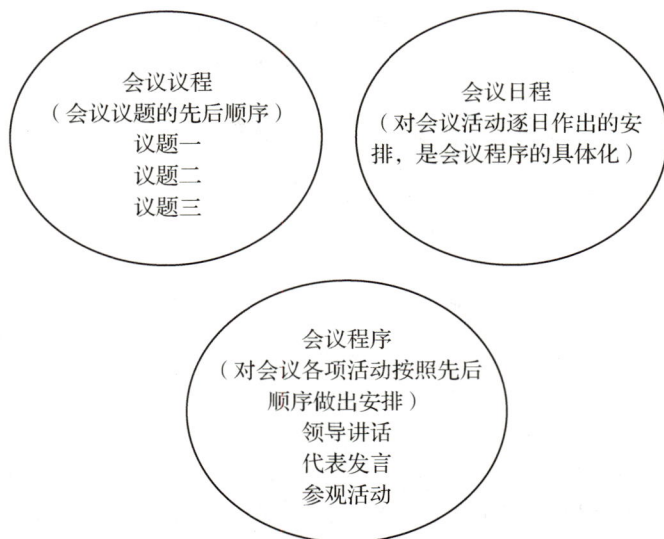

会议议程
（会议议题的先后顺序）
议题一
议题二
议题三

会议日程
（对会议活动逐日作出的安排，是会议程序的具体化）

会议程序
（对会议各项活动按照先后顺序做出安排）
领导讲话
代表发言
参观活动

图 9-1　拟订会议方案示意图

需要注意的是，会议名称要确定无误，秘书在拟订会议方案时，在标题中要准确揭示会议名称。

　　会议的议程、程序、日程等，一旦经过领导批准，秘书在进行安排的时候就不能随意变动，若遇特殊情况需要做出调整，秘书需向领导汇报说明。

　　现在有些会议，不是讲排场、走过场、不办实事，就是议程安排欠妥，如有意将短会开成长会，小会开成大会，聚餐、旅游等项目安排太多，而真正要办的事仅需很短的时间，这样的会议是不受欢迎的。因此，在会议议程的安排上，就要求尽量争取开小会、开短会，筹备会议时要精心安排好会议议程，要尽量避繁就简，可列可不列的议程，最好不列。内容相近、性质相同的议程，最好合并。

二、秘书在起草会议文件时需注意的礼仪

　　会议文件通常包括：会议报告、领导讲话、决议（决定）、经验交流材料、会议须知等，有的还包括主持词、选举说明等文字材料。

　　例如，欢迎辞是在重要会议上，由主人出面对宾客表示欢迎的致辞。秘书要根据领导的指示，为其拟写欢迎词，并根据领导的要求修改、定稿、打印成文。欢迎词的结构包括称谓、欢迎词语和结束语三部分。欢迎词必须写清召开此次会议的意义、作用，要表达出进一步发展友好合作关系的意愿和打算。文中要以真挚的感情对宾客表示敬意和欢迎。

　　又如主持词，秘书人员在起草主持词的时候，要注意三点：文字通俗易懂、注意会议程序衔接、内容提纲挈领。主持词切忌啰里啰唆、套话连篇、篇幅过长、论述过多。

三、秘书在发出会议通知时需注意的礼仪

　　会议通知按通知送达方式可分为书面通知、电报通知、电话通知、电子邮件通知等，按通知内容可分为预备通知、正式通知。

　　会议通知的内容，按照礼仪惯例，应包括会议主题、出席会议者的范围、举行会议的地点和具体时间等。如果会期较长，或者会议的参加者来自外地甚至海外，那么会议通知还必须包括会议的具体日程安排，报到的时间和地点，食宿安排及其费用，往返的交通费用如何解决，以及咨询和联系的电话号码等项内容。

　　在会议通知中，需要对有关内容进行清楚详细说明，这样不仅体现了对与会者的尊重，而且也能够使与会者消除顾虑，令其心中有数，使会议召集者与出席者都能减少许多不必要的麻烦。

🔍 **案例**

云河工程公司季总经理在星期三上午告诉潘秘书，星期五下午 14：30—16：30 召开部门经理会议，讨论公司工作绩效评估问题，要求潘秘书尽早通知到位。

潘秘书新到公司上班，心想这是公司内部会议，在公司布告栏上贴一张通知就行了。潘秘书在布告栏里贴了如下通知。

会议通知

兹定于 8 月 30 日（星期五）下午 14：30—16：30 在公司会议室召开部门经理会议，会议重要，请务必出席。

由于公司有几个部门经理一直在工程现场，未能及时看到通知。

会议已经开始了，还有四人未到会。潘秘书只得匆忙用电话通知他们迅速赶到开会地点。其中有三个部门经理接到电话后，陆续来到了会议室。客户部杨经理接到电话后不满地说："为什么不早下通知？下午已经约了客户，总不能推掉吧，让我部门的助理来开会吧。"潘秘书无言以对。

很显然，重要会议应当发书面通知。一般来说，书面会议通知的正文应当说明会议的具体起止时间、详细的会议地点、会议的议题、参会的对象等，更重要的是，必须将会议通知发给参与人员。在本案例中，会议通知文本存在着会议要素残缺或者不尽完善等问题，而且秘书只是将会议通知往公告栏一贴以为就万事大吉了，未在会议召开之前将会议通知让每位参会人员知晓，这是失礼的表现。为了表现秘书礼仪，秘书应采取当面告知、打电话通知、发邮件通知、发传真通知等形式让参会人员提前获知会议事项及有关要求，在具体操作时，可结合会议性质、会议规模、时间缓急和保密要求等选择适当的通知方式，必要时使用两种以上的方法。

相对而言，书面通知显得礼仪性较强，往往使用频率最高。对外发出的书面通知，应设计精美，至少要用电脑打印，交付邮局邮寄。发出会议通知的时间，一般应确保会议参加者尽早接到，至少要较会议日期提前一周或半个月寄到会议参加者手中，使其早做安排。当然，如果会议规模较大、规格较高，如举办国际性或国内大型会议，为使与会者有充分的准备，可提前一季度甚至一年发出通知。

其实，如果会议参加者比较多，或者会议内容特别重要，通常还需要随会议通知附会议回执，会议回执包括参加会议者的姓名、性别、民族、职务职称、联系电话、到会日期、返程日期、往返车次或航班号等，如果是学术交流会议，还需要填报论文题目或摘要。对于秘书人员来说，会议回执是收集参会者信息的重要路径，秘书通过回执单的统计，可以掌握与会人数、早做安排。

🔍 **案例**

莫秘书已于 8 月 2 日起草了一份带回执的书面会议通知，张总经理审核批准后，莫秘书以快递方式将通知邮寄给参会对象。8 月 25 日上午，莫秘书整理会议回执时，并给未发回回执的参会对象打电话进行确认。

莫秘书："您好！我是宇翔公司秘书莫×。是邵先生吗？请问您收到了我们公司的客户咨询洽谈会通知了吗？没有收到您的回执，所以打电话来确认一下……对，9 月 2 日召开，非常感谢您能抽空来参会！您对食宿方面有什么特殊要求吗？……好的。我都记下来了。"

莫秘书："您好！我是宇翔公司秘书莫×。是娄先生吗？请问您收到了我们公司的客户咨询洽谈会通知了吗？能否来参会呢？……哦，太遗憾了。欢迎您下次抽时间来我公司洽谈。"

秘书在发放会议通知时，会议主题、时间、地点、参与人、议程、时间表等最好都在会议通知中，并且必须提前一定时间告知，好让相关人员准备，会议议程在会议前再打印给相关人员以便大家遵守。本案例中的会议通知附有会议回执，有其必要性。

秘书在发放会议通知时，切忌出现遗漏、错发、重发等情况。如果出现遗漏，则有可能导致应该参会的部分嘉宾或代表错过了会议；如果出现错发，则有可能导致不该参会的人员也来参加会议，可能造成泄密等意想不到的结果；如果出现重发，则无疑占用了接收会议通知者的阅读时间。这些都属于失礼行为，应该注意避免。当然，为了确保与会人员能够按时参会，在会前 1～2 天需要再次联系确认。

四、秘书在联系会议场地时需注意的礼仪

联系会议场地，要综合考虑周边交通是否便利、场地空间是否适中、设备配置是否精良、总体环境是否安静、租金费用是否合理等因素。

🔍 **案例**

盛夏的 G 市，如同一个大火炉。瓯江博格制造有限公司准备召开一个部门负责人培训会议，周总经理让尹秘书选择一个会议地点。

尹秘书经过仔细考虑，预订了距市区约 15 千米车程的大港山庄，价格相对便宜，周围环境优美。周总经理及参加培训的各部门负责人都很满意，直夸尹秘书给大家找了一个"避暑胜地"。

在会务工作中，选择一个能让会议组织者、参加者都满意的会议场地，这是对会议的重视，也是对参会人员的尊重。秘书在选择会议场地时，除了上文提及需考虑的相关因素之外，还必须依据会议的性质、目标、程序以及参会人员的背景和偏好等选择合适的场地。在本案例中，秘书将公司部门负责人培训会议选择在距市区不远的山庄，方便参会人员驱车前往，也能让参会者放松身心，全心投入培训，相对而言比城里要凉快，解决了因酷暑而影响培训质量的问题，会议之余还可以融情山水，为接下来更好地投入工作奠定基础。至少可以看出，秘书对于参与者的心理和培训的预期目标等都有比较好的理解和把握。

五、秘书在预订餐饮住宿时需注意的礼仪

提前与有关宾馆、酒店联系时，注意用语恰当，准确说明会议的需求。之所以需要提前预订，是为了避免与其他预订安排发生冲突。当然，秘书在做食宿安排时，应注意符合会议规模和规格，应尊重参会者的意愿，不可只考虑单位领导的需求，也不可根据个人喜好擅作主张。

秘书在安排会议住宿时，按照礼仪惯例，自然要优先照顾领导、尊者、年老体弱者，把档次相对较高的房间留给这些与会人员，同时要注意楼层不要太高，尽可能是朝阳的房间；如果会议规模较大、参会人数较多，应按参会代表所属地区和所分配的小组进行适当集中安排，以便分组交流讨论等；注意不要把汉族同志和生活有禁忌的少数民族同志安排到一个房间；秘书根据与会人员名单和实际情况，合理调配房间，列出住宿安排表，报经有关领导审批后提交给宾馆或酒店前台来依表安排住宿。

秘书在安排会议用餐方面，按照礼仪惯例，一般要统一就餐标准，不可有意搞分类分层用餐而流露出"不平等"，对于少数民族和年老带病者，可根据饮食习惯和特殊要求提供照顾；根据领导的授意，将会议用餐标准定下来之后，秘书可考虑印制餐券发放给参会人员，凭券用餐，方便后续的统计结账，也可以让参会人员用餐期间进行互相交流。

六、秘书在布置会议场地时需注意的礼仪

在布置会议场地时，秘书要注意紧扣会议性质与主题、规模与规格、会期与要求等进行综合考虑，在座次上要做到合理，在色调上要讲究和谐，在氛围上要做到恰当。

秘书在会场布置时，要认真对待，切忌马虎。例如，当举行正式会议，尤其有其他单位的人来参会的情况下，必须以专用会议室或会议厅作为会场，绝不可因陋就简。有时，由于参加会议人数少，秘书可能会将本单位负责人的办公室当作会场，其实，

这是非常失礼的举止，容易让外来与会者觉得不自在。

🔍 **案例**

C 县矶山开发有限公司新近获得了省里授予的"百强企业"荣誉称号，准备在公司礼堂召开庆功表彰大会，要求公司 258 名员工全部参加大会。办公室金主任检查会场时，发现丁秘书对主席台座次的安排存在问题。丁秘书按国际礼仪规范，右为尊，将董事长的位置安排在最右边，然后依次是副董事长、总经理、副总经理，所有领导按职务高低从右到左，前排共 7 人，后排为受表彰的 10 位员工。与主席台相对的是参加大会的公司员工座位，共 20 排，每排 22 人。

会场布局、座次安排、会场装饰等，都是布置会场的重要内容。其中，会场座次的安排礼仪性较强，布置会场时，座次的安排是必须要考虑好的，一旦稍有疏忽，就可能影响与会者的情绪。

在本案例中，要举行的是一个庆功表彰大会，参加大会的人员较多，安排在公司礼堂是合适的，会场座位呈相对式排列也是正确的。但是秘书在安排主席台座次时，存在失礼之处。在主席台就座的多为领导和贵宾，要按照一定的礼宾次序来排定，切忌顾此失彼。

一般来说，对于主席台的座次，秘书应按照礼仪惯例进行安排，并将座次安排名单交由领导审核。主席台上的座次，按照中国的惯例，以左为尊，即左为上、右为下，在具体安排时，以"先定中间，再定左右"为原则，如果就座人数为奇数，以职务最高者居中，然后以主席台的朝向为准，按照先左后右、一左一右的顺序排列；如果就座人数为偶数，则以主席台中央为基点，第一位领导坐在基点左侧，第二位领导坐在基点右侧。本案例中主席台座次不必按照国际礼仪，而应按照国内的通常做法，依据 7 位领导的职务高低，排为⑥④②①③⑤⑦。当然，如果是国际性会议，主席台的座次排列则遵循先右后左的原则。

除了考虑主席台的座次，会场里的主次位置，即主席台（会议主持人、发言人等）与听众席（其他参会人员）的位置，也需要互相协调好。在本案例中，参会的员工座次安排可行，能够满足全体员工就座。但受表彰的 10 名员工不宜在主席台后排就座，安排在与主席台相对的与会人员座次的第一排就座更合适。

根据会务礼仪惯例，会场"主次"位置的安排主要有以下两大类型。第一，平等型。秘书可以把会场主次位置设置成"圆桌式""半圆式""自由式"，让参会人员围成圆形、半圆形而坐，或者让参会人员自由选择入座。这种安排，能使全体与会者平等相处，可以让参会人员之间进行有效的互动交流，任何一个参会人员都可以在座位上起身发言，不必离席走到专门的位置。第二，相对型。大型会议通常都会设主席台，小型会议则会在长桌一侧设主持人或领导席位，这种座次安排的好处在于突出会议主持人或领导的权威。在具体的设置上，按照面对门、远离门为上的原则，面对会议室正门、远离会议室门的位置是上座。秘书在进行会场"主次"位置安排时，一定要遵循会务礼仪进行布置。

与前文所述的选择会议场地需要注意的礼仪相对应，在进行具体布置时，还需要根据会议主题和内容，营造出一种与会议主题、内容相吻合的气氛，例如，表彰会气氛应热烈隆重、庆祝会气氛应喜庆和谐，讨论会气氛应轻松友好，办公会气氛要严肃认真等。如果会场气氛与会议内容不协调，自然会影响会议质量与效果。当然，会场的大小也不能忽视，要根据会议规模来确定，要保证与会者人人有座位，且稍有富余。否则，会场太小会不够坐，太大会过于冷清，都会影响会议效果。如果会议人数较多，会场较大，且有外籍人士参加时，要安排好必需的话筒等扩音设备以及同声翻译器等，并且在会前要亲自调试，一旦发现问题，应立即设法解决。

为了体现礼仪，秘书在进行会场布置时，绝不能认为这是简单机械的重复性工作，需要综合考虑多种因素，让会场布置显得科学合理，为会议的顺利进行打好基础。

第三节
会中服务礼仪

案例

2019年，处于内陆地区的 Q 市与处于沿海地区的 W 市举行山海技术协作大会，参会人数比较多，食宿安排难度非常大。

在大会举行之前，会务工作人员做足了准备。举行会议的地点是 Q 市的会议中心，食宿分别安排在凤凰酒店、龙飞酒店两个当地最大的酒店。在大会期间，会务工作人员在接站迎宾、用膳食谱、会间茶礼、车辆调度、医疗保健、文娱活动等各方面，可谓全力以赴，高标准、严要求地逐项推进。与会代表对会务工作十分满意。

讨论：如何通过会中服务体现礼仪？

会中服务，是会务工作最重要的环节，不仅需要充分展现秘书的沟通协调能力，更需要通过秘书礼仪为会务工作锦上添花。

会中工作，主要包括会议签到、会议记录、会场服务、食宿调整等。会议期间，秘书要关心、安排好与会者的住宿、伙食、交通、业余文化生活和参观访问等事宜，灵活、沉着地为与会者提供优良的服务。

一、秘书在会议签到时的礼仪

会议签到，直接关系到会议主办方的形象。

会议签到，是为了准确地统计到会人数，同时也能够有效地保证会议的安全。会议签到有手工签到、电子签到等方式。当采用手工签到时，秘书可以适当引领分区域、分小组签到；当采用电子签到时，秘书也需要进行适当引导有序签到。有时，还可以根据会议需要，在签到时发放相关材料。在会议签到时，秘书人员应主动向参会人员一一问好，防止顾此失彼。

🔍 案例

缙江会议中心会场外大厅，永辉公司客户咨询洽谈会将在上午 9 时正式开始。8 时 30 分，已经有客人提前到达会场。

吴秘书："先生，您好！离会议开始还有半小时，您可以先到休息室稍事休息。"

吴秘书礼貌地指引提前到达的参会人员到休息室休息。

会议签到处，负责会议签到和餐饮安排的吴秘书发现，有十几名与会者在签到单上注明"回族""维吾尔族"等少数民族，于是立即给餐饮部打电话。

吴秘书："您好，正达大酒店餐饮部吗？我是永辉公司的秘书吴×，先前在你们这里预定的菜品都是适合我们汉族人口味的，今天来报到的代表还有回族、维吾尔族等少数民族的代表，所以麻烦你们调整一下，安排一些清真菜……谢谢！"

通常来说，当与会人员到达会场后，如果时间尚早，秘书可以将其引领至休息室稍事休息，然后再入场签到；在会场门口迎接客人先要互相介绍，遵循"五先"原则，双方介绍后，应相互握手致意，在新春团拜会之类的活动中，还可采用拱手礼等，将传统礼仪文化进行现代传承；在引导客人时，秘书人员应热情、礼貌地在客人的左侧前方引路，走到楼梯或电梯口时，应在客人的左侧先行一步，为客人领路或按电梯钮，进门时，应主动向前拉（推）门，并微笑着请客人进去。在本案例中，在签到之前，秘书引导客人先稍事休息等候，显得彬彬有礼。在签到环节，秘书如发现特殊情况，要及时进行处理，确保与会者对会议表示满意。

与会者进入会场，秘书人员要检查核对与会人员到会情况，清点人数，弄清缺席人及缺席原因，然后报告会议主持人。还要提示和保证与会者就座于适当的位置，以便会议按时召开，并将会议出勤情况如实记录。

二、秘书在分发文件时的礼仪

上面提到有时根据会议需要，会议主办单位会在会议签到时分发文件资料，诸如会议须知、会议日程、会议议程、汇报材料等，通常会放在文件袋中，在会议签到时分发给与会代表，一定要注意每位代表分发到位，不能出现有些人有、有些人无的情况，否则就是对未发到文件资料者的失礼。

当然，还有许多文件资料是在会议进行中分发的，例如，报告、决议（决定）草案、讲话稿、演讲稿、讨论稿、开幕词、闭幕词、规定、章程、制度、议案、提案、讨论的问题等，这些文件资料通常需要直接发放至会场代表座位或与会代表手中。

秘书在分发文件的时候，一定要注意适时发放，不能提前发，也不能延后发，分发文件资料的时间应该恰到好处，与会议议程同步进行。在发放文件资料的时候，要注意分发范围，要避免出现差错，避免出现漏发、多发的情况。如果文件资料需要回收，秘书要在需回收的文件上注明"回收"字样并编号，并按要求严格掌握分发时间，要求与会人员妥善保管，在需要回收时及时收回，在回收的时候要一一清点。

三、秘书在会议记录时的礼仪

会议记录是对会议过程及其内容等信息的具体记录。在开会讨论问题、研究工作时，需要由秘书用文字把会议情况如实地记录下来。可视需要采取详细记录、摘要记录等不同的记录方法。会议记录要求快速、准确、完整、清楚，同时要讲究记录格式。

秘书在进行会议记录时，一定要做到准确、完整、规范，从会议主题、与会人员、缺席人员、发言、讨论记录到会议决议、表决情况等，都要一一进行详细记录。

🔍 案例

双环科技有限公司李秘书与财务科金×是好朋友。金×的女朋友是公司公关部职员赵×，他们的恋爱关系早已得到了双方家长的认可，但公司内部除了李秘书无人知道他们两人的恋爱关系。赵×工作很出色，深受领导和同事认可。这天，公司召开经理办公会议，讨论人事工作和安全生产问题，李秘书负责会议记录。

周副总说："最近，C县分公司公关部经理奚×受伤了，需要休养一段时间，分公司叶总经理来电让总公司马上派人去顶替奚经理……"

"公关部的赵×怎么样？她非常能干，而且未婚，适合去C县……"公司的俞副总建议道。

"赵×这位同志不错，我觉得可以，"娄总说，"就这样定了吧。明天就发调令。"

赵×去 C 县分公司担任公关部经理的事就这样确定下来了。

李秘书停下手头记录的笔，通过手机微信给好朋友金×发了一条信息：恭喜，你家赵×要去 C 县任分公司公关部经理了。

就在开会这会儿，金×来办公室找李秘书，他想告诉李秘书他已决定在下个月 18 日和赵×举行婚礼。看到李秘书发给他的信息，金×悲喜交加。

为了安慰好友金×，李秘书与他在微信上互相留言，会场上关于安全生产的讨论，李秘书就没记下几个字。

负责会议记录的秘书，把会议有关人事安排信息提早告诉好友，这是应该杜绝的。作为秘书，保密是纪律，应是自觉的行为，良好的习惯。涉及秘密的事项，秘书应做到守口如瓶。在这个案例中，秘书因为发微信、给人安慰等行为使情绪受扰，致使会议记录不完整，这也是不可取的。

四、秘书在服务重要嘉宾时的礼仪

在一些会议中，通常会邀请一些嘉宾来到会场。对于重要嘉宾，秘书人员应将其作为重点服务对象，以体现对嘉宾的高度重视和尊敬。

案例

2019 年 11 月，两山大学民族学院举办首届民族文化艺术节。由于学院能提供的活动资金不多，负责文化艺术节工作的承办人员便提出让学生去拉社会赞助。举办民族文化艺术节，这在当地可是新鲜事。得知有此需求，当地的纳斯集团、绿谷公司、山耕传媒有限公司三家单位给予了赞助。尤其是纳斯集团，不仅赞助了 3000 元现金，还赞助了该集团生产的日常生活用品用作参赛者的奖品。于是，具体承办民族文化艺术节的人员将此次文化艺术节的高潮——闭幕式暨文艺晚会定为"纳斯之夜"，并邀请了纳斯集团、绿谷公司、山耕传媒有限公司三家赞助单位的领导与学院、学校领导一起作为嘉宾出席。

晚会开始前，礼仪小姐迎接众位嘉宾入场，坐在第 3 排最佳座位。

晚会开始，主持人一个个介绍了嘉宾后，民族学院领导致辞。

晚会进行到颁奖仪式，三等奖由民族学院办公室主任、学生科科长颁奖；二等奖由民族学院党委书记、院长颁奖；一等奖由校党委副书记颁奖。

晚会在大合唱《难忘今宵》中结束。

在整台晚会中，纳斯集团等嘉宾始终处在听、看的状态，既没有上台颁奖，也没有上台讲话，因此，在颁奖结束之后，该集团的嘉宾便先行退场了。

翌年，该校要举办第二届民族文化艺术节，活动的承办人员联系三家单位再次提供赞助时，他们婉言谢绝了。

这个案例说明在会议活动中，由于相关环节安排得不合理、不得当而引起了参会人员的不悦，既然邀请了赞助单位的领导出席闭幕式，那就应该为其提供"亮相"机会。在本次闭幕式上，可以安排赞助商代表发言或与本校领导一起颁奖。从中值得反思的是，在会中服务时，要做到"尊重嘉宾"，尤其是在此类活动中，要充分考虑"互利双赢"的原则。纳斯集团等单位给文化艺术节提供赞助，目的是想通过此举来提高公司的知名度与影响力。作为被赞助的一方，最好的回报方式是安排纳斯集团等赞助嘉宾上台讲话、颁奖。当在活动中未安排相关环节时，自然会引起嘉宾的不满意，并且会大大降低今后相关工作的合作可能性。

五、秘书在服务发言人员时的礼仪

在一些会议中，常会安排专题发言等环节。为此，在会中服务时，秘书要把发言人员作为重点服务对象，确保会议依照议程有步骤、有秩序地进行。

🔍 **案例**

S 市召开乡村振兴工作经验交流会。按照议程，届时将有六位代表上台发言。会务组组长叮嘱王秘书："这次会议，你一定得把这六位发言人服务好。"

王秘书回忆起三个月前的一次研讨会，曾安排了四位代表做主题发言。当第二位发言人发言完毕时，第三位发言人正好到会议室外接了个电话，会场一度陷入尴尬，待王秘书跑出去将他请回会场时，已经过去了好几分钟。

王秘书深知会议发言环节必须紧凑不脱节，为确保万无一失，王秘书在安排发言人集中就座、提醒携带讲稿、到点提醒代表、告知前后衔接等时，都一一进行了细化落实。整个经验交流会节奏紧凑、井然有序。

在会议服务对象中，发言人员可谓秘书进行会中服务的重要"保护"对象，如果会议发言环节出现断节、松散等现象，将会让会议质量和效果大打折扣。正因为如此，秘书要把会议发言代表的服务工作做好，切忌马虎随意、任其自然。在一些表彰会议上，诸如颁奖环节，也需要充分考虑细节，颁奖领导顺序、领奖者顺序、礼仪小姐顺序等都要先行排好。具体来说，领导人的排列顺序、礼仪小姐把奖品递给谁、领奖人的排列顺序、何时上台、上台后面对哪位领导、何时转身、何时下台等，都应进行必要的现场演练，要注意避免出现颁奖者无奖品可颁、领奖者无奖品可领等尴尬。

六、秘书在会议食宿调整时的礼仪

在会务工作中，与会者食宿问题是会中服务的"场外"重头戏，必须予以高度重视。会议的食宿安排，虽然已经在会前做了充分准备，但参会人员到会后，仍有可能对食宿问题提出个人意见或特殊要求，在此情况下，秘书应虚心听取意见，做到主动热情服务，适时进行调整或改进。

🔍 **案例**

为期三天的遂阳贸易公司洽谈订货会如期举行了。会议代表报到当天，有两位与会人士对住宿安排不满意，要求徐秘书帮忙调整房间。一位要求将标准间改为单人间，另一位要求住视野好的顶层房间。因为与会人数是双数，如果这样调整，就会有另外一个人也要住单人间，但是，征求了一下其他代表的意见，没有人愿意多承担住宿费住单人间，最后公司只得把超出标准间的费用承担下来。对于要求住顶层的另外一人，因为其他与会者都安排在二楼和三楼，如果满足了他的要求，他的房间就与其他人分散开了，这样不便于管理。徐秘书征求了李经理的意见后，还是给他做了调换。

会议第二天，有与会者提出用餐的菜品全部是遂阳的当地菜，偏辣，希望能改一下。徐秘书认为遂阳的当地菜最能体现本土特色，代表们应该入乡随俗，品味当地的饮食文化；况且多数与会代表是偏爱辣味的，提意见的仅代表其个人意见，如果菜味不辣，就会有更多的人提意见。所以徐秘书决定不理会这个意见，未对菜品进行调整。

在本案例中，秘书针对两位与会者在住宿方面的特殊要求，征得经理同意后给予调整，虽然公司在一定程度上增加了办会成本，但能让与会者满意就很值得。然而会议第二天，当有与会者对饮食不习惯而提出意见时，秘书本应根据实际情况，适当与餐饮部门联系调整一下口味，尽量照顾到不同口味的人的需要，但本案例中的秘书认识问题过于偏激、武断，未对菜品进行调整，没有表示对这部分与会者的关心和重视，容易引起与会者的不满。

在会议过程中，难免会遇到一些特殊的参会者，他们可能会提出一些特别的要求，秘书人员一定要注意以礼相待，要让与会人员感觉到对他所表示的尊敬与热情。参会人员提出的要求，只要是在合情合理的范围内，而且能够办到的，秘书就应当不讲条件地尽量采纳并予以满足，如果实在无法满足要求，则应耐心给予解释并表示歉意。

当然，虽说参会人员在身份、职位等方面各有差异，但在同一会议中，享受食宿等待遇，不宜简单地分门别类、区别对待，否则容易引起各种矛盾和误会。

🔍 **案例**

华侨文化论坛在 Q 地举行，本次论坛活动由 Q 县人民政府主办，由 L 学院承办。会议间隙，几位与会代表窃窃私语。

代表 A："这次文化论坛活动的食宿安排真不敢恭维。"

代表 B："缴了 800 元会务费，自助餐也太简单了吧，根本没有什么好吃的。"

代表 C："你们可能不知道。听说会议食宿是分了档次的。有的人包吃包住、包往返机票，不用缴会务费，而且还有学术报告的劳务费。有的人可以去吃高档桌餐，有的人只能吃自助餐。"

代表 D："难道把咱们交的会务费都花那些方面去了？"

作为与会代表，肯定希望得到尊重。在会议服务中，尤其是对参会人员的食宿安排，最应讲究"一视同仁，尊重个人"的原则，本案例中，当与会代表发现会议承办方是有所区别地进行招待，不公平待遇、不受重视的想法就油然而生，自然就引发了诸多代表的怨言。

在开展会议服务过程中，秘书与众多参会者打交道时，不要有意偏袒有权、有势、与己有用的人，要尽量表示出对所有参会者的公允。如果出于特殊原因，对某些参会者给予了与众不同的照顾或优惠，应当向其他参会者说明原因。总之，在待人接物、言谈举止等方面都要谨慎，不要厚此薄彼。为避免出现差错，最好的办法就是遵循"等距离"①的原则办事。

七、秘书在组织参观考察时的礼仪

在会务工作中，当需要组织参观考察时，秘书要根据参观考察点的数量、道路情况、会议代表人数等方面综合考虑，选择最佳参观考察路线，提前将相关通知发送给参会人员，提醒会议代表准时乘车、按照路线行进等。

🔍 **案例**

经过精心准备，各方人员如期到会，LYR 食品公司的新产品咨询洽谈会按时召开。

利用会议休息时间，公司还应与会人员的要求，组织参观了公司的生产车间等场地，让客商更好地了解公司的生产情况，了解公司产品的特点，有利于经销这种产品

---

① 所谓"等距离"原则，是指在社交活动中，应尽力做到平等相待、一视同仁，不要使任何人感觉到有过于明显的亲疏远近之分。

时有的放矢地介绍产品。

参加本次会议的除了我国各地的客商，还有来自亚洲其他国家的客商。其中有一位日本客商会讲中文，当他品尝了现场烘焙的"蜜柔"米糕后，相当满意，并表示出要大量订购。吴秘书在让他签订订购合同时，该客商在商谈中提出必须在完全了解"蜜柔"米糕的具体制作方法后才会同意正式合作。在此情况下，吴秘书该怎么办？是拒绝还是告诉他具体制作方法？

对于食品公司来说，食品的具体制作方法属于商业秘密。对于秘书人员来说，在开展会务工作时，需要做好保密工作，不能将本单位的商业秘密泄露。在本案例中，尽管日本客商已表示出要合作的意愿，但毕竟存在不确定性，因此，秘书在与他进行交谈过程中，不能由于对方的一些诱导性话语而放松了警惕，如果将保密原则抛诸脑后，可能会给公司带来意想不到的损失。这时，秘书需要注意礼节，可以委婉地予以说明。

在会务工作中，确实会有与会代表提出考察当地民风民俗等要求，除了在合理的范围内集体组织参观考察外，如果不便组织，可以给与会代表进行适当的指引或推荐，将合适的参观考察点和具体项目向与会代表进行推荐。

八、秘书在会议庆贺环节时的礼仪

有不少会议，为了体现圆满成功，通常会有庆贺环节。如签字仪式，就是这方面的典型。对于庆贺环节，秘书不可大意，而应从细处着手，让其为整个会议活动画上圆满的句号。

案例

澳大利亚金城集团威廉总裁在万地公司留秘书的引导下，直接来到签字厅。墙上钟表显示时间是下午2：40，签字厅内空无一人。威廉进门后，环顾四周，只见地上铺了红色地毯，一张长桌上铺着墨绿色的桌布，桌后放着两把椅子；桌子正中间有一个旗架，左右各放置澳大利亚和中国的国旗；两套签字用笔整齐地摆放在桌面上。留秘书发现本公司的领导和相关工作人员尚未到场，便对威廉说："我请胡总他们过来。"

过了一会儿，胡总带着一行人走了进来。双方互相问候后，几位工作人员列队站好，留秘书把签字文件放到桌子上，便开始进入签约程序。首先，由留秘书和另一位事先选派的助签员分别引导威廉和胡总入座；然后，协助翻开文件和传递文件，示意主客双方分别在自己和对方的协议上签字；全部合同签字结束后，胡总与威廉热情握手，在场人员鼓掌祝贺。随后，胡总和威廉总裁分别做了简短的讲话，仪式结束。

在本案例中，秘书对签字前的场地、文件、文具的准备和人员安排，以及签字中的程序和做法，都符合礼仪要求（如图9-2所示）。在签字仪式中，国旗的摆放是非常关键的，本案例中两面旗的位置正是反映了"面门为上、以右为上"的礼仪原则。在本案例中，留秘书去接澳大利亚金城集团总裁，在出门和回来时都没有告知本公司的胡总，直接导致胡总未能主动迎候威廉总裁，这是失礼的。正确的礼仪要求是：秘书要让领导随时掌握自己的行踪，主动请示、汇报，及时就工作日程等提醒领导。在正式签字仪式前20分钟，秘书直接请对方总裁进签字厅，而胡总和其他工作人员没在厅内迎候，让威廉先生尴尬地站在那里，正确做法应该是先请威廉总裁到会晤室休息；秘书与胡总事先商量好，由胡总在门口迎接并负责接待，其他工作人员提前在签字厅站立等候，在签字前几分钟由胡总陪同威廉先生进入签字厅。

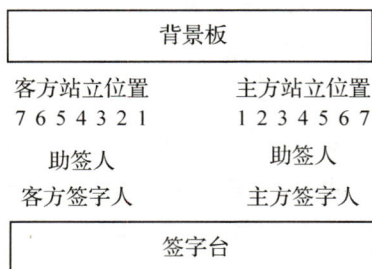

背景板	
客方站立位置 7 6 5 4 3 2 1	主方站立位置 1 2 3 4 5 6 7
助签人	助签人
客方签字人	主方签字人
签字台	

图 9-2　签字仪式示意图

通常来说，如果是跨国间的签字仪式，依据国际上通行的做法，其最后一项活动是饮酒互相道贺，此做法是为了增添签字仪式的喜庆色彩。在庆贺之时，所饮用的酒水应为香槟或干红酒，由礼仪小姐奉上香槟或干红酒，主客双方举杯庆贺。

此外，会中服务还有安排合影、新闻宣传、编写简报、文娱活动等工作。例如，在安排合影时，秘书最好提前绘制合影站位图，并在现场进行人员调度和指引，力求快速有效地整队合影。又如，开展文娱活动，需要事先选定活动项目，报领导审定，目的是为了调节高度紧张的会议工作状态，时间应安排在会隙或晚间，要引领与会代表有序参加。其他会中服务礼仪，在此不再一一赘述。

概括起来说，秘书在会中服务过程中，需要在礼仪方面予以重视的地方主要有以下几点。

第一，根据与会者的身份、习惯安排好住处。

第二，根据与会者不同的生活习惯，妥善地安排好伙食。在会议进行过程中，要注意观察和了解与会者对食宿安排的感受，虚心听取意见和建议。

第三，会间服务时，应依据席次顺序，站在与会嘉宾右侧身后，为其端送茶水，服务工作应细致、周到。

第四，如果一个单位时间里会议时间比较长，中间可考虑安排休息与茶歇，提供饮料、水果和糕点等。

第五，安排好与会者的用车。如果车辆较多，可在宾客到来之前将车辆编号，做上明显的标记，引导与会者有秩序地乘车。要有专人随车接送。

第六，为与会者预订返程车、船、机票。要了解与会者的意愿，在活动结束前几天就做好预订工作。

第七，为体弱多病的与会者安排就医、保健。医疗卫生方面的准备包括伙食、饮水、住宿、会场、周围环境和个人卫生诸多方面。要安排有经验的应急医务人员，准备必要的急救药品，对饮食、环境卫生做必要的检查和处理，清除隐患，保证随时提供应急医疗服务。特别要考虑到可能出现的突发性疾病，应给予及时的救护，也要注意防止流行性疾病的发生。

第八，根据与会者的特点与兴趣，在游览当地风景名胜、开展体育锻炼、文化娱乐活动等方面给出合理的建议。

第九，如果个别与会者有私人活动安排，应进行协助安排，尽量提供方便。

会议时间无论长短，均会涉及倒茶服务。在会议倒茶方面，也是非常讲究礼仪的。在本节最后，将会补充介绍一下会议服务过程中的倒茶礼仪。[①] 会议茶礼仪看起来是个简单的技术活，却暗藏着不少学问，需要把握好如下几个关键点。

首先，准备很重要。可能的话，多准备几种茶叶，以供参会人员根据需要进行选择。如果会场里仅有一种茶叶，可事先说明。大中型会议，因参会人多，不便给所有参会者上茶，可设饮水处供参会人员自行取用。会议茶具一定要洁净，茶杯等在倒茶之前最好用开水烫过，不能使用有缺口或裂缝的茶杯，既讲究卫生，又显得彬彬有礼。若使用玻璃杯，倒茶之前可套上杯托，以免热茶烫手。

其次，多少很重要。泡茶时，茶叶放多少，可主动向参会者了解喝浓茶或淡茶的习惯，以便依其口味冲茶。在杯中加水时，不宜倒得过满，以免溢出溅湿会议资料或把人烫伤。常言道："斟茶只斟七分满，留下三分是人情。"加水量一般以杯子的七八分满为宜。

再次，顺序很重要。在给参会人员上茶时，原则上应遵循"先尊后卑、先宾后主、先女后男"的顺序进行。在会议室内，如果领导人员与非领导人员就座区域界限分明，要优先给领导人员上茶、加茶。如果主要领导的杯中水未喝，而会场其他人员需要添水，添水时可用眼神看一下主要领导的杯子，以示尊重，也给其他人员留下懂礼仪、有修养的好印象。

最后，方法很重要。按照礼仪，端茶时应用双手。对于有耳的茶杯，通常是一只

---

① 本节所介绍的会议倒茶礼仪，参见陈汉忠：《会议茶礼仪的 6 个关键》，载《办公室业务》，2016(4)。

手抓住杯耳，另一只手托住杯底，把茶放在参会人员桌面右前方5～10厘米处，并把杯耳转向参会人员，方便其取放。添水时，若是有盖的茶杯，则用右手中指和无名指将杯盖夹住，轻轻抬起，拇指、食指和小指将杯子取起，侧对参会人员，在其右后侧，左手持水壶给杯中添水。切不可把杯盖扣放在桌上，也不可不端茶杯直接添水。续水时水壶要对准杯口，不要把水壶提得过高，以免热水溅出杯外。如不小心把水洒在桌上，要及时用小毛巾或纸巾擦干。在续完水后要把杯盖盖上。放茶杯动作不要过高，更不可从他人肩部、头上越过。

此外，时机很重要，一般在会议进行了15～20分钟后进行第一轮添水，同时注意参会人员喝水的快慢情况，发现喝水较快者，可适当给其多续水。对于杯中水量的判断，可通过观察其喝茶时杯子的倾斜程度来判断，适时给与会人员添水。当然，是否需要续水，也可征询与会人员本人的意见。还需要强调一点，无论是端茶还是添水，应注意保持安静，动作要轻、稳，避免干扰会议的进行。更为讲究的以茶待客礼仪请参见第八章内容。

第四节
会后善后礼仪

案例

海清公司新产品咨询洽谈会结束了。公司送走了与会代表后，进行会后总结。总结会上，公司的王总经理认为这次会议开得很成功。会务组的准备工作做得周密细致，会议接待工作做得周到得体，为公司赢得良好的人气指数打下了基础。再加上新产品过硬的质量，专家精辟的讲解等使得这次会议达到了预期目的，新产品咨询洽谈会取得了圆满成功。

在总结会上，杨副总到会讲话，在肯定会务工作成效时，也指出一些疏漏之处，比如，因未充分考虑到参会人员中少数民族代表就餐问题，所幸发现及时，及早解决，才没有影响他们的情绪；在会议结束时，代表返程时间不一致，有些代表安排了专车送行，而有些代表只能自行打车到机场，今后可考虑了解参会人员的返程安排，分批次安排送行。最后，杨副总要求会务组尽快把与这次大会有关的材料整理出来归档。

讨论：会后善后工作有哪些？如何将礼仪进行到底？

当会议正常结束，秘书需要及时回收、清退文件，妥善处理会议中形成的所有文件资料，及时整理归档，同时还要安排好与会人员的离会。若会议很重要，秘书还需根据会议记录撰写会议纪要。每一次会后，秘书必须对本次会务工作及时认真总结，并总结情况向领导汇报。

一、秘书在会议文件清退中的礼仪

在讨论会中礼仪时，曾述及有些会议文件需要回收。在会议结束之时，秘书就需要有礼貌地向参会人员收回文件，做好文件清退工作。

案例

2020 年春天，T 市永和汽车公司召开部门经理会议，讨论第二季度的营销策略，争取比竞争对手抢先一步赢得市场。会前，罗秘书根据要求印制了营销方案讨论稿和各部门经理的发言提纲。会上，大家集思广益，商议出几条绝妙的点子，对下季度产品销量胜券在握。

然而，奇怪的是，夏季到了，永和汽车公司的产品销量并未直线上升。市场部赵经理、研发部叶经理等陆续发现，竞争对手与他们公司采取几乎雷同的产品营销战略，显然是竞争对手窃取了他们公司的商业机密。

经调查，问题出在那天会议结束时，罗秘书没有将会议相关文件收回，以至于不小心流入竞争对手手中。几位经理的一番心血付诸东流。

在本案例中，秘书在会前准备和会中服务方面做得不错，但罗秘书忽视了一项十分重要的工作——清退会议文件，造成重要机密信息流失，甚是可惜。

清退会议文件，是指会议结束时，秘书根据规定将会上发放给参会人员的文件资料进行回收、清理。在办理会议文件资料清退时，秘书应做到以下几点。

第一，准确确定清退文件资料的范围。秘书在会议召开前就应明确与本次会议议题有关的文件材料，先前发至所有参会人员手中的会议文件资料，要逐一回收，不能因为与某个或某些参会人员的关系比较亲近而容许其将会议文件资料带走。

第二，做好必要的解释工作。有些参会人员可能会以未看完文件资料需带回继续阅读、研究为由而不愿交回文件资料，秘书应礼貌地进行解释说明，强调会议纪律及文件资料保密的重要性，请参会人员配合做好文件资料的回收、清退工作。

与会议文件资料的清退工作相对，在会议结束之时，有时会根据会议需要，将会议过程中形成的文件资料发放给参会人员，有时还会将摄影、摄像等多媒体资料编辑后赠送给与会代表。因此，秘书应将会议文件资料的"清退"与"赠送"区别开来，以免在工作中出现本应赠送而强行收回等失礼行为。

在会议结束之时，除了收回、清退会议文件，秘书还应整理会场。在前文曾述及的案例中，会议场地存在未提前清理的情况，其实，每一次会议结束时做好清理工作，在下一次会议召开时就可以让会场显得干净整洁，尤其是临时召开会议时就不必为此而紧张了。在整理会场时，秘书应负责检查会议现场遗落物品，如果在发现遗落物品时，要及时联系参会人员回来取走或帮忙送至参会人员手中。

二、秘书在会议文件归档中的礼仪

会议结束后，秘书应及时对会议文件进行收集和整理。在对会议文件资料进行整理时，遵循"一会一案"制，将一次会议所发生的文件、资料作为一卷，进行立卷归档。

在本章开头的案例中，当秘书将会议记录信息录入电脑形成会议纪要之后，随即将当天的会议记录放入粉碎机粉碎，此举是非常错误的。毕竟，会议记录是会议的原始型信息，会议纪要是对会议记录整理而成的加工型信息，两者不能相提并论。

🔍 案例

龙门大学为期两天的教职工代表大会结束后，褚秘书马上着手进行会议纪要的撰写工作。第二天，褚秘书把会议纪要印好直接下发到各部门，并要求各部门将会议精神传达给每一位教职员工。

在随后几天时间里，学校上下掀起轩然大波，教职员工对会议纪要中涉及切身利益的部分内容感到既惊讶又气愤。当日参加大会的教职工代表清楚地记得：在绩效奖励方面，正高职称绩效奖每年 36000 元，副高职称绩效奖每年 30000 元，中级职称绩效奖每年 25000 元，初级职称绩效奖每年 20000 元。然而，在下发的会议纪要中，居然都"缩水"了。另外，那天大会上通过的《先进工作者评选条例》，已经删除了"参评当年应有特别突出贡献"的要求，可在会议纪要里，此条依然是评选的"重要门槛"。

意见很快就反映到校领导那里，校长把褚秘书叫去问情况，褚秘书一脸无辜。原来，褚秘书在讨论会上因临时去接待一位来访的客人，也没有交代他人把讨论过程和结果记下来。会议结束后，想当然地以为会前起草的讨论稿肯定能够通过审议，于是就把讨论稿中的有关条款"搬"到会议纪要中来了。

会议结束后，根据会议记录整理形成会议纪要，需要经牵头领导审定后才能发布或存档。在本案例中，秘书整理完会议纪要后直接下发各部门，显得草率失礼。加之会议纪要中表达的决议与实际会议讨论形成的决议并不一致，引起了教职员工的"误会"，实在是不应该。

在这个环节中，秘书还应对会务工作的经验、教训进行总结，要以科学的绩效考评标准为指导，根据岗位责任制和工作任务书的内容，逐条对照检查，重点检查会议目标的实现情况和会务工作各小组的分工执行情况，通常将个人自我总结和集体总结相结合。会议总结形成后，要主动向有关领导进行工作汇报。

三、秘书在会议结束送行时的礼仪

会议结束了，对于来自外单位或外地的参会代表，秘书应陪同领导给参会代表进行送别。像会议召开时迎接参会人员一样，在送别时，应该保持足够的热情。

🔍 案例

何秘书拨通电话后说道："林总，您好，我是何×。文馨公司的应总明早就要返程了，我通知了所有陪同人员晚上去话别。给应总的礼物放在您办公桌上了，到时候可别忘记带上。"

林总："好的。"

何秘书："应总他们是明早8点的高铁，您要掌握话别的时间，不要太长，半个小时就行了。明天早上7点，我会去酒店接他们，送他们到高铁站。"

林总："好的，我有数。"

会议结束后的话别、送行等安排非常需要，以避免给参会人员"人走茶凉"的感觉。在本案例中，秘书提醒领导话别时带上礼品赠送给客人留念，同时要把握好话别的时间不宜太久，充分体现了秘书对话别礼仪知识的熟悉程度。秘书还谈及次日早上开车送客人到高铁站，也显示了满满的诚意，参会代表对此一定会非常满意。

为了更好地做好参会代表的返程送行工作，秘书可协助参会人员提早做好车、船、机票的预订工作，帮助与会者提前做好返程准备，必要时安排领导给参会人员离会送别。

四、秘书在落实会议精神时的礼仪

会议结束后，应尽快下发会议决议等来落实会议精神。

🔍 案例

金边公司的部门经理年度总结会结束后，田秘书及时整理好会议决议，径直交给公司周总签发。

为了趁热打铁，了解会议精神的落实情况，会议结束次日下午，田秘书打电话向各部门了解会议精神的学习贯彻落实情况，但多个部门表示年底工作太忙，还未来得及组织学习。田秘书有些生气："抓紧在这几天组织学习，再不组织学习，我这边就跟周总汇报了。"

会议决议，与前文述及的会议记录不同，也与会议纪要不同，相对于会议的具体内容而言，会议决议不能只是对会议进行简单的流水账式记录，而又要清晰明了，需要根据会议内容并结合单位实际进行整理，绝非照搬照抄，需要加工提炼。如若处理不当，不仅会贻误工作，而且也是失礼的。

会议决议正式签发之前，最好安排几个人交叉检查，决策人签发后最好给与会及决议相关人员签名确认，以免有人推脱。在本案例中，秘书在此环节处理得比较草率，未充分展现礼仪。

为了尽快掌握会议精神的落实情况，秘书于次日打电话了解，且催促尽快组织员工学习，虽然有意识地注重时效性，但不能简单粗暴地催办。掌握会议贯彻落实情况的方法，一般有电话联系、书面催报、实地了解三种。在了解情况时，秘书要深入了解各部门的实际情况，尊重每一个沟通对象，在汇总上报相关情况时，要如实汇报，切忌添油加醋、颠倒黑白。

在会议结束后，秘书还应做好会议经费的结算。在参会人员离会后，秘书应尽快进行会务工作所花费的资金、单据等的清理和报销工作，应做到账目清楚、手续齐备。

此外，在会议结束后，秘书还应及时确定会议活动的报道事宜，在对会议进行报道时，应强调宣传的真实性，切忌出现报道失实等情况。

思考题

1. 秘书在会前准备阶段应该注重哪些方面的礼仪？
2. 秘书在会中服务阶段应该注重哪些方面的礼仪？
3. 秘书在会后善后阶段应该注重哪些方面的礼仪？
4. 在会务工作中，秘书如何与不同的对象进行交流？
5. 要想取得良好的会议效果，秘书在礼仪方面如何为会务工作"加分"？

第十章

出差工作礼仪

结构图

```
            ┌─────────────────┐
            │ 了解出差的有关知识 │
            └─────────────────┘
                    △
             出差工作礼仪
    ┌──────────┐        ┌──────────────┐
    │ 出差善后礼仪 │        │ 出差途中应    │
    └──────────┘        │ 遵守的礼仪    │
                        └──────────────┘
```

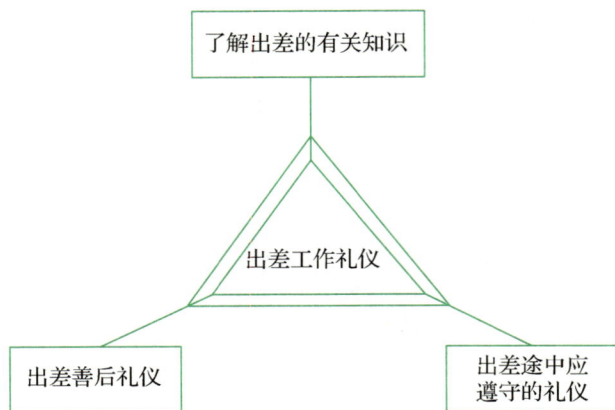

【本章学习目标】

1. 了解我国出差的相关政策和出差过程中基本的礼仪知识。

2. 掌握乘坐常规交通工具礼仪、住宿礼仪和途中应遵守的礼仪。

3. 了解出差之后所应遵守的礼仪。

【案例导入】

　　王芸是新来的行政秘书，总经理安排她 10 月 20—22 日陪同李副经理赴 A 市××公司出差，洽谈双方合作共建协同创新中心有关事宜。要求她做好相关的准备工作，呈报相关领导批准后安排出行。

　　讨论：王芸需要做好哪些准备工作？

　　出差是指工作人员临时被派遣外出办理公事，到常驻工作地以外的地区或城市工作或担任临时职务。明代沈德符的《万历野获编·内监·东厂印》和清代的《二十年目睹之怪现状》中分别出现过"出差"一词，意思和现代汉语中的"出差"一词比较接近①。自2012 年 12 月中央颁布"八项规定"及《党政机关厉行节约反对浪费条例》以来，又相继出台了《中央和国家机关差旅费管理办法》《党政机关国内公务接待管理规定》等若干制度规定，严格规范了党政机关、事业单位工作人员差旅工作行为，形成了聚焦公务活动出访接待主题、厉行节约的差旅工作社会导向，明令禁止有关人员公务外出途中的吃喝玩乐行为。因此，本章的差旅工作礼仪重点着眼于"具有公务性质的出行"所涉及的

---

　　① （明）沈德符：《万历野获编》（上），165 页，北京，文化艺术出版社，1998。书中言："大凡中官出差，所给原无钦差字面，即其署衔，不过曰内官、内臣而已。此又特称太监，以示威重。"（清）吴趼人：《二十年目睹之怪现状》，9 页，长沙，岳麓书社，2014。书中言："上得岸时，便去访寻我伯父；寻到公馆，说是出差去了。"

礼仪，即外出开展公务活动过程中，个人穿着、交通、住宿与他人交往等律己敬人的要素，以有效促进公务活动任务达成的有关要求。

第一节
了解出差的有关知识

出差作为一种外出开展公务活动的工作形式，经常涉及多个单位、多位人员、多个方面、多种事项，所以必然需要做好周密、合理、可行的事前准备，而做好事前准备的前提，是必须事先了解出差方面的相关知识。

一、了解国家公务出差的相关规定

近年来，国家对于公务人员出差报销具体事宜有非常严格的规定。秘书可以通过网络搜集国家财政部门发布的关于中央和国家机关工作人员差旅住宿费的标准方面的文件，再主动向所在组织的财务部门咨询相关规定。可能的情况下，可以索要一份详细的规定，以备今后在工作中时时查询参考。秘书需要明晰各级领导的职务、职称，可以乘坐飞机、高铁等不同交通工具的舱位、座位类别及住宿标准，也要了解自己所能乘坐的交通工具的类别及住宿标准。

二、了解本组织差旅报销的具体细则

很多组织在严格执行国家财政部门关于报销的种种规定外，还有一些具体的规定，例如，哪些支出能报销，哪些支出不能报销。境外出差的话，必须按照以下流程办理：先征得主管领导同意，填写相关申请表，向所在组织的人事部门提交申请，人事部门负责人经过审核后再提交主管领导批准，在组织内公开公示几个工作日，没有疑义的情况下才可再通过本组织外事部门上报上一级外事管理部门审核，审核通过后先向本组织综合办公室登记备案，然后才可继续办理签证手续。

国内出差也需要在事先征得主管领导同意的情况下，填写出差申请交到综合办公室登记备案，才能购买机票、车票，预订住宿等。现在不少单位的人事部门都开发了公务出差系统，要求所有公务出差人员必须在系统内完成出差手续的办理。随着国家财务报销方面的规范文件出台，很多组织也要求公务人员报销时必须提供转账记录和预订明细及正式发票，且住宿费的发票必须署组织名称，且有组织纳税税号及具体起始时间，否则不予报销。若是电子发票，则要求报销人必须事先在财务平台进行认证。有的组织还规定超过一定数额必须经财务部门转账，个人不能私自转账，且所有费用的报销必须在规定期限内完成。类似这样的规定，秘书必须知晓。

三、了解优质的旅行合作组织的专业服务

为了方便快捷地做好差旅工作，秘书可以事先了解哪些旅行网站或旅行社信誉良好，值得信赖，便于今后合作。因为优质的合作组织即使有售后服务的问题也会按规范的方式去处理。秘书如果知道组织已经有了长期合作的旅行网站或旅行社，则可以继续与其保持合作关系。一般来说，信誉良好、长期合作的旅行网站和旅行社会更加重视客户的诉求，能够提供更为专业的服务，各大航空公司给定的票价很优惠，合作酒店的住宿及餐饮费用也比较合理。很多旅行网站还规定客户只要通过自家网站平台预订了机票及酒店，就可以免费提供接送服务，甚至还可以免费兑换一定数量的外汇。如果有需要的话，尽可以选择使用，方便又实惠。

四、做好出差准备及出差计划

出差是带着明确目的而不得不外出开展的公务活动，为确保达成目的，出行顺畅、高效，最为关键的就是要牢牢围绕出行目的来策划和开展工作。可以说与出行任务目的紧密关联的事情要不厌其烦地做充分准备，其他无关紧要的要极尽简洁。所以，秘书不管是自己出差还是随从上司出差，抑或是上司自己出差需要秘书辅助做好准备工作，秘书都需要先就出差事宜与上司进行详细沟通，如出差的目的地、出差的具体时间、出差的目的及具体工作要求、出差人员、交通工具及座位等级、出发及返程时间、酒店及房间的具体要求、当天送站安排、其他特殊的要求等。有的上司可能对航空公司、车次、出发的时间、住宿的楼层、房间号都有偏好，秘书务必事先细致沟通。如果上司计划在出差过程中还需要拜访某位客户，需要赠礼，秘书也要在征询其意见和建议之后，代为购买合适的礼品。在沟通好以上这些具体的信息之后，秘书就可以着手拟订出差申请、预支费用、预订机票车票、预订住宿、购买礼品等，并制订具体的出差计划了。

本章开始案例中的王芸是新来的秘书，没有工作经验，第一次涉及差旅事宜，就更需要就出差事宜详细地跟上司沟通，准确领会上司意图，以便提供周到的服务。要将必要的、可能的方方面面都考虑到位，并做出科学合理的安排，必要的要安排到位，可能的要准备到位。需要提醒上司的信息一定要早点准备、及早提醒，需要提前跟到访单位沟通的信息一定要及时高效地沟通清楚，确保万无一失。沟通时，注意沟通的

态度和用语，应友好礼貌。切忌同一事项反复变更、同一工作多人跟进。所有的准备工作宜早不宜晚，时间越充足越好。出差计划的制订一定要得到上司的最后确认。计划制订好之后一份给上司、一份交办公室，如果其他领导想要，也可以提供一份。

出差工作中需要使用的物品秘书一定要替领导准备或提醒领导自己准备，最好提前列个清单，请领导过目确认。现代职业人士都离不开手机和网络，为了让手机在需要的时候更好地发挥作用，务必提前给手机充值、充电，并准备好充电器和充电宝，随身携带。

虽然电子支付在国内已经很普遍了，但考虑到可能会有特殊情况出现，最好也要准备一些现金备用。去国外的话，既要带上确保境外可以使用的借记卡、信用卡，也要多备一些外汇现钞为好，面值最好大小不一，方便使用。

为了更好地做好出差工作，秘书还需要遵守其他方面的礼仪，确保在出差过程中，既能树立良好的个人形象，也能彰显组织的良好形象。

第二节
出差途中应遵守的礼仪

出差过程中应遵守的礼仪包括交通礼仪、住宿礼仪、与他人相处的礼仪。

一、交通礼仪

飞机、火车（包括动车和高铁）、汽车、营运出租车、小型私家车是人们常用的交通工具，无论利用哪种，都需要遵守相应的礼仪。

（一）飞机的乘坐礼仪

1. 提前到达

由于需要打印登机牌并办理行李托运等，也为了防止恶劣天气、突发状况耽误行程，所以乘机人员应该尽早到达机场。国际航班一般要求乘客至少提前两小时到达机场，国内航班一般要求至少提前一个半小时抵达机场。旅客抵达后，凭电子行程单或身份证、护照前往机场办理登机牌手续，需要托运的行李也一并办理。不经常搭乘或第一次搭乘飞机的话，更需要早点到达机场，防止因为环境及搭乘程序不熟悉而耽误行程。

2. 遵守行李携带规定

关于免托行李及随身行李的重量、数量及体积要求，各家航空公司的规定稍有差异。即使是同一家航空公司，商务舱与经济舱也不一样。一般来说，商务舱比起经济舱来，免托行李的重量、数量可以多一些。由于飞机行李舱舱门的宽度和高度是一定的，所以行李箱的体积一定不能超限。一般航空公司规定免托运行李箱的体积不超过40厘米×60厘米×100厘米，随身携带的行李体积不超过20厘米×40厘米×55厘米。由于飞机上行李舱内空间有限，能够承受的行李重量也有规定，所以，为了飞机安全，请不要在多带行李的事情上与工作人员纠缠不休。重量和数量超过规定的行李请遵从工作人员的要求自费另外邮寄。

除此之外，绝对不能携带航空公司明令禁止的物品。现在各国都很重视航空安全，易燃、易爆、放射性的危险品，管制刀具、枪支、军用或警用械具物品，珍稀动物的皮毛、雕饰，其他危害飞行器安全的物品，严禁带入。家用的刀、剪、化妆品、饮料不能随身携带，但可以托运。充电器、锂电池等不能托运，但可以携带。有的国家，对于入境的外国旅客携带的现金数量、烟酒数量也有限定，请按规定办事。现金、证件、机要文件等重要物品要随身携带。

以上乘坐须知各家航空公司网站上都有，秘书应该事先了解。如果是为上司准备差旅事宜，就要早点提醒上司，准备符合规定的行李。

3. 配合安检，文明候机，排队登机

到了所乘航班开始安检的时间，要按工作人员规定的顺序排队等候，准备安检。安检时，务必按照工作人员的要求积极配合。万一携带了违禁物品，请按照要求取出，放到指定的区域。

安检结束后，应整理好随身携带的物品和行李，进入候机室后，保持安静，并按照指定区域就座等候。座位少时，注意礼让他人。不乱扔垃圾，保持卫生，不吸烟。随时留意候机信息。

登机时间到，按顺序排队登机，登机时对空乘人员的微笑问候要报以礼貌回应。

万一出现特殊情况而出现飞机延误的现象，最好能报以理解的态度，保持克制，耐心等候。不要对工作人员动粗，要理解他们也只是普通工作人员，延误不是他们造成的。

4. 文明乘机

找到自己的座位后，请按照空乘人员的要求及时将随身携带的物品或行李放入座位顶部的行李舱，并关好舱门，确保没有坠落危险，然后对号入座。

飞机将要起飞时，请听从机组人员要求，关闭手机等无线电设备。系好安全带，观看安全演示的视频，学会救生衣的使用方法。没有特殊情况，不要随便启动报警开关。飞机内禁止吸烟，保持座位卫生。万一出现身体不适，程度较轻的话，可以自我调节，严重时及时向空乘人员寻求帮助。做一个高素质的乘客，整个乘坐过程中，尽量少给他人造成困扰。等到飞机安全着陆后再解开安全带，使用手机，拿取行李，按顺序走出机舱。

5. 到指定区域领取免托行李

每个航班的免托行李在什么区域领取，机场都会发布明确的信息，请按指示到达规定区域等待领取。

6. 保管好登机牌、电子行程单等票据

搭乘完毕后，登机牌、电子行程单、发票等务必保管好，留待报销使用。随领导出差时，所有需要报销用的票据，秘书都要主动申请代为保管。

（二）火车（包括高铁、动车）和汽车的乘坐礼仪

1. 不带违禁物品、超大超重行李上车

火车、汽车都是公共交通工具，像乘坐飞机一样，易燃易爆等危险品也是绝对不能携带上车的。液态化妆品、酒类、饮料等虽然能够携带上车，但需要经安检人员确认为非危险品后才可以。带上车后的行李，若是体积太大，一定要听从车组工作人员安排，放在指定地点或行李架上，有序摆放，确保安全无隐患。贵重物品一定要随身携带。

乘坐普通火车时，铁路部门规定乘客所携带的行李长宽高之和不能超过 160 厘米。乘坐动车或高铁的乘客，每位成人携带的行李不超过 20 千克，儿童不超过 10 千克，行李箱长宽高相加不超过 130 厘米，超过部分需要另外付费。大中型客运汽车能随车携带行李的大小和数量，因车型设计不同，各家客运公司规定也不完全一样，秘书最好早点打听，告知相关领导和同事，按规定携带，免得被动，影响出行。

2. 对号入座，文明乘坐

若是购买了有座的票，最好对号入座。假设因为特殊情况，想调换座位，也请入座后再跟对方商量，对方不同意时要报以理解，不要强人所难。乘坐过程中坐姿要收敛，不要侵占他人空间，尽量保持安静。注意卫生，不要乱扔垃圾，不要吸烟，不要脱鞋，免得发出让他人困扰的气味。现在国内所有的高铁及动车车厢内都严禁吸烟，违者会被录入失信系统，且今后有可能很长一段时间都会被禁止乘坐。很多大中型城市的客运公司，也规定长途机车内不允许抽烟。国外的公共交通场所都是无烟区，违者轻则罚款，重则拘留。务必遵守规定。

3. 注意人身安全和财产安全

乘坐过程中留意自己的行李物品，注意观察环境，确保人身安全和财产安全。发现有可疑人员，机智应对或报警。遇到他人有困难，尽力提供力所能及的帮助。

（三）小型轿车的乘坐礼仪

出差时，有可能乘坐小型轿车前往目的地，也可能是到达目的地后，合作方派车来接。两种情况下，都需要遵守相关的礼仪。遵守领导为尊、长者为尊、客人为尊、

女士为尊的礼仪。

如果秘书陪同领导或同事一起乘坐小型轿车出差，最好请领导或同事坐尊位。关于小型汽车上座位尊卑问题，参见第三章有关座次礼仪的部分。另外，还应注意，乘车时一定要考虑安全系数，尊重尊者的意愿，尊者愿意坐哪儿，哪儿就是上座，即使坐错也不要纠正。协助尊者打开并关闭车门，关车门时，请勿用力过猛。出差到达目的地后，若是合作方派车来接，乘坐轿车应分清座位的主次，服从主人的安排。非正式场合，不必过分拘礼。自己一个人搭乘小型轿车出差时，对司机要报以礼貌的态度，尊重对方的辛苦劳动。途中有客人上车时，最好将车开到客人跟前，帮助客人打开车门，站在客人身后请其先上车。

下车时，主人或工作人员应先下，帮助客人打开车门，迎接客人或尊者下车。

二、住宿礼仪

🔍 **案例**

王芸陪同领导赴 A 市出差的半夜突然接到领导电话，王芸慌忙接起电话，心中充满困惑和疑问。只听领导说："小王啊，不好意思这么晚打给你，只是我隔壁房间的人一直闹哄哄的，明天又要与××公司洽谈，要不你去看看是怎么回事？"王芸听了只好答应下来。如果你是王芸，你会怎么处理？

古人云："在家千般好，出门万般难。"尽管现在人们出行越来越方便快捷，但出门在外很多人仍会觉得不方便、不安全。客人希望酒店清洁、舒适、安全，酒店希望客人讲文明、守规矩，这就需要双方共同的努力。外出住宿属于享受公共服务的行为，任何单位的任何人员，都应遵守以下礼仪。

（一）不妨碍他人

出入自己住宿的客房应随手关门，不要将房门大开，免得被他人一览无余。休息的时候，可以在门外悬挂特制的"请勿打搅"或"正在休息"的牌子。到别的客房去找人，应提前预约，到达时先按门铃或轻轻敲门，待主人允许后方可入内。在客房之内可以穿睡衣，但穿着睡衣和拖鞋出现在大厅、餐厅、购物中心和娱乐场所，都是失礼的行为。

在前厅、餐厅、走廊乃至客房之内，都不要弄出太大的声响。走路的声音、交谈的声音、收看电视的声音太大都会影响其他人休息，夜深人静时，对此尤其要注意。不在公共场合粗声大气，不在走廊里大声交谈，不要窥视他人房间。

(二)保持环境卫生

在客房内,不要乱丢乱放衣物和鞋袜,不乱扔果皮纸屑,吸烟者不要乱弹烟灰、乱扔烟头,以免烧坏地毯家具、引发火灾。自己的东西要收藏保管好,切莫把钱包、记事簿等小件物品存放在枕头下边,以免遗忘或丢失。

(三)不懂则问

客房里的个别设备如果不会使用,可向他人或服务员请教。卫生间里除马桶外,还有专供女性使用的洗涤用品。浴室里一般都有三块大小不一的毛巾,小号的洗澡用,中号的擦脸用,而大号的则用于浴后擦身。此外,另备的一块厚毛巾,是专门用来擦脚的。

(四)应该享受的服务

不少客房里设有冰箱,其中放置的酒水等通常需要付款消费。有的客房里备有各种酒类、饮料,也有少量免费矿泉水供应,使用前应确认清楚。酒店里通常不提供开水,客房里大都备有电热壶,可利用它来煮热饮料;使用自己带来的电器时,应当征得同意。

高档酒店或附设游泳池、网球场和各类游艺室,这些设施一般都是另行收费的,应提前询问清楚。

许多客房中的电话机盘上装有一个指示灯,当它一明一灭时,就是通知入住的客人,问讯处有你的留言或者信件了。

换下来的衣物可直接放入客房中备用的洗衣袋里,并填好洗衣单,由服务员送到洗衣房去洗。若需要快洗,要在洗衣单上注明,但须另外加钱。一般不允许在客房里洗大量的衣物,即便自己洗了衣服,也不能晒到窗外或阳台,而应该晾在浴室内。

(五)要有环保意识

住宿酒店,尽量做到注重环保,节约资源。少用塑料袋等一次性用品,建议自带洗漱用品。我们赖以生存的地球资源有限,有的资源一旦被浪费或破坏掉,是不可再生的,所以我们一定要有"钱是自己的,但有限的地球资源是大家的"的意识,珍惜资源、爱护地球。

(六)退房前物归原处,适当整理

退房前除了细心整理自己的物品不要遗失之外,对酒店内的床品和生活用品也需适当地整理一下，物归原处。为了节省等候时间，可以先跟同楼层的服务员打声招呼，请其先行查房，避免至大厅排队等候。等到自己结账时，一定要告知工作人员发票的开票要求，如单位名称和纳税人识别号，以备报销方便。

三、途中与他人相处的礼仪

出差途中肯定少不了跟他人打交道，如一起出差的领导、同事、旅途中邻座的旅客、目的地接待方的领导和普通接待人员等。秘书都需要遵守必要的礼节，才能愉快地相处，给对方留下一个好印象。

（一）举止有礼

如果是陪同领导乘坐火车或汽车出差，秘书就既是领导工作上的助手，又是生活上的助手，途中务必看好行李。车到站时，秘书要帮助领导提着大件行李先下车。如果接待方有人接站，秘书不要麻烦对方给自己提行李，而自己两手空空。如果对方很热情表示帮忙时，秘书最好是把小件行李分一件给对方。上司跟对方谈话时，秘书不要随便插嘴，适当回避。若是上车之后或正式会谈开始，秘书就不能再表现出事不关己的态度了，应该适当参与。

秘书不要忘记公务出差的目的是工作而不是旅游观光，所以要有随时待命的意识，努力配合领导更好地开展工作。出差途中，秘书既要注意着装，又要注意自己的言谈举止。准备服装时，既考虑出行的季节特征，又要关注天气的变化，还要注意出访活动中特定的场合对服装的特殊要求。另外，还要尊重出差地的风俗习惯并施以必要的礼仪礼节。有的国家流行给服务生付小费，所以境外出差时，秘书要事先准备一些小额现金，留待付服务生小费时使用。很多服务生工资待遇很低，小费是他们赖以生存的经济来源。该给不该，既不礼貌，也不道德。付小费时，还要注意付小费的礼仪，据说在有些国家将硬币作为小费是很不礼貌的。关于着装、常规的社交礼仪及入乡随俗的问题，前面章节已经谈及，在此不再赘述。

（二）交流有度

与人交往，不论何时何地都应恰当地把握好上下有别、男女有防、老幼有序的人伦尺度，站稳立场、找准位置、完成职责、尽到义务，既不拘谨，又不失礼，一切从容。

一般说来，人们在与自己同等级、同层次的人交流时，表现比较正常，行为举止都会比较自然、大方。但是，在与比自己地位高的人交往时，就可能感到紧张，表现比较拘谨，并且自卑感强。相反，在与社会地位低于自己的人讲话时，就会表现得比较自如、自信，甚至比较傲慢。上级与下级分工不同，是领导与被领导的关系。与此同时，上下级也是合作关系。如何做到精诚合作，工作卓有成效，良好的沟通交流对妥善处理好上下级之间的关系至关重要。要达到良好的沟通交流效果，其中一个重要的技巧，就是必须做到适当的场合说适当的话，交流时能够选择合适的话题避免问及别人的隐私或让人尴尬的话题，也能够适时地结束话题。例如，秘书与上司一道出差，也许上司出于对下属的关心会问起秘书的家人的工作和生活等情况，秘书如实回答便可。但秘书应尽量少提同样的问题，更应少说、不说上司的家事，尤其是上司不愿让人知道的家事，免得上司忌讳。假如因为不知情无意提及了一些上司的隐私，发现上司不愿谈及该问题，就要马上承认提问不当并致歉，如"抱歉，不小心关心起您的隐私，请见谅"，或干脆转移话题，可以谈一谈当地的天气、风土人情等。

只要秘书具有上下有别、男女有防、老幼有序的意识，把握住以上几个需要特别留意的差异，一般是不会出现失礼行为的。旅途中的特殊环境是一个异于平常的交谈环境，有时候，反而有利于人们增进了解、拉近距离，加深友谊。

第三节
出差善后礼仪

出差返程的前一天秘书就要告知接站司机返程航班或车次的到达时间，确保司机准时来接。返程回到单位后也并不意味着出差工作已经全部结束。出差过程中，秘书可能单向承蒙他人的关心和帮助，也可能是互相的关心和帮助。不管是哪种情况，秘书回到单位之后，除了做好票据报销、总结及归档等工作之外，还需要做好其他方面的善后工作，否则就是失礼的。

一、将照片等资料及时发给对方

如果在出差途中，秘书帮助上司或合作方的工作人员拍了照片，出差回来后一定要及时整理，该归档的归档，该发给对方的就尽快整理好发给对方。若有其他方面的资料需要发给对方，也应尽快整理好发送。

二、及时致谢

    不管是自己单独出差还是陪同上司出差，出差过程中，秘书若是承蒙他人的关心或帮助，出差回来后一定要及时地向对方表示感谢。若是单独出差受到对方秘书的帮助时，回来后可以直接打电话或发短信表示感谢。受到多人帮助时，要一一表示感谢，不要遗漏。若是受到对方单位领导的关心和帮助，除了自己直接表示感谢外，假如上司跟对方领导比较熟悉，还可以向上司汇报，拜托上司也向对方领导表达感谢。公务交往中的致谢讲究"对等"的原则，所以，秘书若是陪同领导出差的话，回来后，秘书向对方的秘书表达感谢，上司向对方的领导表达感谢。陪同上司一同出差时，没有上司授权，秘书一般不要直接给对方的领导发送感谢信息。若是涉外活动，可以采用写感谢信的方式致谢。一般来说，感谢的对象应该写个人姓名，而不写单位名称，不然很可能因为流转疏忽，会漏掉某一位本该感谢的人。

    自己出差期间，若是有同事在工作或生活方面帮助了自己，也要及时表示感谢。出差途中可以适当购买一些当地的小特产，回来后和同事们一起分享，借此表示感谢，效果更好。

三、及时总结并汇报

    出差所涉及的工作开展情况若是需要有关领导及同事知晓，秘书一定要尽快总结好，向相关领导及同事及时汇报，关键内容的汇报要客观具体。至于后续工作如何推进，一定要征询主管领导意见，不可擅自行事。当然，秘书也需要对出差工作的每个环节都加以反思、总结，最好形成文字，做得好的地方继续发扬光大，做得不足的地方争取下不为例。

    参考材料一

财政部关于印发《中央和国家机关差旅费管理办法》的通知

财行〔2013〕531 号

党中央各部门，国务院各部委、各直属机构，全国人大常委会办公厅，全国政协办公厅，高法院、高检院，各人民团体，各民主党派办公厅，新疆生产建设兵团：

    为贯彻落实中央关于改进工作作风，密切联系群众八项规定及其实施细则，推进厉行节约反对浪费制度建设，加强和规范中央和国家机关差旅费管理，根据《党政机关厉行节约反对浪费条例》，我们制定了《中央和国家机关差旅费管理办法》。现印发给你们，从 2014 年 1 月 1 日起施行。执行中有何问题，请及时向我们反映。

请各省、自治区、直辖市、计划单列市财政厅（局）参照本办法，结合实际情况，抓紧修订本地党政机关差旅费管理办法，并报财政部备案。

附件：中央和国家机关差旅费管理办法

财政部

2013 年 12 月 31 日

附件：

中央和国家机关差旅费管理办法

第一章　总　则

第一条　为加强和规范中央和国家机关国内差旅费管理，推进厉行节约反对浪费，根据《党政机关厉行节约反对浪费条例》，制定本办法。

第二条　本办法适用于中央和国家机关，以及参照公务员法管理的事业单位（以下简称中央单位）。

本办法所称中央和国家机关，是指党中央各部门，国务院各部委、各直属机构，全国人大常委会办公厅，全国政协办公厅，最高人民法院，最高人民检察院，各人民团体、各民主党派中央和全国工商联。

第三条　差旅费是指工作人员临时到常驻地以外地区公务出差所发生的城市间交通费、住宿费、伙食补助费和市内交通费。

第四条　中央单位应当建立健全公务出差审批制度。出差必须按规定报经单位有关领导批准，从严控制出差人数和天数；严格差旅费预算管理，控制差旅费支出规模；严禁无实质内容、无明确公务目的的差旅活动，严禁以任何名义和方式变相旅游，严禁异地部门间无实质内容的学习交流和考察调研。

第五条　财政部按照分地区、分级别、分项目的原则制定差旅费标准，并根据经济社会发展水平、市场价格及消费水平变动情况适时调整。

第二章　城市间交通费

第六条　城市间交通费是指工作人员因公到常驻地以外地区出差乘坐火车、轮船、飞机等交通工具所发生的费用。

第七条　出差人员应当按规定等级乘坐交通工具。乘坐交通工具的等级见下表：

交通工具 级　　别	火车（含高铁、动车、全列软席列车）	轮船（不包括旅游船）	飞机	其他交通工具（不包括出租小汽车）
部级及相当职务人员	火车软席（软座、软卧），高铁/动车商务座，全列软席列车一等软座	一等舱	头等舱	凭据报销

司局级及相当职务人员	火车软席（软座、软卧），高铁/动车一等座，全列软席列车一等软座	二等舱	经济舱	凭据报销
其余人员	火车硬席（硬座、硬卧），高铁/动车二等座、全列软席列车二等软座	三等舱	经济舱	凭据报销

部级及相当职务人员出差，因工作需要，随行一人可乘坐同等级交通工具。

未按规定等级乘坐交通工具的，超支部分由个人自理。

第八条　到出差目的地有多种交通工具可选择时，出差人员在不影响公务、确保安全的前提下，应当选乘经济便捷的交通工具。

第九条　乘坐飞机的，民航发展基金、燃油附加费可以凭据报销。

第十条　乘坐飞机、火车、轮船等交通工具的，每人次可以购买交通意外保险一份。所在单位统一购买交通意外保险的，不再重复购买。

第三章　住宿费

第十一条　住宿费是指工作人员因公出差期间入住宾馆（包括饭店、招待所，下同）发生的房租费用。

第十二条　财政部分地区制定住宿费限额标准。各省、自治区、直辖市和计划单列市财政厅（局）根据当地经济社会发展水平、市场价格、消费水平等因素，提出所在市（省会城市、直辖市、计划单列市，下同）的住宿费限额标准报财政部，经财政部统筹研究提出意见反馈地方审核确认后，由财政部统一发布作为中央单位工作人员到相关地区出差的住宿费限额标准。

对于住宿价格季节性变化明显的城市，住宿费限额标准在旺季可适当上浮一定比例，具体规定由财政部另行发布。

第十三条　部级及相当职务人员住普通套间，司局级及以下人员住单间或标准间。

第十四条　出差人员应当在职务级别对应的住宿费标准限额内，选择安全、经济、便捷的宾馆住宿。

第四章　伙食补助费

第十五条　伙食补助费是指对工作人员在因公出差期间给予的伙食补助费用。

第十六条　伙食补助费按出差自然（日历）天数计算，按规定标准包干使用。

第十七条　财政部分地区制定伙食补助费标准。各省、自治区、直辖市和计划单列市财政厅（局）负责根据当地经济社会发展水平、市场价格、消费水平等因素，参照所在市公务接待工作餐、会议用餐等标准提出伙食补助费标准报财政部，经财政部统筹研究提出意见反馈地方审核确认后，由财政部统一发布作为中央单位工作人员到相关地区出差的伙食补助费标准。

第十八条　出差人员应当自行用餐。凡由接待单位统一安排用餐的，应当向接待单位交纳伙食费。

第五章　市内交通费

第十九条　市内交通费是指工作人员因公出差期间发生的市内交通费用。

第二十条　市内交通费按出差自然（日历）天数计算，每人每天80元包干使用。

第二十一条　出差人员由接待单位或其他单位提供交通工具的，应向接待单位或其他单位交纳相关费用。

第六章　报销管理

第二十二条　出差人员应当严格按规定开支差旅费，费用由所在单位承担，不得向下级单位、企业或其他单位转嫁。

第二十三条　城市间交通费按乘坐交通工具的等级凭据报销，订票费、经批准发生的签转或退票费、交通意外保险费凭据报销。

住宿费在标准限额之内凭发票据实报销。

伙食补助费按出差目的地的标准报销，在途期间的伙食补助费按当天最后到达目的地的标准报销。

市内交通费按规定标准报销。

未按规定开支差旅费的，超支部分由个人自理。

第二十四条　工作人员出差结束后应当及时办理报销手续。差旅费报销时应当提供出差审批单、机票、车票、住宿费发票等凭证。

住宿费、机票支出等按规定用公务卡结算。

第二十五条　财务部门应当严格按规定审核差旅费开支，对未经批准出差以及超范围、超标准开支的费用不予报销。

实际发生住宿而无住宿费发票的，不得报销住宿费以及城市间交通费、伙食补助费和市内交通费。

第七章　监督问责

第二十六条　各单位应当加强对本单位工作人员出差活动和经费报销的内控管理，对本单位出差审批制度、差旅费预算及规模控制负责，相关领导、财务人员等对差旅费报销进行审核把关，确保票据来源合法，内容真实完整、合规。对未经批准擅自出差、不按规定开支和报销差旅费的人员进行严肃处理。

一级预算单位应当强化对所属预算单位的监督检查，发现问题及时处理，重大问题向财政部报告。

各单位应当自觉接受审计部门对出差活动及相关经费支出的审计监督。

第二十七条　财政部会同有关部门对中央单位差旅费管理和使用情况进行监督检查。主要内容包括：

（一）单位差旅审批制度是否健全，出差活动是否按规定履行审批手续；

（二）差旅费开支范围和标准是否符合规定；

（三）差旅费报销是否符合规定；

（四）是否向下级单位、企业或其他单位转嫁差旅费；

（五）差旅费管理和使用的其他情况。

第二十八条　出差人员不得向接待单位提出正常公务活动以外的要求，不得在出差期间接受违反规定用公款支付的宴请、游览和非工作需要的参观，不得接受礼品、礼金和土特产品等。

第二十九条　违反本办法规定，有下列行为之一的，依法依规追究相关单位和人员的责任：

（一）单位无出差审批制度或出差审批控制不严的；

（二）虚报冒领差旅费的；

（三）擅自扩大差旅费开支范围和提高开支标准的；

（四）不按规定报销差旅费的；

（五）转嫁差旅费的；

（六）其他违反本办法行为的。

有前款所列行为之一的，由财政部会同有关部门责令改正，违规资金应予追回，并视情况予以通报。对直接责任人和相关负责人，报请其所在单位按规定给予行政处分。涉嫌违法的，移送司法机关处理。

第八章　附　则

第三十条　工作人员外出参加会议、培训，举办单位统一安排食宿的，会议、培训期间的食宿费和市内交通费由会议、培训举办单位按规定统一开支；往返会议、培训地点的差旅费由所在单位按照规定报销。

第三十一条　不参照公务员法管理的事业单位参照本办法执行。

各单位应当根据本办法，结合本单位实际情况制定具体操作规定。

中国人民解放军和中国人民武装警察部队的差旅费管理办法参照本办法另行规定。

第三十二条　本办法由财政部负责解释。

第三十三条　本办法自 2014 年 1 月 1 日起施行。2006 年 11 月 13 日发布的《财政部关于印发〈中央国家机关和事业单位差旅费管理办法〉的通知》（财行〔2006〕313 号）同时废止，其他有关中央国家机关和事业单位差旅费管理规定与本办法不一致的，按照本办法执行。

参考材料二

中共中央办公厅 国务院办公厅
关于印发《党政机关国内公务接待管理规定》的通知

中办发〔2013〕22 号

各省、自治区、直辖市党委和人民政府，中央和国家机关各部委，解放军各总部、各大单位，各人民团体：

《党政机关国内公务接待管理规定》已经中央领导同志同意，现印发给你们，请遵照执行。

中共中央办公厅
国务院办公厅
2013 年 12 月 1 日

（此件公开发布）

党政机关国内公务接待管理规定

第一条　为了规范党政机关国内公务接待管理，厉行勤俭节约，反对铺张浪费，加强党风廉政建设，根据《党政机关厉行节约反对浪费条例》规定，制定本规定。

第二条　本规定适用于各级党的机关、人大机关、行政机关、政协机关、审判机关、检察机关，以及工会、共青团、妇联等人民团体和参照公务员法管理事业单位的国内公务接待行为。

本规定所称国内公务，是指出席会议、考察调研、执行任务、学习交流、检查指导、请示汇报工作等公务活动。

第三条　国内公务接待应当坚持有利公务、务实节俭、严格标准、简化礼仪、高效透明、尊重少数民族风俗习惯的原则。

第四条　各级党政机关公务接待管理部门应当结合当地实际，完善国内公务接待管理制度，制定国内公务接待标准。

县级以上党政机关公务接待管理部门负责管理本级党政机关国内公务接待工作，指导下级党政机关国内公务接待工作。

乡镇党委、政府应当加强国内公务接待管理，严格执行有关管理规定和开支标准。

第五条　各级党政机关应当加强公务外出计划管理，科学安排和严格控制外出的时间、内容、路线、频率、人员数量，禁止异地部门间没有特别需要的一般性学习交流、考察调研，禁止重复性考察，禁止以各种名义和方式变相旅游，禁止违反规定到风景名胜区举办会议和活动。

公务外出确需接待的，派出单位应当向接待单位发出公函，告知内容、行程和人员。

第六条　接待单位应当严格控制国内公务接待范围，不得用公款报销或者支付应由个人负担的费用。

国家工作人员不得要求将休假、探亲、旅游等活动纳入国内公务接待范围。

第七条　接待单位应当根据规定的接待范围，严格接待审批控制，对能够合并的公务接待统筹安排。无公函的公务活动和来访人员一律不予接待。

公务活动结束后，接待单位应当如实填写接待清单，并由相关负责人审签。接待清单包括接待对象的单位、姓名、职务和公务活动项目、时间、场所、费用等内容。

第八条　国内公务接待不得在机场、车站、码头和辖区边界组织迎送活动，不得跨地区迎送，不得张贴悬挂标语横幅，不得安排群众迎送，不得铺设迎宾地毯；地区、部门主要负责人不得参加迎送。严格控制陪同人数，不得层层多人陪同。

接待单位安排的活动场所、活动项目和活动方式，应当有利于公务活动开展。安排外出考察调研的，应当深入基层、深入群众，不得走过场、搞形式主义。

第九条　接待住宿应当严格执行差旅、会议管理的有关规定，在定点饭店或者机关内部接待场所安排，执行协议价格。出差人员住宿费应当回本单位凭据报销，与会人员住宿费按会议费管理有关规定执行。

住宿用房以标准间为主，接待省部级干部可以安排普通套间。接待单位不得超标准安排接待住房，不得额外配发洗漱用品。

第十条　接待对象应当按照规定标准自行用餐。确因工作需要，接待单位可以安排工作餐一次，并严格控制陪餐人数。接待对象在10人以内的，陪餐人数不得超过3人；超过10人的，不得超过接待对象人数的三分之一。

工作餐应当供应家常菜，不得提供鱼翅、燕窝等高档菜肴和用野生保护动物制作的菜肴，不得提供香烟和高档酒水，不得使用私人会所、高消费餐饮场所。

第十一条　国内公务接待的出行活动应当安排集中乘车，合理使用车型，严格控制随行车辆。

接待单位应当严格按照有关规定使用警车，不得违反规定实行交通管控。确因安全需要安排警卫的，应当按照规定的警卫界限、警卫规格执行，合理安排警力，尽可能缩小警戒范围，不得清场闭馆。

第十二条　各级党政机关应当加强对国内公务接待经费的预算管理，合理限定接待费预算总额。公务接待费用应当全部纳入预算管理，单独列示。

禁止在接待费中列支应当由接待对象承担的差旅、会议、培训等费用，禁止以举办会议、培训为名列支、转移、隐匿接待费开支；禁止向下级单位及其他单位、企业、个人转嫁接待费用，禁止在非税收入中坐支接待费用；禁止借公务接待名义列支其他支出。

第十三条　县级以上地方党委、政府应当根据当地经济发展水平、市场价格等实际情况，按照当地会议用餐标准制定本级国内公务接待工作餐开支标准，并定期进行调整。接待住宿应当按照差旅费管理有关规定，执行接待对象在当地的差旅住宿费标准。接待开支标准应当报上一级党政机关公务接待管理部门、财政部门备案。

第十四条　接待费报销凭证应当包括财务票据、派出单位公函和接待清单。

接待费资金支付应当严格按照国库集中支付制度和公务卡管理有关规定执行。具备条件的地方应当采用银行转账或者公务卡方式结算，不得以现金方式支付。

第十五条　机关内部接待场所应当建立健全服务经营机制，推行企业化管理，推进劳动、用工和分配制度与市场接轨，建立市场化的接待费结算机制，降低服务经营成本，提高资产使用效率，逐步实现自负盈亏、自我发展。

各级党政机关不得以任何名义新建、改建、扩建内部接待场所，不得对机关内部接待场所进行超标准装修或者装饰、超标准配置家具和电器。推进机关内部接待场所集中统一管理和利用，建立资源共享机制。

第十六条　接待单位不得超标准接待，不得组织旅游和与公务活动无关的参观，不得组织到营业性娱乐、健身场所活动，不得安排专场文艺演出，不得以任何名义赠送礼金、有价证券、纪念品和土特产品等。

第十七条　县级以上党政机关公务接待管理部门应当会同有关部门加强对本级党政机关各部门和下级党政机关国内公务接待工作的监督检查。监督检查的主要内容包括：

（一）国内公务接待规章制度制定情况；

（二）国内公务接待标准执行情况；

（三）国内公务接待经费管理使用情况；

（四）国内公务接待信息公开情况；

（五）机关内部接待场所管理使用情况。

党政机关各部门应当定期汇总本部门国内公务接待情况，报同级党政机关公务接待管理部门、财政部门、纪检监察机关备案。

第十八条　财政部门应当对党政机关国内公务接待经费开支和使用情况进行监督检查。审计部门应当对党政机关国内公务接待经费进行审计，并加强对机关内部接待场所的审计监督。

第十九条　县级以上党政机关公务接待管理部门应当会同财政部门按年度组织公开本级国内公务接待制度规定、标准、经费支出、接待场所、接待项目等有关情况，接受社会监督。

第二十条　各级党政机关应当将国内公务接待工作纳入问责范围。纪检监察机关应当加强对国内公务接待违规违纪行为的查处，严肃追究接待单位相关负责人、直接责任人的党纪责任、行政责任并进行通报，涉嫌犯罪的移送司法机关依法追究刑事责任。

第二十一条　积极推进国内公务接待服务社会化改革，有效利用社会资源为国内公务接待提供住宿、用餐、用车等服务。推行接待用车定点服务制度。

第二十二条　地方各级党委、政府应当依照本规定制定本地区国内公务接待管理办法。

第二十三条　地方各级政府因招商引资等工作需要，接待除国家工作人员以外的其他因公来访人员，应当参照本规定实行单独管理，明确标准，控制经费总额，注重实际效益，加强审批管理，强化审计监督，杜绝奢侈浪费。严禁扩大接待范围、增加接待项目，严禁以招商引资为名变相安排公务接待。

第二十四条　国有企业、国有金融企业和不参照公务员法管理的事业单位参照本规定执行。

第二十五条　本规定由国家机关事务管理局会同有关部门负责解释。

第二十六条　本规定自发布之日起施行。2006年10月20日中共中央办公厅、国务院办公厅印发的《党政机关国内公务接待管理规定》同时废止。

思考题

1. 差旅出行最重要的准备工作有哪些？

2. 出差过程中应遵守哪些礼仪？

3. 出差结束后，还有哪些礼仪要遵守？

4. 王芸与上司一同到北京××公司出差，单位规定北京出差的住宿标准为500元/人/天，但××公司给预订的房间是800元/天/间，而这时上司已将行李搬进了房间，请问王芸该怎么办？

5. 王芸与上司一同到北京××公司出差期间，一直在××公司用餐，但离开时该公司拒收餐费，请问王芸该怎么办？

6. 王芸与上司一同到长春××公司出差，返程时该公司赠送了一批人参、鹿茸的礼品，说是惯例，上司将东西接过来随手递给了王芸，请问王芸该怎么办？

第十一章

求职礼仪

结构图

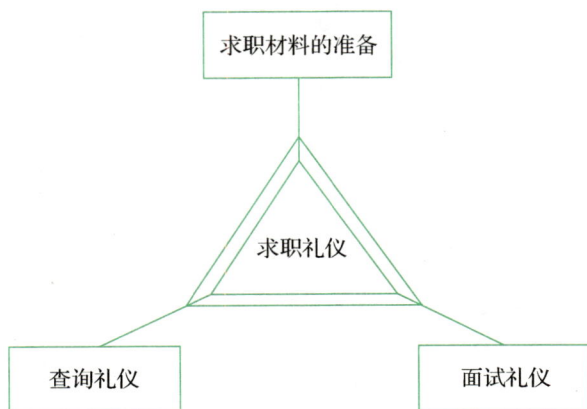

求职材料的准备

求职礼仪

查询礼仪　　面试礼仪

【本章学习目标】

1. 掌握求职材料的礼仪规范与要求。

2. 掌握面试礼仪的内容和要求。

3. 掌握查询礼仪的内容和要求。

【案例导入】

大学期间，我学的是文秘专业。所以毕业时，我决定找一份与秘书有关的工作。

招聘会上，我好不容易相中一家公司，却发现该公司的招聘展台围满了前来应聘的人。大家奋不顾身地往展台挤，还不断给招聘人员投简历。不一会儿，小小的展台便堆满了高如小山的简历。那位身材较瘦的招聘人员虽手忙脚乱不停地整理，但还是抵挡不住拥挤人群投递过来的多如雪片的简历，一会儿乱成一堆，散成一片。

在拥挤人群中搏出一条"血路"的我，费了好大劲才挤到前台。我把自荐书递过去后，正欲做排山倒海似的自我推销。忽然，耳边一个清脆的声音传来了："老师，您需要帮忙吗？我来帮您整理简历吧?"我定睛一看，是我身边一位被挤得跌跌撞撞的长发飘飘女孩的声音。我狠狠地瞪了她一眼，别在这儿打岔坏我的好事了，人家才不吃你那一套呢！

没想到那位招聘人员紧锁的眉头忽地一展，连忙点头说："好好好，你过来，我正需要人手帮忙呢！忙了这大半天，还是第一次有人这么体贴地问询。"

应聘结果不言而喻，那位适时"卖乖"的女孩就凭那一句体贴的问询，使她在众多求职者中脱颖而出被录用了。当那位招聘人员用一句"一个合格的秘书必须眼里有活儿"来回绝我时，我气不打一处来：眼里有活儿，你们需要人手，多来几个人不就得了。

欣慰的是，无功而返的我于第二天，接到了另外一家我看好的单位让我前去复试的通知。

第三天，我精心做了一番准备后，便早早赶到了那家单位。一踏进该公司的大门，我就倒吸了一口凉气。情形和昨天如出一辙。应试大厅人山人海、人声鼎沸。

经过几个小时的漫长等待，终于听到工作人员叫我的名字了。我迈着轻快的步子穿过人群，来到了应试台。不料，见到那位身材较胖的主考官后，细心的我发现，由于炎热的天气，加上应聘者无休无止的喧闹以及一堆堆凌乱、散杂的自荐书，体态臃肿的他已明显露出了一种心烦意乱的疲倦表情。

见状，我灵机一动，赶忙上前对正要决定暂停当天招聘的工作人员说："老师，您需要帮忙吗？我来帮您整理简历吧？"这可是我前天刚学来的应聘绝杀技，保证管用。我正要对自己的小聪明暗自窃喜，不料，却看见那位胖胖的主考官对我不耐烦地大手一挥，凶巴巴地说："你烦不烦呀，还要给我添乱。"

真是见鬼了，明明是管用的绝杀技，已有例为证了，怎么到我身上会是这种结果呢？我悻悻地转身欲走。忽然听见一个清脆响亮的声音在大厅回荡："如果大家想给自己一个机会，就请大家安静，自动排好秩序。"话音刚落，大厅还真的一下子就安静了下来。我定睛一看，唉，又是一位长发飘飘的女孩。在长发女孩的组织下，应聘者自动有序地排起了队。很自然的，招聘会又继续进行了。

在我面试完后，考官对我说：作为一个秘书，眼里有活儿当然是好事。但一个优秀的秘书仅眼里有活儿是远远不够的，他还必须具备找适当的、有用的活儿的能力。你怎么就没想到帮我维持秩序呢？考官一席话呛得我哑然无声，是呀，我怎么就没想到呢？

这时，主考官把那位正在维持秩序的长发女孩叫了过来，当众问她为什么这样做。长发女孩说："没啥，这是一个应聘者应该做的小事。我只不过觉得你现在最需要的是安静。有了安静的环境，你才会有清醒的头脑，才能更好地考核应聘人员。"

主考官赞许地点了点头说："好，我的下一道考题就是，你能使那些排队的应聘者离开这儿吗？"主考官话音刚落，那些知趣的应聘者纷纷作鼠状奔逃离散了。

　　三天内两次求职，我有了两次不同的求职经历，这使我认识到：成功的道路永远不会重复，只有沿着一条适合自己并且与众不同的道路，才能最后走向成功。

　　讨论：你是如何理解"作为一个秘书，眼里有活儿当然是好事。但一个优秀的秘书仅眼里有活儿是远远不够的，他还必须具备找适当的、有用的活儿的能力"这句话的？

第一节
求职材料的准备

　　准备求职材料的直接目的就是使用人单位能够对求职者感兴趣，最终被录用。用人单位出于节约人力和时间方面的考虑，大多数情况下，不采用直接面试的形式，而是要求求职者先寄送求职材料，由他们进行比较、筛选，然后再通知求职者是否面试。由于用人单位最初是通过求职材料来了解求职者的，因此求职材料的好坏，关系到求职者能否引起用人单位的重视，对用人单位是否把求职者作为可能的人选并决定是否与求职者进一步接触有着不可低估的作用。求职材料的准备并不难，但是要准备得出色，尤其是能够在众多的求职材料中脱颖而出、受到用人单位的瞩目确实是相当困难的。作为应聘者，如何使用人单位在众多竞争者中对求职者"一见钟情"，只有让自己的求职材料符合礼仪规范，并尽显独特给对方留下深刻印象，才有可能得到面试机会；只有得到面试机会，才有录用机会。

一、求职材料

　　求职材料包括推荐信、自荐信、个人简历、证明材料等。以上书面材料在进行日常文书交往过程中必须注意礼仪规范性，保证每个要点的文面整洁规范，内容清晰准确，格式正确恰当。

（一）推荐信

1. 推荐信

推荐信是向某个单位或个人推荐人才的信件。推荐可以单位名义，也可以个人名义。

2．写作要点

推荐信就是如实地介绍被推荐人的情况。既要介绍其长处、优点，使其获得被录用或被接受的机会，又要以实事求是的态度，不着滥美之辞。

3．结构模式

推荐信的结构由标题、称呼、正文、结尾、落款五部分组成。

（1）标题

在第一行居中写"推荐信"。

（2）称呼

称呼可以是单位，也可以是个人。

（3）正文

第一，要说明与被推荐者的关系。

第二，介绍被推荐者的自然情况，包括姓名、性别、年龄。还要根据需要介绍一些社会情况，如政治面貌、学历、学位、职称、现任职务等。

第三，要重点介绍被推荐人的业务专长、工作业绩或科研成果，适合于何种工作，以供用人单位参考。

（4）结尾

结尾要致以问候之意，或表明尊重对方选择之意。

（5）落款

落款包括署名和日期。

例文

推荐信

××出版社办公室：

据悉贵编辑部正在招聘秘书，特荐我系秘书学专业应届毕业生王×前去应聘。

王×，女，24 岁，是我系的高才生。她政治可靠，积极要求进步，已于去年 10 月被发展为中共预备党员。该生为人正直善良，踏实肯干，有着良好的人际关系。

王×专业扎实，大学四年一直是我系一等奖学金的获得者。专业上表现出较强的创造能力，大学三年级的时候，她为××活动策划的××文案曾获××省"优秀文案设计奖"；还在参加全国大学生办公自动化大赛中获优胜奖（详见附件）。

以上情况，仅供参考。

××学院中文系（盖章）
2020 年 4 月 8 日

(二)自荐信

1. 自荐信

自荐信是求职者向用人单位推介自己、谋求职业时所使用的书信。

2. 结构模式

自荐信的结构包括标题、称谓、问候语、正文、祝颂语、附件、落款、联系方式。

(1)标题

在文面的第一行写上"自荐信",居中。

(2)称谓

第二行顶格写招聘单位负责人的尊称,如"尊敬的××先生"。

(3)问候语

第三行空两个格写"您好"。

(4)正文

空两个格再写,首先写自己对用人单位的仰慕之情,并且针对用人单位的要求介绍自己的专业与特长、成绩与能力,自荐的理由与条件;其次表达自己的求职愿望,以及若被录用后工作的决心和今后努力的方向;最后表达对用人单位的感谢之情。

(5)祝颂语

要根据用人单位的领域来写,如果是学校,就可以写"恭祝教安";如果是商业经营单位,就可以写"事业昌盛,兴旺发达"等。

(6)联系方式

联系方式应写明联系地址、电话等。

(7)落款

落款应写姓名、日期,居右下角。

(8)附件

随信附上简历、学位证书、获奖证书、职业技能证书等的复印件,切记不要寄送原件。

🔊 例文

自荐信

××(单位)人事处:

您好!

我是××大学××专业的应届毕业生。女,24岁,××省××市人。得知贵单位今年欲在高校中接收一批品学兼优的毕业生,我根据自己的情况,对照条件,特向贵单位作自我推荐。

我所学的专业是×××××××，适合从事××、×××等方面的工作，恰逢贵单位需要××、×××等方面的人才，而我的专业正好是对口的。

大学期间我在政治思想上积极要求进步，已于今年元月被批准为中国共产党预备党员。

我的学习成绩优秀（附各门功课成绩单），特别注重自身能力的培养，参加过两次学校举行的××大赛，分别获一、二等奖（详见附件）。我外语水平也比较突出，已通过国家的英语六级考试。

我的身体素质比较好，曾是学校的女排队员。我还担任过系里的宣传部长，有一定的工作能力。我性格开朗，团结同学，尊敬师长，有较强的沟通能力和组织能力。

很感谢您能在百忙之中翻阅我的自荐信，如蒙贵单位垂青接收，我一定努力为贵单位效力。

最后，祝贵单位事业蒸蒸日上！

附联系地址、电话（略）。

此致

敬礼

×××

2020 年 3 月 28 日

（三）简历

1. 简历

简历就是求职者对自己的能力、受教育情况、经历、技能、工作学习成绩和经验等基本情况的简要介绍和总结。

2. 简历的类型

简历分为条文式简历、表格式简历和文章式简历。

3. 结构模式

简历的结构由标题、个人基本信息、教育和培训背景、工作经历与经验、个人技能、性格特点、兴趣爱好、求职意向等方面组成。

（1）标题

居中写简历的标题，最好用个人的姓名加上文种来命名，这样，标题就可以向招聘方传递信息，容易给对方留下深刻的印象，如"张××简历"。

（2）个人基本信息

个人基本信息包括姓名、性别、出生年月、年龄、籍贯、学历、家庭地址、政治面貌、婚姻状况、联系方式、工作年限等。

（3）教育和培训背景

教育和培训背景包括本人的学历、就读学校及学院、毕业时间、所学专业、班级、学位、学业成绩、外语水平及计算机掌握程度等。

（4）工作经验

工作经验包括曾经工作过的单位名称，曾经担任过的职务、工作业绩以及曾经获得的奖励。应届毕业生主要介绍入学以来的经历，包括曾经主要担任过的社会工作，如参加过的实习、勤工俭学、假日兼职、义务工作、社会调查等。

（5）所获荣誉

所获荣誉包括三好学生、优秀团员、优秀学生干部、专项奖学金等；或者是参加过的学科竞赛，在比赛中获得的荣誉等。

（6）个人技能

个人技能主要是指专业技能，包括外语、计算机达到的技术水平和等级。如果这些技能与求职者所应聘的职位密切相关的话，则更容易被录用。同时也要提交求职者的技能证书的复印件。

（7）性格特点、兴趣爱好

性格特点包括人际关系、沟通能力、团队精神等；要有的放矢地将兴趣爱好向用人单位加以介绍。因为了解求职者的性格特点和兴趣爱好，有利于用人单位判断求职者与岗位的匹配情况。

（8）求职意向

求职者的求职意向最好写明，如能够胜任××工作等，也可以从事××工作等，让用人单位对求职者的求职意向有明确的了解，这样便于双方双向选择。

4．写作要点

第一，简历上的资料必须是客观而真实的，因为虚假与欺骗早晚都会被识破的。所以，要本着诚实的态度，有一说一。

第二，简历的版面设计要美观、清晰，因为简历对于求职者来说就如同一张脸。简历的色彩不宜过多，包装不宜过度，否则，花里胡哨的包装会产生喧宾夺主的效果；同时也不要把所有的资料密密麻麻地堆在一起，条目之间的层次要清楚，可以通过行间距来调节。

第三，简历宜简，篇幅切忌过长，应尽量浓缩在两页之内，让招聘人员在30秒内能够读完。重点要突出，要把最重要的、对于求职者所求的职位有实质性的东西给用人单位看，其他与求职者所求职位无关的内容可以略去。

第四，个人资料里的联系方式一定要准确、齐全，包括手机号码、固定电话，暂住或家庭地址、电子邮件等，方便招聘单位第一时间通知参加面试或发布面试结果。

第五，简历制作完成后，要仔细检查简历上是否有错别字和病句。如果在几百字的简历中都能够出现错误的话，一是表明求职者的文化素养不高，二是表明求职者的细心程度不够。

第六，好的简历应该是针对不同的单位、不同的部门有的放矢地制作不同的简历，不要制作万能简历，投递给所有的招聘单位。一是万能简历不能突显求职者的个性，二是万能简历说明求职者对应聘的单位不够了解。

例文：条文式简历

×××求职简历

本人概况

姓名：×××　籍贯：××省×××市　出生年月：××××年××月

学历：本科　专业：汉语言文学　　　性别：男　　身高：176 厘米

政治面貌：党员　培养方式：统招

电话：(0459)8765××××；1393333××××

QQ：12345××××

邮编：163712

通信地址：××大学人文学院信箱

教育背景

2006—2009 年在××省×××市第一高中读高中

2009—2013 年在××大学文学院读本科

职业技能

英语水平：通过国家四级、六级测试

计算机水平：通过国家二级测试

普通话水平：通过省级普通话水平测试，成绩为二级甲等

获奖情况

2009—2010 年度　××大学"优秀学生干部"称号

2010—2011 年度　《××××校报》优秀通讯员

2011—2012 年度　学校二等奖学金

2011—2012 年度　《××××校报》优秀编辑

第六届"红烛杯"全国大学生诗歌比赛二等奖(2011 年)

全国第八届大学生征文比赛一等奖(2012 年)

(证书另附)。

实践经验

进入大学以来，我作为《××××校报》的副主编，积极采、组、改、编、审稿，付出了大量的精力和汗水。同时，在担任《××××校报》副主编时，经常设计海报，

积极向校内外媒体投稿，负责对内、对外宣传，参与组织同城杯大学生辩论赛、各类晚会、讲座等文体活动。本人以热情、勤奋、务实、创新的工作作风受到广大师生的好评。

爱好特长

爱好新闻写作。曾经在《都市生活报》《大学生世界》等报纸杂志发表消息、评论和散文 5 篇。

曾是学校篮球队的队员，与同学之间能够进行良好的合作，有团队精神。

自我评价

1. 踏实认真、责任心强，有团队意识。

2. 锐意进取、勇于创新，勇于自我挑战。

3. 善于思考，知识面广，专业基础扎实，学习能力强。

求职意向

记者、新闻编辑、中学教师。

此致

敬礼！

×××

2020 年 3 月 6 日

例文：表格式简历

个人简历

姓　　名	张×时	身　　高	165 厘米	
民　　族	汉族	政治面貌	预备党员	
出生年月	1991 年 10 月	文化程度	大学本科	照片
爱　　好	计算机技术	户　　籍	黑龙江省哈尔滨市	
毕业院校及专业	大庆师范学院文学院秘书学			
联系方式	联系电话	1834×××2439	邮政编码	163712
	通信地址	黑龙江省大庆市西宾西路大庆师范学院		
求职意向	文职工作			

续表

自我评价	本人的优点是性格乐观开朗，生活态度积极，做事细心，有耐心，有敏锐的观察力，反应敏捷，思维灵活，责任心强，沟通能力强，有很好的团队合作意识。本人注重把握细节，善于思考，有很强的自学能力，能够正确分析有关网络方面的问题，并能独立解决问题 缺点是社会经验不足。但相信每天充实忙碌的工作会让自己成熟起来	
工作能力及其他专长	本人曾先后担任大庆师范学院大学生新闻中心网络技术部副部长，大学生新闻中心记者团副部长，文学院系学生会网络新闻部部长，北辰文学社副社长等工作，具备较强的团队意识和合作、沟通能力，认真负责。同时，敢于大胆尝试新鲜事物。熟悉办公室文职工作，有一定的文学功底 计算机水平：会网页设计，使用 Dreamweaver、Photoshop、FLASH 8.0 等软件。对 VF 和 C＋＋有一定的理解。熟练使用 Windows 操作系统、MS Office 系列、Microsoft Office Access、会声会影等软件。懂得计算机软硬件的安装和维护，对网络安全有一定的认识 英语水平：具备基本的英语听、说、读、写能力	
获奖情况	1. 2010－2011 学年度优秀团员 2. 2010－2011 学年度校级二等奖学金 3. "红色的记忆"摄影大赛优秀奖	
技能证书	1. 黑龙江省计算机二级证书 2. 黑龙江省普通话一级乙等证书	
实践活动	校内实践	1. 独立完成课件制作 2. 独立完成毕业典礼策划案 3. 独立完成各项活动视频、PPT 制作 4. 参加秘书技能实训 5. 参加组织应用文培训工作 6. 参加档案管理实训
	社会实践	本人在校期间，利用课余时间参与一些社会实践活动，曾做过义工。在做义工的过程中学会了奉献，认识到幸福生活的来之不易，使本人更加珍惜时间，热爱生活。此外，在做义工中还理解了很多做人做事的道理

二、求职材料的文书礼仪要求

(一)主题鲜明，标题醒目

主题绝对不可以模模糊糊，标题包括结构方式，如字体、字号和位置都要注意审美效果，要引人注目。标题字数不宜过多，不能过于抽象，要简洁明快，具体准确。标题要独特，根据自身特点和自荐内容的具体情况而定，不可盲目照搬，应该富于创造，追求个性特色，让用人单位对你刮目相看。

(二)逻辑严密、结构清晰

毕业生的基本情况、学业成绩与知识结构、社会实践与科研成果、获奖情况都包括许多项目，这些项目有的按惯例有个先后顺序，如姓名之后是性别，不能性别之后是姓名；有的按事件的经过排列顺序，还有的按时间先后排列顺序，所以在写作中一定要注意逻辑的严密。自荐信包括的方面更多，更应注意逻辑规律。从结构安排来讲，每个部分的内容都要注意结构合理、布局清晰，能给人思路清晰、章法严谨、引人注目的感觉。

(三)语言简洁、行文准确

不管正文的哪个部分，都要求简洁明快，清楚准确。简洁是指文字上的不浪费，用尽量少的文字，表达最丰富的内容。准确是指用词的恰当和表意的精确。固定的内容要记述准确，一些提法要符合规范和实际。如"省优干"不能随便说成"优干"，这样就漏掉了级别，对求职不利。

(四)重点突出，安排有序

一些项目的具体细节，有重有轻，有主有次，如何安排要十分讲究，以便能够做到重点突出，安排有序。如成绩一项，一般专业课放在前面，基础课放在后面，或者主修课放在前面，辅修课放在后面。获奖情况可按获奖性质、类别从高级别到低级别排列。这样安排就显得有主有次，重点突出，容易给人留下深刻的印象。

(五)富有个性

自荐材料要富有个性才能吸引人。个性的形成主要依赖于材料本身，但写作的个性化也是形成个性的重要因素。因此，在自荐材料的撰写过程中一定要用自己的语言风格进行表述，切不可模仿他人，照抄照搬，那样做的结果只能是千人一面，给人的印象平庸、呆板，不能引起用人单位的注意。

（六）写作态度诚恳，真实

在写作导语的过程中，一般要思想端正，态度诚恳，真实。如果自吹自擂，正文又无扎实的内容加以验证，那么，用人单位就会觉得你华而不实，不可委以重任。

三、网上求职注意事项

网上求职首先要准备一份既简单又能吸引用人单位的求职信和简历。求职信的内容包括：求职目标——明确求职者所向往的职位；个人特点的小结——吸引人来阅读求职者的简历；表决心——简单有力地显示信心。在准备求职信时还要注意控制篇幅，要让人事经理无须使用屏幕的滚动条就能读完；直接在邮件内编辑，排版要工整；要做到既体现个人特点又不过分吹嘘。

对于网上求职者来讲，简历的准备相对比较简单，在很多人才网站上都提供标准的简历范本。需要注意的是，学历和工作经历要按时间顺序倒着填，也就是把最近的工作经历和学历写在最前面，以便招聘方直观地了解求职者目前的状况。在填写工作经历时，很多求职者只是简单列出工作单位和职位，没有详细描述工作的具体内容，而招聘方恰恰就是根据求职者做过什么来评估求职者的实际工作能力的。

简历篇幅以两页为宜，中英文各一份。除非应聘美工职位，否则不要使用花哨的装饰或字体。

在网上填简历，要严格按照招聘方的要求填写，要求网上填写的就不要寄打印的简历；要求用中文填写的就不要用英文填写；有固定区域填写的就不要另加附件。

发送简历是网上求职关键的一步，如果是求职者在网上通过电子邮件发简历，应该以“应聘某某职位”作为邮件标题，把求职信作为邮件的正文，再把简历直接拷贝到邮件正文中，这样既方便对方阅读又杜绝了附件携带电脑病毒的可能性。如果通过人才网站求职，可以直接把填好的简历发送给招聘单位，网站的在线招聘管理系统还能把个人简历以数据库的方式存储起来，根据求职者的要求，供招聘单位检索和筛选。

第二节
面试礼仪

获得面试机会是掌握自己命运的重要一步。人生成功与否，一靠努力，二靠机会。

机会来临就应紧紧抓住，认真对待，充分利用。面试中注意礼仪问题会给面试官留下良好的印象，对于应聘者来说要从每个细节改变打造自己的形象，很多都需要长期的修养磨炼，甚至和自身所处的环境密切相关。秘书的具体岗位职责因用人单位而异，可能是综合型，也可能是偏向于专业型（如法律、公关、文书，有的甚至类似于销售助理等）。面试时注意侧重点，尽可能了解对方的情况，根据用人单位的特点，事先把一些相关问题设计好，以便面试时有效应对。

一、遵守面试时间

守时是职业道德的一个基本要求，主要考查面试者的时间管理能力以及时间观念。时间观念就是管理、运用时间的自觉性。时间观念的强弱，决定了管理者能否灵活有效地利用时间，并把利用时间和提高效率紧密地结合起来，是否真正了解时间的价值。因此，面试者必须自觉地认识到没有时间观念就不能很好地对时间进行管理，这种认识有时比时间管理本身更为重要。因为只有具备了强烈的时间观念，才能对时间进行科学的管理，否则，对时间的管理就会是盲目的，因而也是低效的。在确定面试时间后，参加面试时应按通知提前10～15分钟到场，可提前熟悉环境，稳定情绪，调节好临场状态，做足心理准备，保证在主考官面前能气定神闲。

面试时提前半小时以上到达会被视为没有时间观念，但在面试时迟到或是匆匆忙忙赶到却是致命的。如果面试迟到，会被视为缺乏自我管理和约束能力，即缺乏职业能力，会给面试者留下非常不好的印象。

二、注重首因效应

首因效应又称为第一印象，是指最先的印象对人们的认知活动具有强烈的影响，即人们在交往活动中的认知具有先入为主的特点。首因效应作为一种客观现象不仅被许多心理学家通过实验所证实，而且在人际交往中被人们所体验着。一方面首因效应影响着人们的交往态度，第一印象一旦形成就有一种定型化趋向，较难改变；另一方面，它又影响交往活动的开展。因此面试者要在面试时力图给对方留下一个良好的印象。面试时要充分注意利用这种效应，应该注意自己的衣着服饰、言谈举止，尽可能给对方留下一个良好的印象，引起对方的兴趣，这样有利于增进相互间的了解。

到了面试区，最好径直走到面试地点，不要四处张望。走进单位之前，口香糖和香烟都要收起来，因为大多数的面试官都无法忍受在公司嚼口香糖或吸烟。手机坚决不要开，避免面试时造成尴尬的局面，同时也分散面试时的精力，影响成绩。一进面试单位，若有前台，则开门见山说明来意，经指导到指定区域落座，若无前台，则找工作人员求助。这时要注意用语文明。一些小单位没有等候室，就在面试办公室的门外等候，当办公室门打开时应有礼貌地说声："打扰了。"然后向室内考官表明自己是来面试的，绝不可贸然闯入。不要询问单位情况或向其索要材料，且无权对单位加以品评。不要驻足观看其他工作人员的工作，或在落座后对工作人员所讨论的事情或接听的电话发表意见或评论，以免给人肤浅嘴快的印象。

三、加强沟通的艺术

我国是一个具有悠久历史和文明传统的礼仪之邦。"爱人者，人恒爱之；敬人者，人恒敬之。"面试礼仪的本质就是通过规范化的行为，对他人表示敬重、友善，在面试中注重礼节，讲究礼貌，展现专业素养，这是每名秘书人员应当具备的基本素质。因此，面试中要注意仪容仪表、言谈举止等要素，这也是面试沟通的重要手段。

(一)服饰礼仪

在人际交往中，服装被视为人的"第二肌肤"，既可以发挥遮风挡雨的实用性功能，又可以展示个性、美化人体发挥装饰性功能，还具有反映社会分工、体现地位、身份差异的社会性功能。在面试中服装好似个人手持的一封无言的介绍信，时刻向自己的每一位交往对象传递着各种信息。心理学家认为，一个人的服装并不只是表露了他的情感，而且还显示着他的智慧。一个人的衣着习惯，往往透露出他的人生哲学和人生观。

着装是一门系统工程，它不仅仅单指穿衣戴帽，更指的是由此而折射出人们的教养与品位。穿衣看重的是服装的实用性。着装是一个人基于自身的阅历、修养和审美品位，在对服装搭配技巧、流行时尚、所处场合、自身特点进行综合考虑的基础上，在力所能及的前提下，对服装所进行的精心选择、搭配和组合。表现出朴实、大方、明快、稳健的风格。在面试时，着装应该符合时代、季节、场所、收入的程度，并且要与自己应聘的职业相协调，能体现自己的个性和职业特点。

面试着装要注意以下几点。

第一，个体性。即量体裁衣、扬长避短，创造并保持自己独特的风格，与众不同。

第二，整体性。要恪守服装本身约定俗成的搭配，要使服装各个部分相互适应，力求展现服装的整体之美、全局之美。

第三，整洁性。保持着装的整齐、完好、干净、卫生。另外也要注意面试时的配饰。配饰是人们在着装的同时所选用、佩戴的装饰性物品，其使用价值不强，只起着辅助、烘托、陪衬、美化的作用。它是服饰之中聚集他人视觉的焦点，有画龙点睛的作用，也是一种无声的语言，可借以表达使用者的知识、阅历、审美品位等；是一种有意的暗示，可借以了解使用者的地位、身份、财富、婚恋现状。

面试时佩戴首饰数量上以少为佳，上限为三。色彩要力求同色或一致，质地要争取同质，总体协调。身份要符合自己性别、年龄、职业。体型配合要注重避短，搭配方面与服装协调。

面试时佩戴领带要选择合适的面料，色彩以单色(蓝、灰、黑、棕、白、紫红)为宜，多色不超过三色，图案不要花哨。领带的结法要端正、挺括，大小与衬衫领子成正比。领带的长度下端正好触及腰带扣的上端。

(二)举止礼仪

人的举止，可以展现人类所独有的风度之美。所谓风度，其实指的就是训练有素的、优雅的、具有无比魅力的举止。从仪态了解人的内心世界，把握人的本来面目，往往具有相当的准确性和可靠性。

1. 手姿

面试时掌握手势的速度、活动范围和空间轨迹的规范。忌不稳重的手姿、失敬于人的手姿、不卫生的手姿。

2. 立姿

保证面试中头端、肩平、胸挺、腹收、身正、腿直、手垂。忌立姿时全身不够端正，双腿叉开过大，双脚随意乱动，表现自由散漫。

3. 坐姿

注意角度合理，坐姿深浅适度，入座要得法，腿部接触座位边缘再坐。同时面试时注意优先尊长或同时落座的顺序，讲究方位，左进左出。做到落座无声，不慌不忙，不发出噪声。离座时谨慎，不要突然跳起，不顾左右。

面试时间较长时，可根据座位的高低，调整坐姿的具体姿势。挺直上身，头部端正，目视前方，或面对交谈对象。面试属于极正规的场合，两腿尽量保持两个直角，或两腿并拢或稍张开。两腿斜放与地面保持45度夹角，双脚自然下垂也可并拢、并行或内八字，双手掌心向下。

面试坐姿忌左顾右盼，闭目养神，摇头晃脑。忌上身前倾、后仰、歪斜、乱趴等动作。手部不能端臂、抱头、抱膝、摸脚、夹腿等。腿部不要敞开。脚不可直伸和抖动。脚步更不能高抬、交叉、外八字、摇荡等。

4. 行姿

面试中行姿要保证全身伸直，昂首挺胸，起步前倾，重心在前，脚尖前伸，步幅适中，直线前进，自始至终，双肩平稳，两臂摆动，全身协调，匀速前进。体现出轻松、矫健、优美、匀速、不慌不忙、稳重大方的精神风貌。忌方向不定、忽左忽右、变化多端。忌瞻前顾后、反复回头、身体乱晃。忌速度多变、忽快忽慢、忽跑忽止。忌声响过大、用力过猛、惊吓他人。忌八字步态，脚尖歪斜，步态不雅。

（三）表情礼仪

感情的表达＝7％言语＋38％语音＋55％表情。表情是指人类在神经系统的控制之下、面部肌肉及其各种器官所进行的运动、变化和调整，以及面部在外观上所呈现出的某种特定的形态。表情是人的无声的语言，是人际交流中的"非语言信息传播系统"，并且是其核心组成部分。因为相对于举止而言，表情更为直观、更为形象、更为人们所易于察觉和理解。表情在世界上几乎可以通用，在面试中努力使自己的表情热情、友好、轻松、自然。

1. 眼神

眼睛是人类的心灵之窗。在日常生活中，借助眼神传递信息，被称为"眼语"。在人类的五种感觉器官中，眼睛最为敏感，它通常占有人类总体感觉的70％左右。因此，泰戈尔指出："一旦学会了眼睛的语言，表情的变化将是无穷无尽的。"眼语的构成一般涉及时间、角度、部位、方式、变化五个方面。

在面试中眼神要认真、尊重，对视坦诚、大方。交谈目光要表达自己的专注之情，目光应柔和、友善。对问题的思考和回答要表现出关注、恭敬，不要表现出走神或挑衅，甚至是虚视、胆怯、疲乏、无聊的眼神。禁止反复打量，禁止斜眼注视表现出怀疑、轻视，更不能由于近视等原因眯视，也不要环视和无视。

2. 笑容

笑的本质在于自信、热情、友好。而微笑最自然、大方，最为真诚友善，为世界各民族所认同。微笑是参与面试的通行证，又被称为基本笑容或常规表情。微笑的作用能表现心境良好、表现充满自信、表现真诚友善、表现乐业敬业。因此，面试时要保持气质优雅的微笑。禁止假笑、冷笑、媚笑、怯笑、窃笑等，当然也不宜笑得太僵硬，一切都要顺其自然。

赏心悦目的面部表情，应聘的成功率，远高于那些目不斜视、笑不露齿的人。不要板着面孔，苦着一张脸，否则不能给人以最佳的印象，争取到工作机会。那些表情呆板、大大咧咧、扭扭捏捏、矫揉造作，都是一种缺陷，破坏了自然的美。

（四）交谈礼仪

语言艺术是一门综合艺术，包含着丰富的内涵。一个语言艺术造诣较深的人需要多方面的素质，如具有较高理论水平、广博的知识、扎扎实实的语言功底。如果说外部形象是面试的第一张名片，那么交谈就是第二张名片，会客观反映出一个人的文化素质和内涵修养。

面试时要在现有的语言水平上，尽可能地发挥口才作用。对所提出的问题对答如流，恰到好处，妙语连珠，耐人寻味，又不夸夸其谈，夸大其词。自我介绍是很好的表现机会，应把握以下几个要点。

第一，要突出个人的优点和特长，并要有相当的可信度。特别是具有实际管理经验的要突出个人在管理方面的优势，最好是通过曾做过的项目的方式来叙述一下，语言要概括、简洁、有力，不要拖泥带水，轻重不分。重复的语言虽然有强调的作用，但也可能使考官产生厌烦情绪，因此重申的内容，应该是浓缩的精华，要突出与众不同的个性和特长，给考官留下几许难忘的记忆。

第二，要展示个性，使个人形象鲜明，可以适当引用别人的言论，如老师、朋友等的评论来支持自己的描述。

第三，坚持以事实说话，少用虚词、感叹词之类。当不能回答某一问题时，应如实告诉对方，含糊其词和胡吹乱侃会导致失败。

第四，要符合常规，介绍的内容和层次应合理、有序地展开。要注意语言逻辑，介绍时应层次分明、重点突出，使自己的优势很自然地显露。

第五，尽量不要用简称、方言和口头语，以免对方难以听懂。

交谈的主题应选与面试相关的主题，忌讳倾向错误的、令人反感的主题。交谈应双向共感，要注意双向交流，不要忽略对方；交谈时不要独白，不要冷场，不要插嘴，不要抬杠，不要否定，更不得纠正。在面试中，每一个问题的回答，最好不要长于 3 分钟，至多不要长于 5 分钟，可时刻关注面试官的表情和动作，做到适可而止。交谈的语言要文明准确，发音要标准、清晰；音量适中；语速适度；口气谦和；内容简明；外语的使用要谨慎。交谈时，根据需要可以借助一些动作来说明问题，增强感染力。如点头表示赞同等，手势幅度不宜过大，切忌对别人指手画脚。

第三节
查询礼仪

面试结束后，面试者可根据电话、电子邮件等方式进行查询，在查询过程中要注意相关礼仪。

一、电话查询礼仪

在电话查询面试结果时，应遵循基本的礼仪规则。

(一)语气要谦逊友好

在通话过程中，要让对方感觉到真诚。要使用礼貌用语，如"您好，我是某某，想向您咨询面试结果……"，咨询过后针对通过结果给予回复"谢谢您"，针对未通过结果给予回复"谢谢您，那您方便告知，导致面试失败的原因是什么吗？以便我能提升自己，非常感谢您！"电话查询时应语气温和，用词得体，这样才会取得良好的效果。

(二)声音要愉快悦耳

声音是向对方传递信息的唯一途径，因此，要格外注意自己的音量、音调、语速、语气和轻重音。应努力做到咨询时要保持微笑，微笑的表情有利于声音的柔和悦耳；语速要适中，过快的语速会给对方紧张和压迫感，而过慢的语速则容易让对方感到懒散和漫不经心；音量要适中，做到既让对方听清，又不干扰对方和同事；合理的重读，可让对方理解通话的重点。

(三)吐字要清晰明了

注意清晰准确地发出每一个音节，确保电话查询能使对方准确地接收信息。

(四)通话要简洁高效

在查询过程中，要注意沟通效率，尽量做到语言简洁高效，表达准确。除了必要的礼貌用语外，应尽快进入正题，交流关键内容。

(五)提前准备电话查询提纲

为了清晰有效地反映问题，面试者应该提前准备好查询提纲，并按照拟订的草稿逐条告知对方，不得遗漏。关键数据、人名、地名等，应复述多遍，以便对方听清记下。

二、电子邮件查询礼仪

电子邮件是一种用电子手段提供信息交换的通信方式，是互联网应用最广的服务。通过电子邮件的方式查询，是非常便捷的一种咨询方式。

面试后，如果应聘者未得到任何答复，可以通过电子邮件用感谢信的方式查询。招聘者都希望录用热切盼望为本单位服务的应聘者，因此，查询的感谢信会引起招聘者对应聘者的再度注意，有助于应聘者被录用。

感谢信要写得简短，信的首段表示感谢，下面表示自己对这一职位的兴趣，结尾要让对方知道你在盼待答复。

用电子邮件查询时，要注意主题栏的拟订，最好能让收件人一目了然，如"张芳关于是否通过行政秘书面试的咨询"。正文内容及形式的撰写规范和纸质传统信件相同。其他方面的要求可以参见第五章通信工作礼仪的电子邮件的收发礼仪一节，在此不再赘述。

📢 例文一：感谢信

尊敬的顾先生：

上周三下午，与您谈论了贵公司办公室秘书职位之事后，我感到那正是我在寻求的职位，感谢您同我的面谈。

我觉得我符合贵公司这一职位的要求，并且期待着您也认为我是合适人选的消息。

祝您工作愉快！

张　华

2020 年 5 月 7 日

📢 例文二：感谢信

尊敬的张先生：

昨日承蒙先生拨冗约见，并就"行政秘书"这一空缺职位进行了交谈，在此万分感激！

正如在面试结束时我所提到的，本人对这一职位很感兴趣。我大学四年所学的有关秘书学、文书学、档案学、行政管理学等知识，及我现有的外语听说读写能力、计算机应用操作能力，使我更自信，我能马上适应贵公司的工作环境，我愿意在这个岗位上为贵公司贡献自己微薄的力量。我会热切地迎接这个挑战。

再次感谢你们所耗费的时间，以及对我的关注。恭候您的回音！

专此谨颂

春安！

李　明

2020 年 4 月 18 日

查询邮件发出之后，如果能够收到用人单位的录用通知，那是最理想的。即使收到没被录用的回信，求职者也可以出于礼貌回复一下对方，感谢对方"百忙之中抽出宝贵时间回复我，祝您工作愉快！"礼貌待人，善始善终，一定会带来良性循环。

思考题

1. 求职材料的礼仪规范与要求有哪些?

2. 面试礼仪的内容和要求有哪些?

3. 查询礼仪的内容和要求有哪些?

参考资料

一、书籍

1. 白平，杨建跃．秘书沟通与礼仪．广州：广东高等教育出版社，2009.

2. 鲍小平．实用礼仪教程．北京：机械工业出版社，2011.

3. 陈国强．办公室礼仪与口才．北京：中国经济出版社，2008.

4. (元)德辉．敕修百丈清规．李继武校点，郑州：中州古籍出版社，2011.

5. 方尤瑜．秘书礼仪．北京：中国人民大学出版社，2011.

6. 郭炎武，黄曼青．企业秘书礼仪．广州：暨南大学出版社，2009.

7. [日]工藤南海夫．企业秘书必读．刘少玲译，北京：中国友谊出版公司，1989.

8. 华洁芸，滕晗，滕燊蕤．现代秘书礼仪．北京：首都经济贸易大学出版社，2017.

9. 姜倩．秘书礼仪．北京：中国劳动社会保障出版社，2012.

10. 金正昆．公关礼仪．北京：北京大学出版社，2005.

11. 李嘉珊，刘俊伟．国际礼仪范式．北京：高等教育出版社，2012.

12. 李兰英，肖云林．商务礼仪．上海：上海财经大学出版社，2016.

13. 李莉．现代金融礼仪规范．长沙：湖南科学技术出版社，2005.

14. 李荣建．社交礼仪(第三版)．武汉：武汉大学出版社，2016.

15. 刘晓娟，胡玉娟．秘书礼仪．北京：机械工业出版社，2013.

16. 罗春娜．秘书礼仪．北京：中国劳动社会保障出版社，2009.

17. 人力资源和社会保障部教材办公室．商务礼仪．北京：中国劳动社会保障出版社，2014.

18. [美]利蒂希娅·鲍德瑞奇．礼仪书：得体的行为与正确地行事(第一版)．修文乔、韩卉译，北京：中国人民大学出版社，2012.

19. [美]玛丽·A. 德弗里斯．涉外秘书全书(第七版)．胡敏，陈彩霞译，北京：中信出版社，1999。

20. 张芳赐．茶经译释．昆明：云南科技出版社，2003.

21. [日]千宗室监修、淡交新社编辑部．初步の茶道．京都：株式会社淡交新社纳屋嘉治，1996.

22. [日]千宗室监修、山藤宗山．茶花の话．京都：株式会社淡交新社，1980.

23.〔日〕荣西撰，田能村竹田绘．吃茶养生记．北京：学苑出版社，2016.

24.〔日〕田中昭光．如花在野．张南揽译，长沙：湖南美术出版社，2017.

25.（明）沈德符．万历野获编（上）．黎欣点校，北京：文化艺术出版社，1998.

26. 史晟．公务员礼仪读本．北京：中国和平出版社，2003.

27. 王芬．秘书礼仪实务（第二版）．北京：电子工业出版社，2014.

28. 王晶，李婉俊，阳慧．秘书礼仪规范与实践．北京：清华大学出版社，2015.

29. 王军．公关礼仪．武汉：华中科技大学出版社，1996.

30. 王水华．公关与商务礼仪．南京：东南大学出版社，2001.

31. 王岩．秘书礼仪．北京：中国人民大学出版社，2016.

32.（清）吴趼人．二十年目睹之怪现状．长沙：岳麓书社，2014.

33. 文智辉．社交礼仪．上海：华东师范大学出版社，2011.

34. 杨剑宇．秘书礼仪．上海：华东师范大学出版社，2015.

35. 杨瑞杰，邱雨生．现代公共礼仪教程．徐州：中国矿业大学出版社，2005.

36. 余平．秘书礼仪．武汉：华中科技大学出版社，2012.

37. 云牧心．社交与礼仪知识全集．北京：北京工业大学出版社，2006.

38. 张百章，何伟祥．公关礼仪．沈阳：东北财经大学出版社，2005.

39. 郑健儿，赛来西·阿布都拉．公关礼仪．杭州：浙江大学出版社，2008.

40. 郑燕．秘书职业礼仪．北京：对外经济贸易大学出版社，2013.

41. 周裕新．现代办公礼仪．上海：同济大学出版社，2006.

42.（宋）赵佶等著，沈冬梅、李涓等编．大观茶论．北京：中华书局，2018.

二、论文

1. 陈汉忠．会议茶礼仪的6个关键．办公室业务，2016(4).

2. 颜艺娟．浅析宴请管理中的秘书工作．社科纵横（新理论版），2011(3).